JN083620

板書で見る 社会

全単元・全時間の授業のすべて

小学校 **4**年

澤井陽介・児玉大祐 編著

東洋館
出版社

はじめに

　本書は、平成17年の刊行以来、全国の先生方に愛読され続けている『小学校社会　板書で見る全単元・全時間の授業のすべて』の改訂版です。

　平成29年に告示された学習指導要領は、これからの社会を生きる子供たちに必要な資質・能力を育むことをねらいとしています。そこで本書は次のように構成しています。

○巻頭の理論ページでは、「社会科における資質・能力の三つの柱（知識及び技能、思考力・判断力・表現力等、学びに向かう力・人間性等）」「主体的・対話的で深い学び」「社会的事象の見方・考え方」「単元の学習問題や毎時のめあて」「目標に準拠した学習評価」など、これからの授業づくりのキーワードについて、学習指導要領の趣旨を踏まえて解説。

○実践例のページでは、

　①冒頭に理論ページの趣旨を踏まえた単元展開例を提案し、「単元の内容」として学習指導要領の内容のポイントを、「問題解決的な学習展開の工夫」として「見方・考え方を働かせる主体的・対話的で深い学び」のヒントをそれぞれ提示。

　②毎時の学習展開例について、資料提示やめあての設定、調べたり話し合ったりする学習活動の工夫や学習のまとめの例などを指導順序とともに板書で「見える化」して提示。

　特に本書の特徴は、タイトルのとおり「全時間」の板書例が示されていることです。社会科の授業において板書は、教師による資料提示や問いかけ、子供による資料の読み取りや考えなどが書かれ、問題解決に向けた大事な情報源となります。また、よい板書は45分の学習展開が手に取るように分かります。

　こうした板書は、子供たちが学習の進展や深まりを自覚したり、学習を振り返ってさらに調べるべきことを考えるなど、主体的に学ぶために大切なものです。全ての教科等において板書を中心に授業が進められるわけではありませんが、社会科にとってはこれからも板書が大事な授業づくりの要素になります。

　一方で、板書には特定のルールがあるわけではありません。板書は教師と子供、また子供同士の共同作品と言ってもよいでしょう。共同作品は、実際に指導する側の教師と学ぶ側の子供が力を合わせてつくるものです。したがって、「はじめに、この板書ありき」と考えて、教師による一方的な授業にならないように留意することも必要です。

　本書の板書例は、社会の授業に堪能な先生方の執筆によるもので、とても参考になることと思います。ですから、本書の板書例を参考にして、目の前の子供たちの実態、各学校の指導計画、地域の教材などを十分に踏まえた板書や指導案を考えてみてください。

　全国的に増えている若い先生方も「社会科を指導するのは難しい」と嘆く前に本書を読んで、社会科の授業づくりにチャレンジしてみてください。きっと子供たちが活躍できる授業のヒントがつかめることと思います。

　令和2（2020）年3月吉日

澤井　陽介

本書活用のポイント

本書は、全単元の1時間ごとの板書のポイントや手順、学習活動の進め方や発問の様子などが、ひと目で分かるように構成しています。活用のポイントは次のとおりです。

テーマとねらい

まず、ページごとの「テーマ」は「ねらい」とリンクしており、まずそれを見て、「授業を進める上での『問い』や『学習活動』は何か」をチェックしましょう。

「本時の目標」は、新しい学習指導要領で示された3つの資質・能力と見方・考え方を盛り込んで構成し、「本時のゴールイメージ」となります。

本時の評価

新しい学習指導要領においては、3つの資質・能力の育成に資する問題解決学習を展開し、「単元のまとまり」を通じて評価します。そのため、毎時間評価を行うのではなく、単元計画のなかで評価を行う時間を意図的に設定することが大切です。

そこで、本書ではどの時間に、どのような視点で評価すればよいか、本時で着眼したい評価の観点を示しています。

本時の展開

「本時の展開」では、1時間の授業を大きく「つかむ」「調べる」「まとめる」という3つで構成しています。

そこでまず、どのような目的・タイミングで資料を提示するか、板書のポイントを示しています。

また、どのような発問で子供の意欲を喚起し、学習活動を展開していけばよいのかをT（教師）とC（子供）で表し、「本時の学習の大きな流れ」を捉えられるようにしています。

つかむ
出合う・問いをもつ

2/8

なぜ、台東区を訪れる観光客は増加しているのだろう

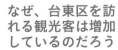

本時の目標

台東区の様子に関心をもち、台東区の観光資源の位置や観光産業の様子、人々の協力関係に着目して学習問題を見いだす。

本時の主な評価

台東区の観光の様子や人々の協力関係に着目して問いを見いだし、地域の観光資源の保護・活用について考え、表現している【思①】／台東区の様子について予想や学習計画を立て、学習問題を追究しようとしている【主①】

用意するもの

観光客数の推移（グラフ）、台東区の地図、美術館や動物園、浅草地区や谷中地区の資料

（前時の学習のまとめ）
台東区は東京都の東側にあり、上野や浅草など、有名な場所がある。多くの人が訪れているようだ。

1 ぎもん

・台東区に、どれくらいの人が訪れているのか。
・どのような有名な場所があるのか。

2 台東区に訪れる観光客の数（推移）

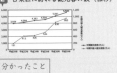

分かったこと

・台東区を訪れる観光客は、年々増えている。

本時の展開 ▷▷▷

つかむ　出合う・問いをもつ

板書のポイント
前時で分かったことや、子供の疑問を提示し、台東区を訪れる観光客数について、グラフの読み取りができるようにする。

T　前回の授業で分かったことと、みなさんが疑問に思ったことを示します。　**1**
C　台東区を訪れる観光客は、どれくらいいるのか。
T　こちらのグラフから、どのようなことが分かりますか？　**2**
C　「台東区を訪れる観光客数」とあるので、台東区を訪れる観光客の数がどのように変化しているのかが分かる。
C　毎年観光客数が増えている。

歴史や文化を生かすまち【選択B】
220

調べる　情報を集める・読み取る・考える・話し合う

板書のポイント
なぜ観光客が増えていくのか、本時のめあてを示すことで、子供の予想から地図や写真資料で調べられるようにする。

T　地図や写真から、なぜ観光客が集まるのか、調べて考えてみましょう。　**3**
C　有名な場所があるから、たくさんの人が集まると思います。
C　例えば、上野公園には上野動物園や国立科学博物館などがある。
C　ほかにも、国立西洋美術館などがある。
C　浅草には、お寺や遊園地などに、たくさんの人が集まっている。
C　観光客もたくさん集まっている。

学習活動の解説

次に、3つの展開ごとの学習活動を読み進め、次の点に留意して授業場面をイメージしましょう。
○資料提示やプリント類の配布のタイミング
○指示や発問など、子供への教師の働きかけ
○子供の発言を受けての教師の切り返しや寸評、板書するタイミング
○作業中の子供一人一人への指導・支援

| 本時のめあて | なぜ、台東区を訪れる観光客は増加しているのだろう。 |

| よそう | ・有名な場所があるから。 |

5 学習問題

3 台東区の地図　　浅草の様子

台東区は、どのようにして観光客が集まるみ力をつくっているのだろう。

6 学習問題のよそう

気づいたこと

・上野公園内には動物園や美術館、博物館などがある。
・浅草には寺や遊園地がある。
・谷中地区など、古くから残る地域がある。

・区役所の人が有名な美術館について宣伝している。
・それぞれの地域の人が、自分たちの地域を宣伝している。

4 話し合って考えたこと

学習計画

・有名な場所がある、というだけで、多くの観光客があるだろうか？
・観光客が集まるように、誰かが工夫や努力をしているのではないだろうか？

・美術館に対する取組の様子を調べる。
・浅草地域や、谷中地域での取組の様子を調べる。

5
特色ある地いきと人々のくらし
3 歴史や文化を生かすまち【選択B】

まとめる　整理する・生かす

板書のポイント

学習問題を見いだすための発問から、学習問題を設定し、学習計画を立案するという流れが見えるよう、整理してまとめるようにする。

T　たくさんの有名な場所があるだけで、観光客が集まるのでしょうか？　　**4**
C　宣伝をして、台東区の魅力を伝えているのだと思う。
T　ではその魅力について調べていきましょう。
＊学習問題を板書する　　**5**
T　学習問題を、どのように予想しますか？主語を明確にして、発表しましょう。　　**6**
C　区役所の人が、宣伝しているのだと思う。

学習のまとめの例

・学習問題は「台東区は、どのようにして観光客が集まるみ力をつくっているのだろう」になりました。区役所や地域の人々が、宣伝していると思うので、区役所や地域の取組を調べていこうと思います。
・台東区を訪れる観光客が年々増えているのに驚きました。上野にある国立西洋美術館について、詳しく調べたら、学習問題について分かることがあると思うので、調べてみたいです。

第2時
221

板書内の解説

1　本単元の学習問題

まず、「学習問題」を見て、「単元全体を貫く学習問題は何か」をおさえます。

2　本時のめあて

次に、「めあて」を見て、「子供に、どのような学習のめあてをもたせれば、子供主体の学習が展開できるのか」を考えましょう。また、「めあて」は、「〜だろうか」という「問い」の形式と、「しよう」という「活動」の形式があります。どちらがよいということではなく、「何について考えさせたいのか」「調べさせたいのか」「対話させたいのか」に応じて使い分けます。

3　板書のポイント

本書の板書には、大きく分けて次の要素があります。

「本時のめあて」「よそう」「ぎもん」「分かったこと」「調べたこと」「気付いたこと」「話し合って考えたこと」「学習問題」「学習計画」「学習のまとめ」「ふりかえり」です。

このなかから本時で必要な要素を組み合わせて板書を構成しています。また、本時の展開と板書の進行がひと目で分かるように、授業の順序に番号を振っています。

学習のまとめの例

ここでは、本時の学習のまとめとして出される子供の発言、ノートやワークシートの記述、振り返りの例を掲載しています。本時の学習のゴールの姿を子供の言葉で具体的に示すことにより、「子供がどのように変容すれば、本時の目標が実現できたのか」を見取れるようにしています。また、これらの内容をもとに、「子供たちの意識を、次時の学習にどうつないでいけばよいか」をイメージする着眼点ともなるものです。

板書で見る全単元・全時間の授業のすべて

小学校社会 4年

もくじ

第4学年における
指導のポイント

社会科で目指す資質・能力を
子供たちに養う授業づくりを

1 第4学年の内容と単元づくり

　第4学年では、学習指導要領に次の5つの内容が示されています。また、それぞれの内容は、複数の単元を想定できる内容に分けて示されています。

---

(1) **県の様子**
　　単元①：47都道府県の名称と位置、単元②：私たちの○○県
　　＊単元①と②をつなげることも考えられる。

(2) **人々の健康や生活環境を支える事業**
　　単元①：水はどこから、単元②：ゴミの処理と再利用
　　＊単元①は飲料水、電気、ガスから選択、単元②は、ゴミと下水のどちらかを選択

(3) **自然災害から地域の人々を守る**
　　単元：自然災害から地域の人々を守る活動

(4) **県内の伝統や文化、先人の働き**
　　単元①：受け継がれる伝統や文化、単元②：○○をつくった□□（人物名）
　　＊単元①は、文化財と年中行事を軽重を付けて取り上げる。単元②は、地域の発展に尽くした
　　　人物の業績を、開発、教育、医療、文化、産業などの中から選択

(5) **県内の特色ある地域の様子**
　　単元①：地場産業が盛んな地域、単元②：国際交流に取り組んでいる地域、単元③：地域の資
　　　源を保護・活用して地域の発展に努めている地域
　　＊単元③の「地域の資源」は伝統的な文化と自然環境のどちらかを選択

　上記の「単元：名称」としている事項は、学習指導要領の文言を端的に表しているものであり、必ずしも単元名ではありません。単元についてはこれ以外の内容構成も考えられますので、基本的には指導する教師が教材研究などを通して自分で考えればよいものです。単元名も同様です。

2 技能を身に付け能力を養う授業づくり

　社会科の授業づくりでは、これまでも調べたり考えたりすることが重視されてきました。新しい学習指導要領でも、深い学びを目指して調べたり考えたりすることが求められています。
　特に、第4学年においては、以下などが大切です。

○見学や観察、聞き取り調査などの調査活動や、地図帳や地域の平面地図や立体地図、写真、実物などの具体的資料を通して調べ、関係機関相互の協力関係などを読み取ること、調べたことを図表、白地図、年表などにまとめること。

○自分たちの県の地理的環境の特色、飲料水、電気、ガスを供給する事業や廃棄物を処理する事業が果たす役割、自然災害から人々の安全を守る活動の働き、文化財や年中行事に込められた人々の願いや努力、地域の発展に尽くした先人の働きなどを考える力を養うようにすること。
○節水や節電、ごみの減量や水を汚さない工夫。自然災害に対する日頃からの備え、伝統や文化の保護・継承などに関して、地域や生活における課題を見いだし、それらの解決のために自分たちにできることを選択・判断する力を養うようにすること。
○考えたことや選択・判断したことを文章で記述したり、資料などを用いて説明したり話し合ったりする力を養うようにすること。

身に付けるため、養うためには、まずはそういう学習場面を設定することと捉えるとよいでしょう。

3 よりよい社会を考え学習したことを社会生活につなげる授業づくり

新学習指導要領においては、「社会に開かれた教育課程」が求められており、社会科も同様です。社会科で学ぶことは、社会的事象すなわち社会における物事や出来事なので、なおさらです。

そこで単元の終末には、それまでの学習を振り返り、学習したことを確認するとともに、学習成果を基に生活の在り方やこれからの社会の発展などについて考えようとする態度を養うようにすることが大切になります。そうすることで、社会科で学習したことが、授業の終了とともに終わるのではなく、社会生活につながるようになるからです。

こうした学習場面を繰り返し設定することにより、学年を通じて「自分たちの生活している地域社会としての市区町村に対する愛情を養うこと」や「自分も地域の一員であるという自覚や、これからの地域の発展を実現していくために共に努力し、協力しようとする意識などを養うこと」につながるのです。したがって、本書では各単元の目標にはそうした自覚や愛情などを直接的な言葉では記述していません。左記の内容(1)(2)など複数の単元をまとめたレベル、いわゆる「大単元」の目標として想定したほうがよいと考えているからです。

4 具体的な事例を通して「市の様子」が見える授業づくり

第4学年の内容は、自分たちの住む地域としての県を中心とした内容です。しかし、「県」という地域概念は、なかなか子供に理解できるものではありません。そこで、それぞれの内容で具体的な「事例」を取り上げることが大切です。

事例を決める際には、例えば次のようなチェックポイントを考えるとよいでしょう。

☑県内の地域の人々との関わりを捉えやすい事例か
☑県の特色が分かる地域や活動など、県の様子を理解するための典型的な事例となるか
☑人々の工夫や努力、活動の様子などを具体的に捉えることができる事例か

単元を見通して、主体的・対話的で深い学びの実現を

　新学習指導要領では、授業改善の視点として「主体的・対話的で深い学び」の実現を目指すことが求められています。単元の中で、例えば、主体的に学習に取り組めるよう学習の見通しを立てたり学習したことを振り返ったりして、自身の学びや変容を自覚できる場面をどこに設定するか、対話によって自分の考えなどを広げたり深めたりする場面をどこに設定するか、学びの深まりをつくりだすために、子供が考える場面と教師が教える場面をどのように組み立てるか、といった視点で授業改善を進めることが求められているのです。

1　主体的な学びを目指して

　主体的な学びの実現については、子供が社会的事象から学習問題を見いだし、その解決への見通しをもって取り組むようにすることが大切です。そのためには、学習対象に対する関心を高め問題意識をもつようにするとともに、予想したり学習計画を立てたりして、追究・解決方法を検討すること、また、学習したことを振り返り、学習成果を吟味したり新たな問いを見いだしたりすること、さらに、学んだことを基に自らの生活を見つめたり社会生活に向けて生かしたりすることが必要です。
　そこで、例えば第4学年においては、以下が考えられます。

○学習する前に子供が知っていることや前に学習したことの振り返りを丁寧に行うこと。
○県の様子への関心を高めるために地図帳に親しむ活動を取り入れること。
○家庭で水を使う場面や使用量を調べてくるなど家庭での調査活動を取り入れ、学習への主体性を引き出すようにすること。
○写真や映像などで子供たちにイメージをもたせるとともに、比較する写真やグラフなどのデータを提示して、疑問点や知りたいことなどを丁寧に引き出し、学習問題の設定につなげること。
○地域のお祭りや文化財などを調べる際に、予想について十分に話し合い、「見てくること・聞いてくること」など計画をしっかり立ててから見学・聞き取りに行くようにすること。
○調べたことを各自で県の白地図や年表などにまとめていく活動などを工夫し、学習の目的や連続性を意識できるようにすること。
○学習問題を設定して終わりではなく、それについてどう思うかなど、丁寧に予想や疑問点を引き出してから調べる活動に入ること。
○単元の中で、何度か「振り返り」を行い、学習問題は解決したか、まとめはこれでよいかなど、問題解決の状況を意識させるようにすること。

2 　対話的な学びを目指して

　対話的な学びの実現については、学習過程を通じた様々な場面で子供相互の話合いや討論などの活動を一層充実させることが大切です。また、実社会で働く人々から話を聞いたりする活動の一層の充実も考えられます。対話的な学びを実現することにより、子供一人一人が多様な視点を身に付け、社会的事象の特色や意味などを多角的に考えられるようにすることが大切です。

　そこで、例えば第4学年においては、以下が考えられます。

○自然災害の対策などについて、各自が自分の予想に沿って見学して情報を集めたり資料を選んだり、自分の疑問点を調べてまとめたりする「一人学び」の活動を工夫し、情報交換の必要性を生み出すようにすること。
○比較したり関連付けたりするよう資料提示を工夫し、学級全体で焦点を絞った話合いができるようにすること。
○水道局の人、お祭りの運営者、県庁や市役所の関係者などをゲスト・ティーチャーとして招き、話を聞くだけでなく、質問したり意見を交換したりする活動を工夫すること。
○グループ活動を適宜取り入れ、ミニ・ホワイトボードなどを使って、結論だけでなく話合いの経過や出された意見などを「グループの考え」として発表できるようにすること。

3 　深い学びを目指して

　主体的・対話的な学びを深い学びにつなげるよう単元展開を工夫することが大切です。そのためには、子供が社会的事象の見方・考え方を働かせて、社会的事象の特色や意味など社会の中で使うことのできる応用性や汎用性のある概念などに関する知識を獲得するように問題解決的な学習を展開することが大切です。また、学んだことを生活や社会に向けて活用する場面では、社会に見られる課題を把握して、その解決に向けて社会への関わり方を選択・判断することなどの活動を重視することも大切です。

　そこで、例えば第4学年においては、以下が考えられます。

○「私たちの県」内の特徴的な場所を社会的な条件や自然条件などと関連付けながら説明できるようにすること。
○ごみ減量の取組を「市」「お店や工場」「地域の人々」「自分」などの言葉を用いてまとめるようにすること。
○災害から安全を守る人々の取組を「公助」「共助」「自助」などのキーワードを結び付けながら人々の関係やつながりをまとめるようにすること。
○自然災害から安全を守るためには何が一番大切か、ペットボトルの水と水道水はどっちがよいか、伝統工芸品がもっと売れるようにすることはできないのかなどと、学んだことを基にして深く考えるための問いを工夫して、話合いができるようにすること。
○学んだことを生かして、自分たちにできることについてアイディアを出し合い、その中から自分にもできそうなことを選択・判断できるようにすること。

子供が見方・考え方を働かせるように
資料提示や問い、対話的な活動の工夫を

「見方・考え方」とは「物事を捉えていく視点や考え方」であると、学習指導要領（総則・平成29年告示）では説明されています。小学校社会科では、それを「社会的事象の見方・考え方」と称して、次のように説明しています。

> 位置や空間的な広がり、時期や時間の経過、事象や人々の相互関係など（視点）に着目して社会的事象を捉え、比較・分類したり総合したり、地域の人々や国民の生活と関連付けたりすること（方法）　　　　　　　　　　　　　　　　　　　＊（　）内は筆者が追記

第４学年の内容で、「○○に着目して」の部分を見ると、次のことが書かれています。

> (1)　イ　(ア)　我が国における自分たちの県の位置、県全体の地形や主な産業の分布、交通網や主な都市の位置など
> (2)　イ　(ア)　供給の仕組みや経路、県内外の人々の協力など
> 　　　イ　(イ)　処理の仕組みや再利用、県内外の人々の協力など
> (3)　イ　(ア)　過去に発生した地域の自然災害、関係機関の協力など
> (4)　イ　(ア)　歴史的背景や現在に至る経過、保存や継承のための取組など
> 　　　イ　(イ)　当時の世の中の課題や人々の願いなど
> (5)　イ　(ア)　特色ある地域の位置や自然環境、人々の活動や産業の歴史的背景、人々の協力関係など

すなわち、次の視点がそれぞれの内容に位置付けられているのです。

位置、地形、分布、経路、（自然）、地域、環境‥‥‥‥‥‥‥‥‥‥‥位置や空間的な広がりの視点
過去、（歴史的）背景、当時、経過、保存、継承‥‥‥‥‥‥‥‥‥‥‥時期や時間の経過の視点
願い、協力（関係）‥‥‥‥‥‥‥‥‥‥‥‥‥‥‥‥‥‥‥‥‥事象や人々の相互関係の視点
仕組み、課題、活動‥‥‥‥‥‥‥‥‥‥‥‥‥‥‥‥‥‥‥‥‥‥‥‥‥その他の視点

1 問いの工夫

これらの視点を授業に生かすようにするには、次のように問いに変換して、「本時のめあて」に入れたり発問したりして子供に届ける工夫が考えられます。

> 例：「供給の仕組みや経路」　→本時のめあて　「水はどこからどこを通って送られてくるのか」
> 　　　　　　　　　　　　　　　　　　　「なぜこんなに大量の水がいつも送れるのか」など

「県内外の人々の協力」　→本時のめあて	「どんな人々の協力でダムがつくられたのか」 「どんな人々がどのように協力して飲み水を届けているのか」など
「処理の仕組みや再利用」→本時のめあて	「種類分けしたごみは、どこでどのように処理されているのか」「どうすればごみがごみでなくなるのか」など

　このように、位置や空間的な広がり、時期や時間の経過、事象や人々の相互関係の視点のほかにも、様々な視点が考えられます。また、教師の一方的な展開にならないよう、単元の学習問題についての予想を通して、子供からこうした問いが生まれるように意図することが大切です。

2　資料提示の工夫

　そこで、資料提示を工夫して、子供から問いやそれにつながる疑問が出されるように工夫することが大切です。また「比較しなさい」「関連付けなさい」ではなく、子供自らが比較するという視点をもてるように、関連付けるような資料提示を工夫する必要もあります。

　社会科では、これまでも地図や年表、図表などから情報を読み取ることを重視してきました。まずは、こうした資料を必要な場面で十分に生かしていくことが大切です。ただし、地図を見せれば、子供が空間的な広がりに着目するとは限りません。年表を見せれば時間の経過に着目するとも限りません。そこには、資料の適切な加工の仕方や提示の仕方が必要になります。どのように提示すれば、あるいはどのように問いかければ、教師が意図した問いにつながる疑問が子供から出されるのかをよく考えてみることが大切です。

3　対話的な学習活動の工夫

　社会科では「社会的事象の見方・考え方」を働かせて学ぶというように授業を仕組んでいくわけですが、子供の中では、他教科で働かせる見方・考え方と結び付いて、「自分の見方・考え方」として成長していくと考えられます。そのため、実際の授業では、子供同士の交流によって、多様な「見方・考え方」が鍛えられていくことを大切にしたいものです。見方・考え方は固定的なものとして教え込むものではなく、あくまでも子供が使えるようにするものだからです。比較したり関連付けたりする思考も、子供同士の対話的な学びから自然と生まれることが多いのです。

　子供は自分で調べたことや教師から提供された情報を基にして、知識や互いの意見などを比べたりつなげたりして考え、言葉や文でまとめます。こうした思考や表現の過程を重視して社会的事象の特色や意味などを追究するプロセスが大切です。このプロセスにより、社会的事象の意味には多様な解釈があることを学ぶことにもなります。

　また、このことが社会への関わり方を選択・判断する際に大きく影響するはずです。選択・判断する場面は、学んだことを使う場面でもあります。「選択」は選ぶことなので、多様な意見や解釈の中から自分の判断で選ぶことができるようになるためにも、対話的な学習活動は不可欠なものであるのです。

目的に応じて柔軟に工夫することが板書の工夫

1 子供と教師の協働作業としての板書

社会科の授業における板書には、主に次の4種類のことが書かれます。

> ①子供の気付きや疑問、考えや意見
> ②教師が教材について説明するための言葉
> ③本時の目標を実現するための言葉
> ④問いに関する言葉

①子供の気付きや疑問、考えや意見

子供たちの発言を受けて書く文字です。資料から気付いたこと、疑問に思ったこと、問いに対する予想などについて考えたこと、示された事実に対する自分の意見などです。これらはなるべく子供の言葉を生かしながら板書することが大切です。

②教師が教材について説明するための言葉

教師が教材を子供に届けるために書く文字です。社会科の授業では、○○工場の生産の仕事、○○地域の気候の特徴など、事例を取り上げて学ぶことが多いため、その事例について説明する言葉が必要になります。例えば、「ていねいな作業」「大量生産」「1年を通して温暖な気候」などといった言葉です。これらは、子供たちの発言を生かして書かれることが多いのですが、子供から発言されなくても、事例について理解させるために必要な場合は、書く必要があります。

③本時の目標を実現するための言葉

社会科の授業では、事例を通して社会的事象の特色や意味、社会の仕組みなどが子供に分かるようにすることが大切です。そのためには、それらに目を向けるようにする言葉が必要です。例えば、環境にやさしい、受け継がれる伝統、地域のつながり、協力や連携、生産者、消費者などといった、社会的事象の意味や特色を明確にする言葉、立場を意識させて人々の結び付きが分かるようにする言葉などです。これらの言葉は、教材研究によって意識することができます。これらの言葉を意識することによって、板書が構造的になります。

④問いに関する言葉

本時の問いはもとより、子供の疑問などを取り上げたり、教師の発問を明示したりするなど、問いに関する言葉を板書することはとても大切です。物事の理解はQ&Aで進むように、問いがないまま答えだけが羅列される板書では、子供は事実を整理して理解することができません。もちろん板書が問いだらけになっても子供は混乱します。本時の問いは、しっかりと文で示し、その他の問いはキーワードと「?」(クエスチョン・マーク)で書くなど、かき分けることも大切です。

上記の③や④の言葉は、見方・考え方を働かせるための視点にも通じるものです。

2 様々なパターンが見られる板書

板書の形式には決まりはありませんが、実際の授業では次のようなパターンが多く見られます。

①問題解決の基本パターン

はじめに資料が提示されてそれを基に話し合いながら本時の問いを立てます。分かったこと、考えたことを書いていきます。最後に本時の問いに対するまとめ（結論）が書かれる形です。

いわば問題解決のサイクルがそのまま板書に現れるパターンといってもよいでしょう。

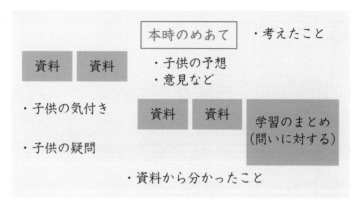

②対立討論パターン

問いは事前に子供に示されており、立場が分かれたところからスタートします。それぞれの考えの根拠や理由を言葉や資料で主張し合ったり反対意見を述べたりする様子を板書で整理していきます。後半にはまとめにつながるような資料や情報が提示されて、各自の結論が表現されますが、結論は一つではないこと、残された課題があることなどが書かれる場合もあります。

③その他

ほかにも様々なパターンがあります（イメージのみで細かな記述は省略しています）。

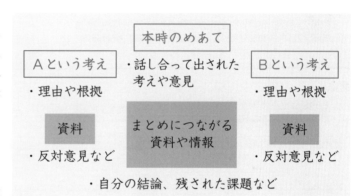

○中心資料読み取りパターン　　○ビフォー・アフター・パターン　　○関係整理パターン

④ノート指導のポイント

ノートを黒板と連動させるように指導すると、子供は自分でノートに書きやすいことが考えられます。といっても、黒板を写させるのとは違います。本時の問い、自分の予想、自分の考え、友達の考え、自分のまとめ、学級全体のまとめ、振り返り、資料など、問題解決のサイクルを意識させるように書かせていくことが大切です。

単元を見通して毎時のめあてを考える

1 単元の学習問題と問いの関係

図1

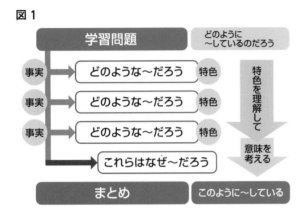

図1は、単元の学習問題は「どのように」型で、調べる事項を方向付けるようにつくり、毎時のめあては、具体的な事実を通して、特色や意味に迫るようにつくればよいという考え方です。もしも単元のはじめに、単元の終末までを見通した学習問題を設定したいのであれば、「自動車生産の課題を調べて改善策を提案しよう」といった、いわゆるパフォーマンス型の学習問題を提示する方法などが考えられます。その際、子供の発達の段階に即しているか、必然性はあるかなどを検討する必要があります。

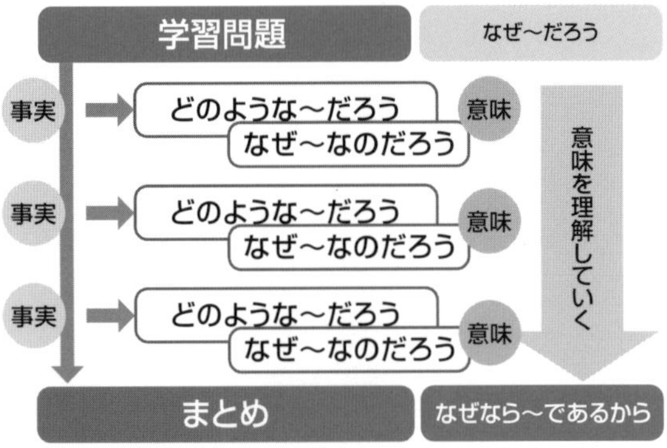

図2

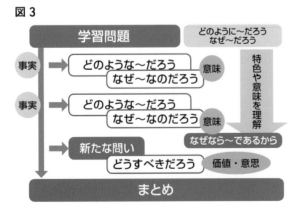

図2は、毎時の授業の中で「なぜ」という問いを導き出して、丁寧に社会的事象の意味に迫っていく学習展開を考えた例です。この場合、単元の学習問題も「なぜ」型にすることも多いのですが、子供たちが出し合った予想を順番に調べたり考えたりしていくという展開としては、上記の例と大きな違いはありません。このようにいろいろな展開を工夫してみることが大切です。

図3は、社会的事象の特色や意味を考え理解することを単元の終わりとはせず、終末に新たな問いが設定されることを示している図です。目標を実現することを重視するならば、「単元の学習問題は1つに限定することはない」と考えることもできます。

実際、「こんなに良質な食料を生産しているのに、なぜ自給率が低いのか」など別の視点から「問い直す」新たな問いや、「私たちにできることは

図3

何か」「何を優先すべきか」など、自分たちに引き寄せて「社会への関わり方を問う」新たな問いが単元の終末で設定される授業は多くの地域で見られます。

2 「本時のめあて」の様々なパターン

　本書では、これらの問いの質を踏まえ、「本時のめあて」として次のような様々なパターンを想定しています。

⑴　事実や様子を調べる

○「調べよう」型

　問いというよりも活動を示唆する形です。「○○について調べよう」という言葉の背後には、「どのような」型や「なぜ」型の問いが隠されていることが多いのですが、それを表に出さずに子供の中にそれらが醸成されることを期待しています。したがって、教師は問いを意識しておくことが大切です。「なぜ（どのように）〜なのか調べよう」とすれば、問いが含まれる複合型のようになります。

○「どのように」型

　社会的事象の様子を捉えるために、まず事実から調べることを前面に出す問いです。単元の学習問題は、様々な社会的事象を調べてからその意味を考えることが多いので、まずは「どのように」型の学習問題でスタートする単元展開が多く見られます。

⑵　社会的事象の特色や意味を考える

○「なぜ」型

　社会的事象の意味を追究する問いです。特に理由や背景、因果関係、条件などを考えるためには有効な問いになります。社会科の授業では、いきなり登場することは少なく、教師が提示する情報（資料など）から疑問を引き出した後に用いられたり、子供が調べた事実を集めてから改めて用いられたりすることが多いようです。

○「どっちが」型

　ＡとＢのどっちがよいか、などと選択を迫る問いで、多くの場合、対話的な学びを生み出すための手立てとして用いられます。目標に直接迫る問いというよりも、前段階として立場を明確にして社会的事象の意味や価値などを考えるための「仮の問い」と考えたほうがよいかもしれません。

　単元の終末に「自分たちにできること」を考える際の意思決定を求める問いとして用いられることもあります。

○「調べて考えよう」型

　「調べよう」と投げかけて、活動だけで終わらないようにするために、「〜について考えよう」などと、特色や意味などの理解に迫ることを求める問いです。学習の流れを示しているとも取れるので、学習の見通しをもつようにすることを大切にしている問いといってもよいかもしれません。

⑶　社会への関わり方を選択・判断する

○「どうすべきか」型

　社会参画を視野に入れて、これからの自分たちの関わり方を考えるときなどに用いる問いです。

　必ずしも結論が一致せず、答えが多様にあることを許容することが大切な問いで、「オープンエンド」などと言われる終わり方が特徴です。子供が自分の意思を決めることが大切になります。

　めあての形は、ほかにも考えられると思いますが、いろいろなものが組み合わさって単元が構成させると考えるとよいでしょう。

単元を見通して、3観点の趣旨を踏まえて バランスよい評価計画を

1 観点別学習状況評価の観点の趣旨（第4学年）

(1) 知識・技能

自分たちの都道府県の地理的環境、地域の人々の健康と生活環境を支える働きや自然災害から地域の安全を守るための諸活動、地域の伝統と文化や地域の発展に尽くした先人の働きなどについて、人々の生活との関連を踏まえて理解しているとともに、調査活動、地図帳や各種の具体的な資料を通して、必要な情報を調べまとめている。

(2) 思考・判断・表現

地域における社会的事象の特色や相互の関連、意味を考えたり、社会に見られる課題を把握して、その解決に向けて社会への関わり方を選択・判断したり、考えたことや選択・判断したことを表現したりしている。

(3) 主体的に学習に取り組む態度

地域における社会的事象について、地域社会に対する誇りと愛情をもつ地域社会の将来の担い手として、主体的に問題解決しようとしたり、よりよい社会を考え学習したことを社会生活に生かそうとしたりしている。

2 学習評価の目的と評価場面

学習評価の目的には、大きく捉えて次の2つがあります。

(1) 指導に生かす評価

子供のその時点での学習状況を捉えて、その後の指導に生かしたり授業改善に生かしたりして、一人一人の学力を高めるという目的です。このことは学校全体として捉えれば、子供たちの評価結果を集計して、学校としての教育課程や指導方法の改善につなげることにもなります。カリキュラム・マネジメントの一環です。

指導に生かす評価場面としては、右表の各観点における評価規準「①」を基本として捉えるとよいでしょう。単元の前半から「ABC」などと記録に残すことに追われず、しっかり指導することが大切だからです。単元前半は、Cの状況を放っておかず指導し改善するのが教師の義務です。

(2) 記録に残す評価

子供にどの程度の学力が身に付いたかを学習成果として記録するという目的もあります。法定の表簿「児童指導要録」や各学校で作成する「通知表」等に記載するために評価資料として集めるという趣旨です。指導に生かすことが基本であるとしても、その単元が終わる、学期が終わる、学年が終わるなど「期限」があるため、記録に残すことは避けて通れません。

記録に残す評価場面としては、右表の各観点における評価規準「②」を基本として捉えると

よいでしょう。単元の後半には、指導したことの成果が子供の表現から見取れるようになるからです。

3 評価計画の考え方

　学習評価は、単元を見通して計画的に行うようにします。たとえば、下記のような評価規準を考え（ここでは基本形として書いています）、それを単元の指導計画にバランスよく位置付ける方法です。必ずしも１度ずつというわけではありません。何度も登場する評価規準もあり得ます。一方、指導計画に位置付かない評価規準は書く必要がありません。

　その際、目標との関係が大切です。目標に描かれていることを分析的に評価するための評価規準だからです。そのため、評価規準は、左ページの「観点の趣旨」と比べると、子供の学習活動に照らして学習状況を測れるように、具体的に書かれています。

4 評価規準の書き方

　評価規準の基本形は、学習指導要領から導き出すことができます。学習指導要領の内容の書き方には次のようなパターンがあります。

⑴　Ａについて、学習の問題を追究・解決する活動を通して、次の事項を身に付けることができるよう指導する。
　ア　次のような知識・技能を身に付けること
　　㋐　Ｂを理解すること
　　㋑　Ｃなどで調べてＤなどにまとめること
　イ　次のような思考力、判断力、表現力等を身に付けること
　　㋐　Ｅなどに着目して、Ｆを捉え、Ｇを考え、表現すること

⑴　評価規準の例

知識・技能	思考・判断・表現	主体的に学習に取り組む態度
①Ｅなどについて、Ｃなどで調べて、必要な情報を集め、読み取り、Ｆを理解している。 ②調べたことをＤや文などにまとめ、Ｂを理解している。	①Ｅなどに着目して、問いを見いだし、Ｆについて考え表現している。 ②比較・関連付け、総合などしてＧを考えたり、学習したことを基に社会への関わり方を選択・判断したりして、適切に表現している。	①Ａ（に関する事項）について、予想や学習計画を立て、学習を振り返ったり見直したりして、学習問題を追究し、解決しようとしている。 ②よりよい社会を考え、学習したことを社会生活に生かそうとしている

⑵　単元への位置付けの例（観点名は簡略して、思考・判断・表現→【思】と記述）
　たとえば、上記の評価規準を指導計画に位置付ける例としては次のようなものが考えられます。
　　○「つかむ」段階………【思①】【主①】
　　○「調べる」段階………【知①】を中心に【思①】【主①】を適宜
　　○「まとめる」段階……【思②】【知②】
　　○「いかす」段階………【主②】

1

わたしたちの県

9 時間

都道府県の様子

単元の目標

東京都の様子について、我が国における東京都の位置、都全体の地形や主な産業の分布、交通網の広がりや主な都市の位置などに着目して、地図帳や各種の資料で調べ、「東京都紹介マップ」としてまとめ、位置や地形、社会的条件などの地理的環境の特色を関連付けて考え、表現することを通して、東京都の地理的環境の概要や47都道府県の名称と位置を理解できるようにするとともに、東京都の様子について追究し、学習問題を解決しようとする態度を養う。

学習指導要領との関連
内容(1)「都道府県の様子」アの(ア)(イ)及びイの(ア)

第1〜4時	第5・6時
つかむ「出合う・問いをもつ」	調べる
〔第1時〕 ○東京都は、日本のどこにあるのだろう。【知①】 ・日本地図や航空写真を見て、東京都の大きさや形、位置について調べる。 ★面積や方位に着目する。 〔第2・3時〕 ○日本には、どのような都道府県があるのだろう。 【知①】 ・地図帳を活用し、他の道府県の名称と位置、大きさや形、特産品などについて調べる。 ・東京都の周りの県の名称と位置を確認する。 〔第4時〕 ○東京都はどのようなところなのだろう。【思①】 ・都内各地の様子を基に学習問題を見いだす。 【学習問題】 私たちが住む東京都には、どのような特色があるのだろう。 ○学習問題に対する予想をして、解決のための学習計画を立てる。　　　　【主①】	〔第5時〕 ○東京都の地形は、どのようになっているのだろう。　　　　【知①】 ・地図などの資料を活用して、東京都の地形の特色を調べる。 ・山地や低地、河川や島しょなど、調べて分かった地形の特色を「東京都紹介マップ」にまとめる。 ★地形の場所や位置、大きさや形に着目する。 〔第6時〕 ○東京都では、どのような産業がさかんなのだろう。　　　　【知①】 ・地図や資料を活用して、東京都の産業の分布を調べる。 ・農業や印刷業や皮革業などの工業、サービス業、織物などの伝統工芸などの産業が盛んな地域などについて、調べて分かった産業の分布を「東京都紹介マップ」にまとめる。 ★地形の特色や地理的条件に着目する。

単元の内容

東京都は、他の道府県と比較して面積は狭いほうではあるものの、山地や低地があり、また、東京から1000km離れた場所にも島しょもあるなど、自然環境は実に多彩な地域である。

一方で、江戸時代からの長い歴史の中で、東京都は日本の政治と経済、文化の中心であり、人口も多く、交通網が発達している。

このような東京都の地理的な特色を網羅的に

取り扱うだけではなく、それぞれを関連付けて特色を考える学習を展開することが重要である。

また、本単元「都道府県の様子」は、学年で学習する内容に深く関わることから、年度当初に扱うことが効果的である。

さらに、47都道府県の名称と位置については、本単元での学習を契機に、年間を通して地図帳などを活用して理解できるようにしたい。

単元の評価

知識・技能	思考・判断・表現	主体的に学習に取り組む態度
①自分たちが住む東京都の位置、都全体の地形や主な産業の分布、交通網の広がりや主な都市の位置などについて、地図帳や各種の資料で調べて、必要な情報を集め、読み取り、東京都の様子を理解している。 ②調べたことを地図や文などにより「東京都紹介マップ」にまとめ、自分たちの東京都の地理的環境の概要を理解している。	①自分たちが住む東京都の位置、都全体の地形や主な産業の分布、交通網の広がりや主な都市の位置などに着目して、問いを見いだし、東京都の様子について考え、表現している。 ②比較・関連付け、総合などして、東京都の地理的環境の特色を考え、適切に表現している。	①東京都の様子について、予想や学習計画を立てたり、学習を振り返ったりして、学習問題を追究し、解決しようとしている。

【知】：知識・技能　【思】：思考・判断・表現　【主】：主体的に学習に取り組む態度
○：めあて　・：学習活動　★：見方・考え方　予：期待する子供の予想例

第7・8時	第9時
「情報を集める・読み取る・考える・話し合う」	整理する・生かす
〔第7時〕 ○東京都の交通の様子はどのようになっているのだろう。　　　　　　　　　　　【知①】 ・地図や資料を活用して、鉄道や主要な道路、空港や港湾施設などの交通網を調べる。 ・区部には鉄道や地下鉄が張り巡らされている一方、山間部や島しょなど交通が不便な場所もあることなど、調べて分かった交通網の様子を「東京都紹介マップ」にまとめる。 ★交通網の広がりに着目する。 〔第8時〕 ○東京都にはどのような都市があるのだろう。　　　　　　　　　　　　　　【思①】 ・地図などの資料を活用して、東京都の主な都市や観光地を調べる。 ・人口の分布や都庁などの官公庁施設、教育・文化施設、商業施設、大使館の位置などについて、調べて分かった特色ある都市や地域を「東京都紹介マップ」にまとめる。 ★地形の特色や産業の分布、交通網の広がりとの関連に着目する。	〔第9時〕 ○わたしたちが住む東京都には、どのような特色があるのだろう。　　　【知②・思②】 ・これまでの学習を振り返り、調べて分かったことを関連付けて整理する。 ・学習問題に対する自分の考えを「東京都紹介マップ」にまとめる。 ・「東京都紹介マップ」を紹介し合い、東京都の様子についての考えを交流する。

問題解決的な学習展開の工夫

　自分たちの東京都の地理的環境の概要を調べる際には、我が国における東京都の位置、都全体の地形や産業の分布、交通網や主な都市の位置を取り上げる。

　その際、繰り返し日本地図を使って国土の全体における位置を調べたり、言い表す活動をしたりすることで、位置を理解できるようにすることが大切である。

　特に「位置の理解」を深めるため、方位や相対的な位置など、多様な視点から子供に説明させるなど、指導を工夫する必要がある。

　また、「東京都紹介マップ」を単元全体を通して位置付け、調べて分かったことや考えたことについて毎時間まとめる活動を学習の軸にするなど、子供の追究する意欲を維持するとともに、より高められるように指導を工夫したい。

つかむ
出合う・問いをもつ

東京都は、日本のどこにあるのだろう

本時の目標

地図帳を活用して、東京都の位置を調べる活動を通して、我が国における東京都の位置を理解する。

本時の主な評価

我が国における東京都の位置について、地図帳で調べて読み取り、理解している【知①】

用意するもの

掲示用の日本地図全図、島しょまで分かる東京都の地図、地図帳など

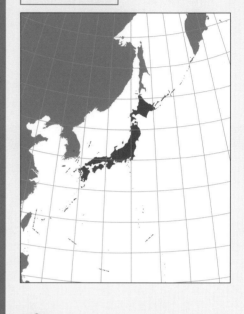

1 日本地図全図

本時の展開 ▷▷▷

つかむ　出合う・問いをもつ

板書のポイント
大きな日本地図を提示して、学級の全員が同じ資料を使って東京都を探すようにする。方角や周りの県を説明する必要性に気付けるようにする。

T　東京都は日本のどこにあるでしょう。　**1**
C　（黒板の日本地図を指さして）ここです。
T　ここが、私たちが住んでいる東京都ですね。今日は、「ここ」だけでなく、東京都の位置をどのように説明したらよいか、考えましょう。　**2**
＊本時のめあてを板書する。
T　位置を説明するために、何が分かったらよいですか？

調べる　情報を集める・読み取る・考える・話し合う

板書のポイント
子供たちの予想を基に、方角を確認し、周辺の県が分かるよう関東地方の地図を示すなどして、資料から読み取ったことを話し合う。

C　方位や周りの県を調べたい。　**3**
C　方角で説明すると、日本の中では東側だね。　**4**
C　東京都の周りは、北に埼玉県、東に千葉県、南に神奈川県、西に山梨県がある。
T　この地図を見てみましょう。　**5**
C　ずっと南に島があるね。ここも東京都だなんて、東京都の広がりはすごい。

2

本時のめあて

東京都は、日本のどこにあるのだろう。

3

よそう

・方角
・周りにある県

・広さ

4

分かったこと

・全体から見ると、東側。
・埼玉県、千葉県、
　神奈川県、山梨県
・2188km² 全国で45番
　目の広さ

5

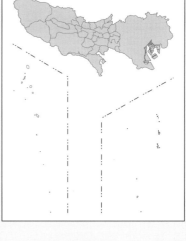

6

学習のまとめ

・東京都は、日本の中の東側、関東地方にある。
・千葉県、神奈川県、山梨県、埼玉県と接している。
・南には、伊豆諸島や小笠原諸島がある。

ふりかえり

方位などを使って表すと、
説明しやすい。

まとめる　整理する・生かす

板書のポイント

地図の読み取りをする際に着目した方位や周囲の県をキーワードにして示し、東京都の位置を言葉で説明できるようにする。

T　東京都の位置を説明するにはどんな言葉を入れると、分かりやすいですか？　**6**

C　全体から見ると東側というように、方位があるとよいと思う。

C　方位と周りの県を一緒に説明するといいし、大きさもあると、他と比べられて分かりやすいと思う。

C　周りの県も、東京都から見た方位で表すとよいと思う。

学習のまとめの例

・東京都は、日本の中でも東側の関東地方にあります。
・周りには千葉県、神奈川県、山梨県、埼玉県に囲まれていて、さらに南にある伊豆諸島や小笠原諸島も東京都に含まれます。
・面積は2188km²で、47都道府県の中で45番目の広さです。

つかむ
出合う・問いをもつ

日本には、どのような都道府県があるのだろう

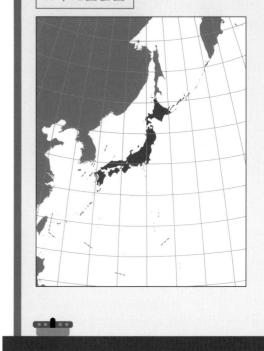

1 日本地図全図

本時の目標

　我が国が47の都道府県で構成されていることや、各都道府県の名称や日本地図上の位置、大きさや形、特産品などについて理解する。

本時の主な評価

　我が国を構成する都道府県について、地図等の資料を活用して調べ、その名称や位置を理解している【知①】

用意するもの

　掲示用の日本地図全図、地図帳など

本時の展開 ▷▷▷

つかむ　出合う・問いをもつ

板書のポイント

これまでに訪れたことがある道府県を話し合い、追究の意欲を高めるとともに、前時で学習した方位や周囲の県を活用した表し方を想起させる。

T　みなさんは、東京都のほかに、どこに行ったことがありますか？　**1**

C　北海道に行ったとき、とても広くて驚きました。　**2**

C　新潟県では、田んぼが広がっていて、おいしいお米がよく取れます。

C　沖縄県には飛行機で行きました。海がとてもきれいでした。

T　日本の都道府県にはどのような特色があるか調べていきましょう。　**3**

調べる　情報を集める・読み取る・考える・話し合う

板書のポイント

資料を活用して情報を集める活動の視点となるよう、調べることは何かを話し合い、項目として挙げ、グループでの活動に生かせるようにする。

T　どのようなことを調べていけばよいでしょう。　**4**

C　どこにあるのか。方角を使って説明するといいと思う。

C　地方に分かれているから、地方とその中での方角や大きさ、形が分かるといいと思う。

C　それぞれの県で有名な物や特産品があるから、それを調べたい。

T　では、グループで資料を見て話し合いながら調べていきましょう。　**5**

2

> 話し合って考えたこと

・47の都道府県がある。
・7つの地方に分かれている。
・北海道はとても広い。
・新潟県はお米がよく取れる。
・沖縄県には、きれいな海がある。

3

> 本時のめあて

日本には、どのような
都道府県があるのだろう。

4

> よそう

・どこにあるか。　　・大きさや形はどうか。
・どの地方にあるか。・特産品や有名な物は何か。

5

> 分かったこと

東北地方…6つの県
青森県、岩手県、宮城県、
秋田県、山形県、福島県

青森県…東北地方の一番北側
　　　　りんごが有名。

6

> 学習のまとめ

自分で調べた県について、
「分かったこと」を参考に
して書く。

7

> ふりかえり

47も都道府県があるから、少
しずつ覚えていきたい。

まとめる　整理する・生かす

板書のポイント

子供が調べたり発表したりしたことを網羅する
のではなく、例として1つ取り上げ板書するこ
とで、個々の記述に生かせるようにする。

T　グループで調べたことを基に、一つの県に
　ついて、それぞれがまとめてみましょう。
C　私は青森県についてまとめるよ。東北地方
　の一番北にあって、りんごが有名だと地図に
　も書いてあったよ。　　　　　　　　**6**
T　今日、くわしく調べた県のほかにも、日本
　には全部で47の都道府県があります。全部
　を覚えられるようにするためにも、どうして
　いったらよいか、振り返りに書きましょう。
　　　　　　　　　　　　　　　　　　7

> ## 学習のまとめの例
>
> ・青森県は東北地方にあり、その中で
> 　も一番北側にあります。
> ・りんごやにんにくが有名です。
> ・形は北側の東西がでっぱっていて、
> 　面積は9646km^{2}で、全国で8番目
> 　に広いです。
>
> 〈振り返りの例〉
> ・47も都道府県があるから、少しず
> 　つ覚えていきたい。そのために旅行
> 　に行ったり、食べ物や物が作られる
> 　産地などを聞いたりしたときに、調
> 　べるようにしていきたいです。

つかむ
出合う・問いをもつ

東京都はどのようなところなのだろう

本時の目標
　都内各地の写真から東京都の様子について疑問を基に話し合い、学習問題を見いだし、学習計画を立てる。

本時の主な評価
　都全体の地形や主な産業の分布、交通網の広がりや主な都市の位置などに着目して、問いを見いだし、考え表現している【思①】／学習計画を立て、学習問題を追究しようとしている【主①】

用意するもの
　都内各地の写真、東京都の地図など

本時の展開 ▷▷▷

つかむ　出合う・問いをもつ

板書のポイント
特徴の異なる都内各地や身近な区市町村の写真を提示し、多様な東京都の姿に気付くとともに、疑問をもち、追究の意欲を高める。

T　この写真を見て気付くことを発表しましょう。　**1**
C　海があって、その近くに高いビルがあるよ。都会の感じがする。
C　海の中に大きな山があるみたいです。
C　山に囲まれて、ダムがあります。
T　これらの写真は、どの都道府県を写したものだと思いますか？
C　海も山も街もあるよ。同じ都道府県とは思えません。

調べる　情報を集める・読み取る・考える・話し合う

板書のポイント
提示した写真から見えるそれぞれの場所の特色を押さえ、特色として調べていく事柄が見えるようにしていく。

T　実は、この写真はすべて東京都です。　**2**
C　東京都にこんなところがあるなんて、知らなかった。東京都のことをもっと詳しく知りたくなった。
T　東京都の様子について、どのようなことを調べていく必要がありますか？　**3**
C　特色だから、有名なものや、どこにどんな街があるかを調べたらいいと思う。
C　交通の様子や地形についても調べたい。

本時のめあて

東京都はどのようなところなのだろう。

③

ぎもん

・どこにどのようなものがあるか。
・どのような街があるか。
・どのような産業があるか
・交通の様子
・地形　土地の高さや広さなど

⑥

学習計画

①地形や広さ
②産業
③交通・街

④

学習問題

私たちが住む東京都には、
どのような特色があるのだろう。

⑤

特色

・海も山も高いビルもある。
・家がたくさんある。
・電車がたくさん通っている。

まとめる　整理する・生かす

板書のポイント

疑問を出し合って見いだした学習問題に対する
予想を整理しながら板書することで、追究の順
を考え、学習計画に位置付けられるようにする。

T　東京都の特色を調べていくことを学習問題
　にしましょう。どのようなことが特色だと言
　えそうですか？　④

C　ビルもあれば、山も海もある、いろいろな
　姿があるところだと思う。　⑤

T　どのように調べていくとよいでしょう。

C　都道府県調べをしたときのように、地図を
　使うと全体の様子が分かると思う。　⑥

T　では、地図を見て分かりそうな地形や大き
　さなどから調べていくことにしましょう。

学習のまとめの例

・今日まで、東京都はビルやマンショ
ンがたくさんある大都会だと思って
ました。でも、島があったり、山が
あったり、実はとても自然が豊かな
ところだを分かりました。これか
ら、私が住んでいる○○区以外の東
京都の様子について、詳しく調べて
いきたいです。

〈振り返りの例〉

・調べることが決まったので、私は地
図帳を使って、地形や広さを読み取
りたいです。

東京都の地形は、どのようになっているのだろう

本時の目標

地図帳等の資料を活用して調べることを通して、東京都の地形の特色を理解する。

本時の主な評価

東京都の位置について、地図帳等の資料で調べて、必要な情報を集め、東京都の様子を理解している【知①】

用意するもの

東京都の地図、国土地理院のデジタル標高地図、デジタル地図を印刷した資料、地図帳、東京都紹介マップなど

---

1 本時のめあて

東京都の地形は、どのようになっているのだろう。

地形とは…
土地の高さや形、大きさ
山や川の様子

3

よそう

土地の高さ…西が高く、東が低い。
形…東西に長い。
川…東西に流れている川が多い。

本時の展開 ▷▷▷

つかむ　出合う・問いをもつ

板書のポイント
地形を調べる上で、必要な情報を話し合い、調べる活動における視点として活用できるよう、板書で示すようにする。

T　今日は、東京都の地形の特色について調べましょう。地形とは、土地の高さや形、大きさ、山や川の様子のことです。どのような地形か、まずは地図を見て予想しましょう。**1**
C　東京都は南北より東西に長い形。　**2**
C　東の方が土地が低くて、西の方が高い。地図で見ると薄いグレーになっている。　**3**

調べる　情報を集める・読み取る・考える・話し合う

板書のポイント
子供たちの手元では見せづらい高低差の分かる地図などはICTを活用して提示し、手元の地図帳で確かめて分かったことを発表させ、板書する。

T　グループで協力して、地図を見ながらみんなの予想を確かめていきましょう。黒板のデジタル地図を見たい人は見に来てください。
＊予想をもとに調べる。
T　どんなことが分かりましたか？　**4**
C　やっぱり西側の色は薄いから、土地が高くて、山があるということだね。山から川が流れているよ。
C　川の水は低い方に流れるから、東に向かっているんだね。

東京都の地図

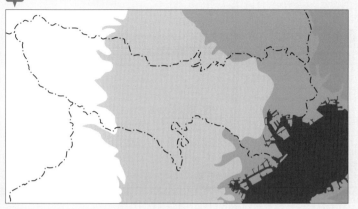

 ↓ 分かったこと　➡️　 ↓ 学習のまとめ

・高いところが薄いグレー、低いところが濃いグレーで表されている。
・西が高く、東に行くほど低い。
・西には山、東には海がある。
・多摩川、荒川、江戸川などの大きな川が流れている。

まとめる　整理する・生かす

板書のポイント

土地の高さや形、山や川の様子を関連付けて考えた子供の発言をキーワードにして板書し、個々のまとめに生かせるようにする。

T　今日のめあてを見て、黒板やノートの言葉を使いながら、自分の考えをまとめて、東京都紹介マップの地形のページに書きましょう（マップに貼る地図を配布する）。　5

C　東京都は、西の土地が高くて山があり、東に行くほど低くなって、低いところに向かって川が流れ、建物が多く建てられている。

C　東京都は東西に長い形で、土地の高さは、西が高く、東が低い。

学習のまとめの例

・東京都は、東西に長く、西側の土地が高くて東側が低くなっています。
・西側には山地が広がり、東側に進むにつれて、住宅地や商業地が広がるようになっています。
・一番高いところは奥多摩町の雲取山です。また、南には伊豆諸島や小笠原諸島があります。

〈振り返りの記述例〉
・地形について、地図帳の資料を使うとよく分かりました。次の産業の様子も地図帳の印などをよく見て調べたいです。

調べる
情報を集める・読み取る・
考える・話し合う

東京都では、どのような産業がさかんなのだろう

本時の目標
　地図帳やグラフ等の資料を活用して調べることを通して、東京都の産業の特色を理解する。

本時の主な評価
　東京都の位置について、地図帳等の資料で調べて、必要な情報を集め、東京都の様子を理解している【知①】

用意するもの
　東京都の地図、東京都の農林水産マップ、産業ごとの就業者数の表、地図帳、東京都紹介マップなど

1

本時のめあて

東京都では、どのような産業がさかんなのだろう。

産業とは…
人々が生活していくために必要な、いろいろな仕事。

2

よそう

・物を売る仕事をする人が多い。
・山や畑では、農業が行われている。

本時の展開 ▷▷▷

つかむ　出合う・問いをもつ

板書のポイント
前時に地形を読み取る際に活用した地図帳を基に、特産物や仕事に関連する施設など、子供たちが見付けたものをキーワードにして板書する。

T　今日は、東京都の産業の特色について調べましょう。産業とは、人々が生活していくために必要な、いろいろな仕事のことです。まずは地図を見て予想しましょう。　　**1**

C　私たちが住んでいる○○区やこの近くはビルやマンション、住宅地が多いから、物を売る仕事が多いと思う。　　**2**

C　東京都は西のほうに山や畑があるから、農業が行われていると思う。

T　盛んな産業を資料で調べましょう。

調べる　情報を集める・読み取る・考える・話し合う

板書のポイント
農林水産物のマップを提示し、前時の地形と関連付けながら調べられるようにする。実際に物を生産しない産業については、表で提示して見せる。

T　みんなの予想を確かめる資料を見せます。どんなことが分かりますか？　　**3**

C　23区の真ん中あたりは農作物が作られていないよ。ビルがたくさんあるからかな。

T　グラフからはどんなことが分かりますか？

C　働く人は、物を売ったり、サービスしたりする人が多いです。　　**4**

C　人がたくさんいるから、人に直接関わる仕事をする人が多い。

3 東京都の農林水産物

産業ごとの働く人の数

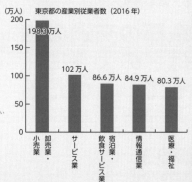

4 分かったこと → **5** 学習のまとめ

4 分かったこと

・都心にはビルが多く、会社がたくさん集まっている。
・人が多く集まる街には、お店が多く、サービス業で働く人がとても多い。

5 学習のまとめ

・農作物は都心部以外で作られている。
　…西側の市や東側の区。
・販売業、サービス業がさかん。
　…都心部のビルや商業地。

6 ふりかえり

まとめる　整理する・生かす

板書のポイント

土地の高さや形、山や川の様子を関連付けて考えた子供の発言をキーワードにして板書し、個々のまとめに生かせるようにする。

T　今日のめあてを見て、黒板やノートに書かれた言葉を使いながら自分の考えをまとめて、東京都紹介マップの地形のページに書きましょう。　**5**

C　東京都は、野菜や水産物を生産している。働く人は、物を売ったり、サービスしたりする仕事をしている人が多い。

T　学習の振り返りをしましょう。次の交通と関わりがありそうだと考えたことがあれば、書いてみましょう。　**6**

学習のまとめの例

・東京都は、人がたくさん集まっているから、物を売ったり、サービスしたりする産業が盛んで、その仕事をする人が多いです。
・野菜や果物などを作る産業もあり、畑が広がる西側や、東側の区で生産されています。

〈振り返りの例〉

・サービス業が多いのは、人がたくさん集まるからだと思います。交通が便利なところと関係がありそうです。

調べる
情報を集める・読み取る・考える・話し合う

東京都の交通の様子はどのようになっているのだろう

本時の目標
地図帳等の資料を活用して調べることを通して、東京都の交通網の特色を理解する。

本時の主な評価
東京都の交通網の様子について、地図帳等の資料で調べて、必要な情報を集め、東京都の様子を理解している【知①】

用意するもの
東京都の鉄道網、バス路線網、道路交通網、地図帳、東京都紹介マップなど

1 本時のめあて

東京都の交通の様子はどのようになっているのだろう。

2
よそう

・たくさんの電車がつながっている。
・大きな道路があって、多くの区や市がつながっている。

本時の展開 ▷▷▷

つかむ　出合う・問いをもつ

板書のポイント
交通網を調べる際の視点となる事柄を、これまでの追究活動や生活経験から想起させ、追究の視点としてキーワードで示すようにする。

T　東京都の交通網について調べましょう。交通とはどのようなものですか？　**1**
C　電車や道路など、移動するために使う物のことだと思う。
C　東京都にはたくさんの電車が通っているし、バスや飛行機など、様々な交通があると思う。　**2**
T　では、交通を調べるために、どんな資料が必要ですか？　**3**
C　地図を見ればよく分かると思います。

調べる　情報を集める・読み取る・考える・話し合う

板書のポイント
交通網が分かる地図資料の読み取りを中心に学習を展開するため、できるだけ大きく写真を提示し、その周りに子供の意見を整理して板書する。

＊ICTを活用し、鉄道網、バス路線、道路などを重ねて見せるのも効果的である。
T　交通の様子が分かる地図を見て調べていきましょう。どんなことが分かりますか？
C　東側に、細かくて読み取れないくらいに電車が取っている。○○区を通る電車は、□□駅とつながっている。　**4**
C　多くの電車が新宿駅や東京駅などの大きな駅につながっている。
C　西に向かってつながる電車が多いです。

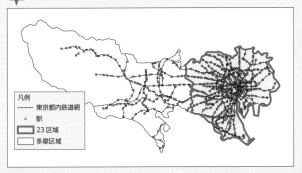

3 東京都の鉄道もう

凡例
── 東京都内鉄道網
・　駅
▓ 23区域
□ 多摩区域

- 高速道路で様々な街や他の県とつながっている。
- 鉄道が通っていないところは、バスで結ばれている。
- 大田区に羽田空港があり、飛行機で外国ともつながっている。
- 島には飛行機や船で行くことができる。

4

分かったこと

- 東側に鉄道がたくさん通っている。新宿駅や東京駅からつながっている。
- 市部と区部を結ぶ鉄道が東西に走っている。

5

学習のまとめ

6

ふりかえり

- 交通の特色…とても **便利** につながっている。
- たくさんの人が集まるようになっている。

まとめる　整理する・生かす

板書のポイント

鉄道や道路等を関連付けて考えるとともに、地形や産業との関連についても考えることで、東京都の特色をより広くとらえられるようにする。

T　今日のめあてを見て、黒板やノートに書かれた言葉を使いながら自分の考えをまとめて、東京都紹介マップの地形のページに書きましょう。　

C　東京都は、多様な交通機関が通り、便利に結ばれている。高速道路や飛行機も通っていて、他の県や外国にもつながっている。

T　学習の振り返りをしましょう。次は交通の学習を生かして、大きな街や有名なものを調べましょう。　**6**

学習のまとめの例

- 東京都は、たくさんの交通手段があって、どこに行くにもとても便利です。
- 鉄道や道路で都内や周りの県がつながり、飛行機で外国ともつながっているため、たくさんの人が集まるようになっています。

〈振り返りの例〉

- 東京都には、とても便利な交通があるから、多くの人が集まっていて、大きな街は交通でつながっていると思います。

わたしたちの県　**1**　都道府県の様子

1

調べる
情報を集める・読み取る・考える・話し合う

東京都にはどのような都市があるのだろう

本時の目標
　地図帳等の資料を活用して調べることを通して、東京都の主な都市やその位置を理解する。

本時の主な評価
　東京都の主な都市について、地図帳等の資料で調べて、必要な情報を集め、東京都の様子について考え、表現している【思①】

用意するもの
　東京都の地図、地図帳、東京都紹介マップなど

1 本時のめあて

東京都にはどのような都市があるのだろう。

2 よそう

・お台場には観らん車やお店がある。
・新宿や東京など、大きな街がある。
・都ちょうは新宿にある。
・八王子市に高尾山がある。
・小笠原諸島は世界い産に登録されている。

本時の展開 ▷▷▷ ▷

つかむ　出合う・問いをもつ

板書のポイント
交通網を調べた際の主要な駅の情報から、交通によって結ばれている都市、主要な都市、名所等を話し合い、板書に記録して追究につなげる。

T　今日は、東京都の都市について調べましょう。どのような都市を知っていますか？ **1**
C　お台場で海を見たり、買い物をしたりしたよ。 **2**
C　八王子市にある高尾山に行ったことがあるよ。
T　では、交通を調べるために、どんな資料が必要ですか？ **3**
C　地図を見ればよく分かると思う。

調べる　情報を集める・読み取る・考える・話し合う

板書のポイント
子供たちが調べたことを黒板上に示していくため、大きな白地図を提示し、子供の発言した内容を白地図に位置付けて示していく。

T　地図帳などで調べて、都庁があるところや、有名なところを見付けましょう。
＊第4時の資料も活用して白地図に位置付ける。
T　見付けたものを、カードにかいて黒板に貼っていきましょう。 **4**
C　都庁は新宿にある。たくさんの電車が通って便利だから、新宿にあるのだと思う。
T　人口が多いのは、どこだと思いますか？資料を見て、調べましょう。

3 分かったこと

調布市…東京スタジアム

4 新宿…東京都庁

台東区…国立西洋美術館、浅草

千代田区…国会議事堂

中央区…銀座

港区…お台場

八王子市
…高尾山

大田区…羽田空港

5 学習のまとめ

・東京都には新宿や東京などの大きな都市がある。
・人口が多いのは都心の周りの区や市。

市・都部
4,262,969人

区部
9,569,121人

大島町　利島村　新島村　神津島村

三宅村　御蔵島村　八丈町　青ヶ島村　小笠原村

島部
25,353人

50万人以上
40～50万人未満
30～40万人未満
20～30万人未満
10～20万人未満
10万人未満

中央防災管理局

6 ふりかえり

・人口は、都心から少し離れた区にとても多い。

まとめる　整理する・生かす

板書のポイント

主な都市の名称と位置をこれまでに調べた地形、産業、交通の様子と関連付け、人口が多く集まる理由などを考えられるようにしていく。

T　調べたことをまとめて、東京都紹介マップに書きましょう。　**5**

C　東京都には、新宿に都庁、千代田区に国会議事堂など、日本の重要な施設がある。

T　学習の振り返りをしましょう。これまで調べてきて、よかった資料や、調べ方を振り返ってみましょう。　**6**

学習のまとめの例

・東京都は、たくさんの交通手段があって、どこに行くにもとても便利です。
・鉄道や道路が都内や周りの県、飛行機で外国ともつながっているため、たくさんの人が集まるようになっています。

〈振り返りの例〉

・東京都の特色を調べるときには、地図帳が役に立ちました。地図から見て分かることもあるし、後ろのデータから分かることもありました。これからも上手に資料を使って調べたいです。

まとめる
整理する・生かす

わたしたちが住む東京都には、どのような特色があるのだろう

本時の目標
東京都の位置、都全体の地形や主な産業分布、交通網の広がりや主な都市について調べ、東京都の地理的環境の特色について考える。

本時の主な評価
調べたことを地図や文などにより「東京都紹介マップ」にまとめ、東京都の地理的環境の概要を理解している【知②】

東京都の地理的環境の特色を考え、適切に表現している【思②】

用意するもの
地図等の資料、東京都紹介マップ等

本時の展開 ▷▷▷

1

本時のめあて

わたしたちが住む東京都には、どのような特色があるのだろう。

2

分かったこと

地形、産業、交通、都市

- 地形…東側の土地が低く、西にいくほど高くなっている。
- 東に商業地が多く、中央は住宅地、西は森林が広がっている。
- 川…多摩川や荒川、江戸川などが流れている。
- 海…南の海上には島がある。
- 交通…鉄道もうや高速道路が広がっていて、他の県や世界とつながっている。
- 人口が多く、大きな都市や有名な観光地がたくさんある。

つかむ　出合う・問いをもつ

板書のポイント
学習問題について追究して見付けた事実や考えを振り返って板書で示すことで、関連付けて考えをまとめることができるようにする。

T　今日は学習問題について、自分の考えをまとめましょう。まず、これまで調べてきて分かったことを確認しましょう。　**1**

C　地形を調べて、西が高くて東が低いことが分かった。　**2**

C　産業は、販売業やサービス業が盛んだ。

T　このように、調べて分かったことや考えたことを関連付けながら、学習問題について、自分の考えをまとめて、東京都紹介マップに書きましょう。

調べる　情報を集める・読み取る・考える・話し合う

板書のポイント
東京都を紹介するときに、どのようなことを知らせるとよく分かってもらえるか、端的に言葉を整理して板書していく。

T　どのように紹介すると、東京都のことをよく分かってもらえるか、話し合いながら書いていきましょう。レイアウトも確認しましょう。　**3**

C　東と西を比べたり、多かったり目立ったりするものを書くと分かりやすいよね。　**4**

C　東京都は交通が便利につながっているから、住んでいる人が多いし、観光でたくさんの人が来るんだね。

C　実は自然が豊かなことは、大きな魅力だよね。これは知らせたいな。

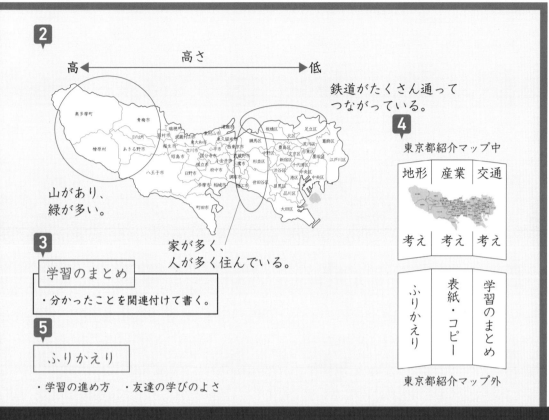

2

高 ← 高さ → 低

鉄道がたくさん通って
つながっている。

山があり、
緑が多い。

家が多く、
人が多く住んでいる。

3

学習のまとめ

・分かったことを関連付けて書く。

5

ふりかえり

・学習の進め方　・友達の学びのよさ

4

東京都紹介マップ中

地形	産業	交通
考え	考え	考え

ふりかえり	表紙・コピー	学習のまとめ

東京都紹介マップ外

まとめる　整理する・生かす

板書のポイント

東京都紹介マップのレイアウトを示し、友達との交流の際に、どこに何を書いてあるか、共通理解を図れるようにする。

T　マップにまとめたことを友達と紹介し合いましょう。

C　○○さんの考えだと、地形と産業がよく関連付けられていて分かりやすいね。

C　地図に線を引いて書き込んでいるから、どこにどんな特色があるか、よく分かるね。

T　この東京都の学習について、学び方や友達の学びのよさなど、今後に向けて学習の振り返りをしましょう。　**5**

学習のまとめの例

・東京都は東西に長く、西の土地が高く東が低くなっています。

・低い土地にビルや店がたくさんあり、都心から少し離れたところには住宅がたくさんあって人が多く住んでいます。

・豊かな自然や歴史ある建物が世界遺産に登録されている、魅力あふれるところです。

〈振り返りの例〉

・地形と交通、産業をつなげて考えることで、東京都の様子がよりよく分かった。これからも調べたことをつなげて考えるようにしたいです。

2

住みよいくらしを
つくる

わたしたちの水はどこから

　飲料水を供給する事業について、供給の仕組みや経路、県内外の人々の協力などに着目して、見学調査したり地図などの資料で調べたりしてまとめ、他地域とのつながりや時期による違いを関連付けて考え表現することを通して、飲料水を供給する事業は、安全で安定的に供給できるように進められていることや、地域の人々の健康な生活の維持と向上に役立っていることを理解できるようにするとともに、飲料水の供給のための事業について意欲的に追究し、地域社会の一員として節水に協力しようとする態度を養う。

学習指導要領との関連 　内容(2)「人々の健康や生活環境を支える事業」アの㋐㋑及びイの㋐

第1〜3時	第4〜7時
つかむ「出合う・問いをもつ」	調べる
【第1時】 ○わたしたちは、いつどのような場面で水を使っているのだろう。　　　　　【主①】 ・水を「いつ」「どこで」「どのよう」に使っているのか、具体的に調べ、水と私たちの生活との関わりについて話し合う。	【第4時】 ○じゃ口の向こう側はどのようになっているのだろう。　　　　　　　　　　　【知①】 ・じゃ口の水がどこから来るのか、資料やインターネット等を使って情報を集める。 ★飲料水の供給経路に着目する。
【第2・3時】 ○わたしたちは、毎日、どのくらいの水を使っているのだろう。　　　　【思①・主①】 ・家庭や学校、東京都で使われている水の量を調べ、どうして、いつでも大量の水が使えるのか、予想をしながら話し合い、学習問題を見いだす。 ★安定的な供給に着目する。	【第5・6時】 ○浄水場では、どのように清けつで安全な飲料水にしているのだろう。　　　　　【知①】 ・浄水場を見学するなど、具体的な調査活動を通して調べ、絵カードにまとめる。 ★浄水の仕組みに着目する。
【学習問題】 　私たちが毎日使っている水は、どこからどのようにして送られてくるのだろう。 ・学習問題を解決するための見通しをもち、学習計画を立てる。 ⑨どこかに大量の水を蓄えているのではないか。	【第7時】 ○水道局で働く人は、どのような工夫をしているのだろう。　　　　　　　　　【知①】 ・水道局で働く人への聞き取り調査を通して、24時間体制で水を管理していることや、水道管を日々点検していることなど、水道局で働く人々の工夫や努力を調べる。 ★従事する人たちの協力関係に着目する。

単元の内容 ‥‥‥‥‥‥‥‥‥‥‥‥‥‥‥

　飲料水を供給する事業には、供給の仕組みやその経路が計画的に整備されていたり、それに関わる人々が協力したりすることで、飲料水の供給事業が成り立っていることを、資料や調査・見学活動を通して、理解できるようにすることが本単元のポイントである。

　また、飲料水の供給事業は、現在に至るまでに仕組みが計画的に改善され、人々の生活や公衆衛生が向上してきたことにも触れることで、安全で安定的に飲料水を供給している事業を多角的に捉えることができるようにする。

　さらに、雨の多い日本では、水は重要な資源であるという認識がなく、節水への意識も低い傾向にある。水源林やダムなどで水資源の管理に努力していることに気付かせるなど、資源としての水に着目した学習が重要である。

単元の評価

知識・技能	思考・判断・表現	主体的に学習に取り組む態度
①飲料水の供給の仕組みや経路、都内外の人々の協力などについて、見学・調査したり、地図などの資料で調べたりして、必要な情報を集め、読み取り、飲料水の供給のための事業を理解している。 ②調べたことを、水道マップや新聞などにまとめ、飲料水を供給する事業は、安全で安定的に供給できるよう進められていることや、地域の人々の健康な生活の維持と向上に役立っていることを理解している。	①飲料水の供給の仕組みや経路、都内外の人々の協力などに着目して、問いを見いだし、飲料水の供給のための事業の様子について考え、表現している。 ②比較・関連付け、総合などして、飲料水の事業が果たす役割を考えたり、学習したことを基に、節水計画などを立てるなど、自分たちにできることを選択・判断したりして、適切に表現している。	①人々の健康や生活環境を支える事業について、予想や学習計画を立て、学習を振り返ったり見直したりして、学習問題を追究し、解決しようとしている。 ②資源としての水を大切に使うための具体的な行動など、自分たちが協力できることを考え、社会生活に生かそうとしている。

【知】：知識・技能　【思】：思考・判断・表現　【主】：主体的に学習に取り組む態度
○：めあて　・：学習活動　★：見方・考え方　🔍：期待する子供の予想例

第8・9時	第10〜12時
「情報を集める・読み取る・考える・話し合う」	まとめる「整理する・生かす」
〔第8時〕 ○水道水源林やダムはどのような働きがあるのだろう。　　　　　　　　　　　【知①】 ・ダムや水道水源林の働きや、森林を守る人々の取組を調べる。 ・渇水時のダムの写真や身近な地域で起こった水不足の様子などから考えたことを話し合う。 ・水源林やダムは、水源の確保には欠かすことのできない役割があることが分かる。 ・調べて分かったことを絵カードにまとめる。 ★他県とのつながりに着目する。	〔第10時〕 ○水は、どこからどのようにして送られてくるのだろう。　　　　　　　【知②・主①】 ・これまでの学習を振り返り、見学や資料を活用して調べたことを絵カードを使って「水の旅マップ」にまとめる。 ・「水の旅マップ」を基にして、安全な水が安定的に供給されてきている事業の役割について話し合う。 ・学習問題について自分の考えをまとめる。
〔第9時〕 ○昔はどのように飲料水を得ていたのだろう。 ・資料を活用して飲料水の歴史を調べ、年表にまとめる。　　　　　　　　　　　　【思②】 ・現在に至るまで飲料水を供給する仕組みが計画的に改善されてきたことが分かる。 ・安全な水が確保できず、病気などが流行した時期があることを踏まえ、安全な飲料水の供給の大切さを考える。 ★地域の人たちの健康な生活に着目する。	〔第11・12時〕 ○水を大切に使うため、自分たちにできることは何だろう。　　　　　　【思②・主②】 ・地域で節水に取り組んでいる事例を調べる。 ・節水に積極的に取り組んでいる人たちにインタビューする。 ・調べたことを基に、水を資源として大切にしていくため、これから自分たちにできることを話し合う。 ★資源としての水に着目する。

問題解決的な学習展開の工夫

　本単元では、学習問題を追究する過程で、積極的に地図を活用することが重要である。自分たちの使っている水がどこからきているのか、ダムがどこにあるのか、地図を使って調べることで、東京都以外の地域と深くつながっているということを空間的な広がりの中で捉えることができるからである。

　また、水は命に直結するライフラインであるという認識を深めるため、水は私たちの生活に不可欠であることを丁寧に指導したい。このことで、電気やガスとの関連がより強くなる。

　さらに、浄水場やダムを見学するなどの調査活動や、聞き取り調査を行うことも有効である。インターネットの資料だけでなく、実際に子供が見たり、聞いたりすることで、関係機関の取組や人々の努力を深く理解することができる。

わたしたちは、いつどのような場面で水を使っているのだろう

　　毎日の生活の中で、水をいつどこで、どのように使っているのかを調べ、自分たちの生活と水との関わりについて関心をもつ。

　　自分たちが使っている飲料水の確保に関わる対策や事業に関心をもち、意欲的に調べようとしている【主①】

　　水時間表ワークシート、水調べワークシート

2

本時のめあて

わたしたちは、いつどのような場面で水を使っているのだろうか。

1

家で使う水

○食事の用意
○そうじ
○お風呂
○トイレを使うとき
○洗たく
○歯みがき
○食器を洗うとき
○植物への水やり

➡いろいろな場面で使う。

本時の展開 ▷▷▷

つかむ　出合う・問いをもつ

板書のポイント
家庭で水を使う場面を、できるだけ意見を吸い上げ、黒板いっぱいに使用例を書くようにする。

T　みなさんは、家にいるとき、どのような場面で水を使っていますか？　**1**
C　お風呂や洗面のときに水を使う。
C　食事の準備にも水を使う。
C　植物の水やりにも水を使うよ。
＊子供から「お風呂」「食事の準備」「トイレ」など返ってきた答えを板書し、自分たちは様々な場面で水を使っていることを知るとともに、水に対する興味・関心をもたせ、本時のめあてを板書する。　**2**

調べる　情報を集める・読み取る・考える・話し合う

板書のポイント
水時間表に、水を使う場面を具体的に記入し、様々な時間に水を使っていることを視覚的に理解する。

T　いろいろな場面で水を使っていることが分かりましたね。では、その水をいつ使っていますか？
C　夜、家にいる時間によく水を使っていそう。
C　学校でも結構水は使っている。
C　一日中水を使っているよ。
T　みんなが水をいつ使っているか一目で分かるように、水時間表を作ってみましょう。　**3**
＊「水時間表ワークシート」を提示する。

3 水時間表をつくろう

7時	
8時	
9時	
10時	
11時	
12時	
1時	
2時	
3時	
4時	
5時	
6時	
7時	
8時	
9時	
10時	
11時	

4

気づいたこと

・起きているときはほとんどの
　時間で水を使っている。
・たくさんの水を使っている。

5

学習のまとめ

私たちは、毎日の生活の中で、
様々な時間でたくさんの水を
使っている。

まとめる　整理する・生かす

板書のポイント

子供一人一人が作った水時間表を、学級全体で
共有することで、様々な時間帯で水を使ってい
ることを実感する。

T　クラスみんなの水時間表を作ってみましょう。
C　私は朝の歯みがきの時間に使っている。
C　僕は学校にいるときはよく水を飲むよ。
T　水時間表を見て何に気付きますか？　**4**
C　ほとんどの時間に水を使っている。
T　水時間表を作って考えたことはありますか？
C　1日にどれくらいの水を使っているのかな？
T　次の時間はそのことについて調べてみま
　しょう。それでは、めあてと活動をもとに、
　今日のまとめを書きましょう。　**5**

学習のまとめの例

・今日、水の学習をして、私は1日
　の中でいろいろな時間で水を使って
　いることが分かりました。
・友達の水を使っている時間を知り、
　自分が使っていない時間でも、水が
　使われていることがわかりました。
・水は自分たちの生活の中でいつも使
　われているものだということが分か
　りました。
・水調べをしっかりと行い、自分がど
　れくらいの水を使っているのか、調
　べたいと思います。

つかむ
出合う・問いをもつ

わたしたちは、毎日、どのくらいの水を使っているのだろう

本時の目標
自分が使っている水の供給の仕組みや経路を予想し、疑問や調べてみたいことを考える。

本時の主な評価
飲料水の供給の仕組みや経路、飲料水の確保に関わる人々に着目して問いを見いだし、考え表現している【思①】／学習計画を立て、学習問題を追究しようとしている【主①】

用意するもの
ペットボトル（1人4〜5本）、1立方メートルの図（1m定規12本）、東京都の水の使用量の資料

本時の展開 ▷▷▷

本時のめあて
わたしたちは、毎日、どのくらいの水を使っているのだろう。

1 1日に使う水の量　210L

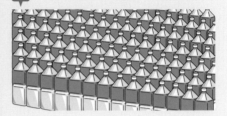

2 ペットボトル　105本分

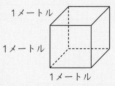

1メートル
1メートル
1メートル
1m³（1000L）の図

つかむ　出合う・問いをもつ

板書のポイント
自分たちが1日に使う水の量を、実際にペットボトルを使って調べることで、量に対する実感をもたせる。

T　みんなは1日にどのくらいの水を使っていると思いますか？
C　2Lのペットボトル10本分くらい。
C　もっとたくさんの水を使っていると思う。
T　どのくらいの量かペットボトルを使って表してみましょう。　**1**
C　こんなにたくさんの水を使っているんだ。
T　水の量は縦、横、高さが1mの箱を基準にします。
＊「1立方メートルの図」を提示する。　**2**

調べる　情報を集める・読み取る・考える・話し合う

板書のポイント
プールなどの身近なもので水の量を捉えられるような工夫をする。

T　学校や東京都全体では1日にどれくらいの水を使っているのでしょうか？　どのくらいの水を使っているか、みんなの学校のプールを基にして調べてみましょう。
＊「東京都の水の使用量」を提示する。　**3**
T　東京都ではどのくらいの水を使っていますか？
C　学校のプール500万杯分。
T　ほかに気付いたことはありますか？
C　これだけの水がどこからきているのかな。

3

東京都全体で使う水の量
1日……409万m³
（学校のプール13万6千はい）

東京都全体で1年間使う水の量
409万×365日
　　　　　＝14億9285万m³
（学校のプール500万はい）

気づいたこと

・たくさんの水が1日に使われている。
・これだけの水がどこから来ているのかな。

4

これから調べたいこと

・たくさんの水はどこから来るのか。
・こんなにたくさんの水を、どうやって
　得ているのか。
・どのようにして家まで水がとどくのか。
・水がどのようにきれいになるのか。

5

学習問題

私たちが毎日使っている水は、どこから
どのようにして送られてくるのだろう。

まとめる　整理する・生かす

板書のポイント

学習問題につながるような言葉を板書し、それ
を基に学習問題を作る。

T　これからみんなが使う水の学習をします
　が、調べたいことや疑問に思ったことはあり
　ますか？　

C　多くの水がどこから来るのか調べたい。

C　いつも使っている水がどうやってきれいに
　なるのか知りたい。

C　どうやっていつもたくさんの水をとどける
　ことができるのかな。

T　みんなの調べたいことや疑問に思ったこと
　を基に学習問題を作りましょう。　**5**

学習のまとめの例

・今日は1日にどのくらいの水を使
　うのかを学びました。自分が1日
　にペットボトル105本分の水を使っ
　ているなんて知らず、とても驚きま
　した。

・東京都全体で、とてもたくさんの水
　が使われていることを知り、そんな
　にたくさんの水が一体どこから来る
　のか知りたくなりました。

・もし川の水を使っているなら、その
　水がどのようにきれいな水になって
　いるのかも知りたいです。次からは
　学習問題を解決できるように、水に
　ついてがんばって調べたいです。

調べる
情報を集める・読み取る・
考える・話し合う

じゃ口の向こう側はどのようになっているのだろう

本時の目標
蛇口の水がどこから来るのかを予想し、資料やインターネットを使って、飲料水の供給経路について調べ、理解する。

本時の主な評価
資料やインターネットなどで調べ、飲料水の供給経路を理解している【知①】

用意するもの
飲料水の供給経路が分かる写真（蛇口、水道管、浄水場、取水口、川、水源林等）、飲料水の供給経路の全体が分かる資料

本時のめあて

じゃ口の向こう側はどのように
なっているのだろう。

1

じゃ口の向こう側にあるもの
○水道管
○川
○ダム
○浄水場

写真を見て気づいたこと
○水がたまっているのはダム
○この森は一体なんだろう？
○建物は浄水場？

本時の展開 ▷▷▷

つかむ　出合う・問いをもつ

板書のポイント
水がどのように送られてくるのか、子供が思い付くものを板書し、様々な予想ができるようにする。

T　学習問題を調べるためにまずは蛇口の向こう側を予想しましょう。　**1**

＊資料「飲料水の供給経路の分割写真」を提示。

C　蛇口の先は水道管じゃないかな。

C　水がたまっている場所はダム？

C　この森は一体何だろう。

T　自分で予想したことをもとにしてグループで水の行方を予想してみましょう。　**2**

C　ダムがはじまり。この建物で水をきれいにする。

調べる　情報を集める・読み取る・考える・話し合う

板書のポイント
学級全体で話し合うときは、教師側が用意した水源林やダム、浄水場の写真を板書に並べ、動かしながら予想する。

（グループでの予想が落ち着いたところで）

T　各グループで考えたことを黒板を使ってみんなで予想しましょう。

（グループの代表の人が前の写真を並び替える）

C　私たちは、山に水をためてそれを川に流した水を使っていると思うのでこの写真を1番にした。

C　この建物は浄水場で、水をきれいにするところだと思う。ここから水道管に水が流れるのでこの順番にした。

2 みんなのよそう

3 調べてみて

4 調べて気づいたこと
- 自分たちの予想と少しちがっていた。
- 森と自分たちが使っている水が どんな関係があるのか。
- 様々な場所を通っている。

学習のまとめ
- じゃ口の向こう側は、様々な場所が ある。
- 山やダム、浄水場が自分たちが使う 水と関わりがある。

まとめる 整理する・生かす

板書のポイント
飲料水の供給経路を確認するときは、代表の子供等に黒板に貼られている写真を並べてもらい、学級全体で確認できるようにする。

T 水の道のりはどうなっているのか、資料を使って調べてみましょう。 **3**

＊資料「飲料水の供給経路が全体が分かる資料」を提示する。

C 浄水場から水道管への流れは合っていた。

C ダムと水道水源林の順番が逆だった。なぜそのような順番になっているのかな。

T 自分の予想と比べましょう。 **4**

C 自分の予想と少し違っていた。

T それでは今日学んだことをまとめましょう。

学習のまとめの例

- 今日は、自分たちが使っている水がどのような道のりで届くのかを予想し、調べました。
- 自分たちに予想とは違う部分もありましたが、水は自分たちのもとに届くまでに、いろいろなところを通ってきているということが分かりました。
- 山や森が自分たちの飲む水とどのような関わりがあるのか調べてみたいです。また、浄水場では、どのような仕事をしているのか知りたくなりました。次の調べ学習が楽しみです。

調べる
情報を集める・読み取る・
考える・話し合う

浄水場では、どのように清けつで安全な飲料水にしているのだろう

本時の目標

　川の水を清潔で安全な水に変えている浄水場の働きを、資料や見学を通して調べ、絵カードにまとめ、浄水場の仕組みを理解する。

本時の主な評価

　浄水場の見学や、資料での調べ学習を通して、浄水場では人々に清潔で安全な飲料水を供給できる仕組みがあることを理解している【知①】

用意するもの

　見学カード、浄水場の仕組みに関する資料、絵カード

本時の展開　▷▷▷

1

浄水する前の水

気づいたこと

水がにごっている
どこの川なんだろう？

3

絵カード（見本）

調べること
・飲料水の作り方
・きれいな水の作り方
・働く人の取組

つかむ　出合う・問いをもつ

板書のポイント

自分たちが実際に使っている川の水の写真を掲示することで、自分たちが使っている水との違いに気付かせる。

T　この水はどこの水だと思いますか？　**1**

＊学校が利用している水系の水を提示する。

C　少し濁っているから雨がたまった水だ。

C　川の水かな。

T　これはみんなが飲む水がきれいになる前の川の水です。

C　この水を飲んでいるなんて驚きだ。

C　どうやって飲み水にしているのかな。

T　水はどこできれいにするのか調べましょう。

＊本時のめあてを板書する。　**2**

調べる　情報を集める・読み取る・考える・話し合う

板書のポイント

見学のときや絵カード書く際の注意点を板書し、子供がしっかりと理解できるようにする。

T　これから浄水場の見学に行きます。そして浄水場の仕組みについて、見学したことを絵カードに表しましょう。

＊「絵カードの見本」を提示する。　**3**

T　どんなところを見学すればいいでしょう？

C　水がきれいになるところを見たらいい。

C　浄水場で働く人の仕事について。

＊視点を確認後、見学に行く。なお、地域の実態によって浄水場見学が難しい場合は、副読本やパンフレット等でまとめる。

2 本時のめあて

浄水場では、どのように清けつで安全な飲料水にしているのだろう。

4

水がきれいになるまで（絵カード）

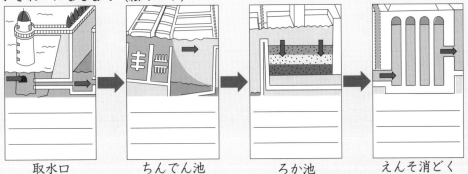

取水口　　　　　ちんでん池　　　　ろか池　　　　えんそ消どく

5 分かったこと

・きれいにするためにちんでんやろかをしている。
・水をきれいにするために、消どく作業をしている。
・東京都では、高度浄水処理をしている。
・浄水場で働く人は24時間水を管理している。

学習のまとめ

・浄水場では水をきれいに
するために様々なことを
している。
・24時間水を管理している。

まとめる　整理する・生かす

板書のポイント

見学後に作成した絵カードを黒板に貼ること
で、浄水場の仕組みが視覚的に理解できるよう
にする。

T　見学してきたことをまとめて、絵カードを
　作りましょう。浄水場ではどのように水をき
　れいにしていましたか？　　**4 5**
C　沈殿や濾過の作業をしていた。
C　消毒をしてみんなが使える水にしていた。
C　24時間水を管理していた。
T　見学してきたことをもとに、絵カードを書
　きましょう。書いた絵カードは、水をきれい
　にする順番に並べノートに貼りましょう。

＊作業終了後、見学の振り返りをノートに書く。

学習のまとめの例

・浄水場を見学して、水をどのように
　きれいにしているのかが分かりまし
　た。
・浄水場では、取水口で川から取り入
　れた水を、ろ過やちんでん、消毒を
　して水をきれいにしていました。
・自分たちがいつも使っている水が、
　時間をかけてきれいになっているこ
　とを知り、これからも水を大切にし
　ていきたいと思いました。
・浄水場で働く人が毎日どんなことを
　しているのか、もっとくわしく知り
　たいと思いました。

調べる
情報を集める・読み取る・
考える・話し合う

水道局で働く人は、どのような工夫をしているのだろう

本時の目標
　川の水を飲料水に変える浄水場で働く人々の取組を調べ、そこで働く人々の工夫や努力が分かる。

本時の主な評価
　浄水場で働く人々の取組を調べることを通して、飲料水を確保するには、浄水場で働く人々に工夫や努力、協力があることを理解している【知①】

用意するもの
　水道管を調査しているときの資料、水道局で働く人のインタビュー資料、水道局で働く人々の資料

本時の展開 ▷▷▷

つかむ　出合う・問いをもつ

板書のポイント
夜中に水道管を点検している資料を示すことで、こんな夜にやるのはどうしてだろう？など、疑問をもたせる。

＊「水道管を調査している資料」を提示する。
T　何をしているところだと思いますか？　**1**
C　道路を点検しているところかな？
C　何か音を聞いている。
T　これは水道管を点検しているところです。何か疑問に思うことはありますか？　**2**
C　なぜ夜なんだろう。何を聞いているの？
T　水道局で働く人々はどのような仕事をしているのかもっと詳しく調べてみましょう。
＊本時のめあてを板書する。　**3**

調べる　情報を集める・読み取る・考える・話し合う

板書のポイント
浄水場での見学以外に、水道局の人々が行っている取組を写真やイラストを示し、理解を深める。

T　水道局の人たちがどんな仕事をしていたか、資料をもとに調べましょう。　**4**
＊「水道局で働く人々の資料」を提示する。
C　24時間交代で水がきれいになっているか点検をしていた。
C　水が本当にきれいになっているか交代で協力して水を見守っている。
T　ほかにも分かることはありますか？
C　地震に強い水道管を作っている。
C　浄水場の水だけでなく、ダムや川の水も検査しているみたいだ。

4

〇水道局の人の取組

水道管を取りかえている
➡水道管の工事

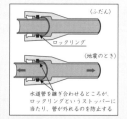

がんじょうな水道管
➡地震に強い水道管

水の検査
➡貯水池の検査

川の水を調べている。
➡川の水の検査

5 話し合って考えたこと

〇どうしてこのようなことを?
・みんなにおいしい水を飲んで
　もらいたい。
・みんなに安全な水を使えるように
　したい。
・病気にならないようにしたい。
・いつでも水が使えるようにしたい。

安全でおいしい
水がいつでも届
けられるように
しています。

学習のまとめ

水道局で働く人は、みんなに安全で
おいしい水を使ってもらうために、
たくさんの仕事を協力しながら行っ
ている。

まとめる　整理する・生かす

板書のポイント

工夫や努力、協力に関係する意見を中心に板書
することで、子供が人々の働きや協力に着目す
ることができる。

T　見学したこと以外でも、水道局の人たちは
　様々なことをしていましたね。水道局の人た
　ちはどうしてこのようなことをしているのだ
　と思いますか?　**5**

C　みんなにおいしい水を飲んでもらいたい。

C　安全な水を使ってほしい。

C　みんなが病気にならないようにしている。

C　いつでも安全な水が使えるようにしている。

T　それでは、今日調べたことと話し合ったこ
　とを基に、学習のまとめを書きましょう。

学習のまとめの例

・今日は水道局で働く人の取組につい
　て調べました。浄水場を見学したと
　きには、24時間水がきれいになっ
　ているか見守っていたり、水がきれ
　いになっているかを実際に確かめた
　りしていることが分かりました。

・浄水場の中だけではなく、水道管の
　点検や交換、地域の人への聞き込み
　等、様々な努力をしていることが分
　かりました。

・水道局の人が協力して水をきれいに
　していることが分かりました。これ
　からも水を大切にしていきたいで
　す。

調べる
情報を集める・読み取る・
考える・話し合う

水道水源林やダムはどのような働きがあるのだろう

本時の目標
水道水源林やダム、森林を守る人々の取組を調べ、水源林やダムは、水源の確保には欠かせないものであることが分かる。

本時の主な評価
水道水源林やダム、森林を守る人々の働きを調べることを通して、水源の確保には、ダムや水源林、それを守る人々の働きが大切であることを理解している【知①】

用意するもの
水道水源林やダムの資料、水道水源林やダムの役割が分かる資料、渇水時のダムの資料、水源林やダムの位置が分かる地図

本時の展開 ▷▷▷

本時のめあて

水道水源林やダムはどのような働きがあるのだろう。

1

水道水源林

気づいたこと
・木がたくさんある。
・森？
・木を点検している？

ダム

気づいたこと
・水がたまっている。
・湖みたい。
・ダム？

つかむ　出合う・問いをもつ

板書のポイント
水道水源林の資料を示すことで、水と森の関わりに疑問をもち、本時のめあてにつなげられるようにする。

＊「水道水源林やダムの資料」を提示する。　◀**1**
T　何をしているところでしょう？
C　人が木を切っている。
C　木を点検している？
T　この森は水道水源林と言います。木を切っている人は水道局の人です。
C　水道局の人がなぜ木を切っているのだろう。
T　水道水源林の近くにはダムがあります。みんなが飲む水とどんな関係があるでしょう？
＊本時のめあてを板書する。

調べる　情報を集める・読み取る・考える・話し合う

板書のポイント
渇水時のダムの資料を示すことで、ダムに蓄えられた水がなくなったときのことや、水の大切さを考えられるようにする。

T　資料を使って調べましょう。
＊資料「水道水源林やダムの役割が分かる資料」を提示する。
C　水源林は降った雨を土にたくわえる。
C　ダムはいつも安定して水をおくるため。
T　ダムや水道水源林には大切な働きがありました。では、この資料はどんな場面でしょう？　**2**
＊「渇水時のダムの資料」を提示する。
C　ダムの水が少なくなっている。

調べたこと

水道水源林やダムの働き
・ふった雨を土にたくわえる。
・長い時間かけて川に流す。
・いつも安定して水を送る。
・水をためておく。
・川に出る水の量を調節している。

2

気づいたこと

・水がなくなっている。
・水が少ない。
・どうしてこんな
　ことに？

ダムの水がなくなると？
・水が使えなくなる。
・飲み水がなくなる。
➡水源林やダムは必要。

3
○水源林やダムの位置

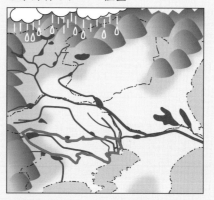

・東京だけでなく、近くの県などとも
　つながっている。
・他の県とも協力し合っている。

学習のまとめ

水道水源林やダムは、いつでも水を使うた
めに必要なものである。

まとめる　整理する・生かす

板書のポイント

地図上で水槽水源林やダムの位置を確認するこ
とで、他県との関わっていることが視覚的に分
かるようにする。

T　ダムの水がなくなるとどうなりますか？
C　自分たちの使える水がなくなる。
T　自分たちが使っている水の水源林やダムは
　どこにありますか？　　　　　　**3**
＊「水源林やダムの位置が分かる地図」を提示
　する。
C　ダムや水源林は近くの県にある。
C　他の県とも水を通してつながっている。
T　今日調べた水道水源林やダムのことを絵
　カードに表しましょう。

学習のまとめの例

・今日は水道水源林やダムについて学
　びました。水道水源林やダムは、水
　が足りなくならないようにするため
　に、水を蓄える働きがあります。
・水道水源林を守るために、木を切る
　仕事を、水道局の人がしていること
　を知り、水道局の人たちは、水をき
　れいにするだけでなく、水をたくわ
　え、守ることもしていると分かりま
　した。
・水源林は東京ではなく、近くの県に
　あることが分かり、自分たちの使っ
　ている水が他の県から来ていること
　を知り、驚きました。

調べる
情報を集める・読み取る・
考える・話し合う

昔はどのように飲料水を得ていたのだろう

本時の目標
　飲料水の供給に関する歴史を調べ、それらの事業が計画的に進められ、安全な水の確保につながったことが分かる。

本時の主な評価
　飲料水の供給の歴史に関する資料を通して、それらの事業が計画的に整備されてきたこと、整備のおかげで安全な水が確保されてきたことを考えている【思②】

用意するもの
　昔の水道の資料、東京都の水道事業年表、水道年表（年代だけ書いてあるもの）

本時の展開 ▷▷▷

つかむ　出合う・問いをもつ

板書のポイント
馬水槽の資料を示すことで、「昔の人たちはどのように水道から水を得ていたのだろうか？」という本時のめあてを考えられるようにする。

T　これは何だと思いますか？　　
＊「昔の水道の資料」を提示する。
C　銅像？水が出ている。
C　昔の水道かな？
T　これは馬水槽と言って昔の水道です。何か疑問に思うことはありますか？
C　これはどこにあるんだろう。
C　昔の人はどのように使っていたのかな。
T　昔はどのように飲料水を得ていたのか調べてみましょう（めあてを板書する）。

調べる　情報を集める・読み取る・考える・話し合う

板書のポイント
水道年表を通して、飲料水を供給する事業が計画的に整備されてきたことを視覚的に理解できるようにする。

T　東京都の水道事業年表を使って水道歴史年表をつくりましょう。
＊「東京都の水道事業年表」を提示する。
T　調べてみてどんなことが分かりましたか？
C　今になるまで様々な工事が行われていた。
C　ダムや浄水場がたくさん建てられている。
C　昔は水が足りなくなったり、伝染病が流行ったりする時期があった。
T　今みたいに安全で清潔な水がいつでも得られなかったんですね。

2

本時のめあて

昔はどのように飲料水を得ていたのだろう。

1

気づいたこと

・どうぞうみたい。
・水が出ている。
・昔の水道？
➡馬水そう
　昔の人が利用していた水道

---

3 水道年表を作ろう

調べて分かったこと

- 今になるまで様々な工事が行われていた。
- ダムや浄水場がたくさん建てられている。
- 昔は水が足りなくなったり、伝染病がはやったりする時期があった。

学習のまとめ

自分たちの使う水は、今までたくさんの工事が行われ、安全につかえるようになった。

病気が流行していた頃

明治時代の風刺画
水が汚かったためコレラが流行

- 病気がはやって大変だったと思う。
- 病気で苦しんでいたひとがたくさんいてかわいそう。
- 水がきれいになってほしいと思っていたと思う。
- 洗たくやそうじができなかったのではないか。
- ご飯の用意もできなかったのかな。
- 水が足りなくならないように努力していた。

まとめる　整理する・生かす

板書のポイント

当時生活していた人々や、飲料水の整備に携わっていた人の気持ちを吹き出しで書くことで、当時の人々の気持ちに寄り添えるようにする。

T　飲料水を確保しようとしていた昔の人たちはどんな気持ちだったでしょう？

C　水が足りなくて困っていたと思う。

C　洗濯や掃除ができなかったのではないか。

C　ご飯の用意もできなかったのかな。

C　水が足りなくならないように努力していた。

C　安全な水を届けたいと思いながらダムや浄水場を作っていた。

T　調べたことや今話し合ったことをもとにして、今日のめあてをまとめましょう。

学習のまとめの例

- 今日は昔の人たちが、どのようにして水を得ていたのかということを学びました。
- 昔は今と違い、安全な水が得られずに、病気になってしまう人がいたと知ってとても驚きました。それでも、昔の人たちはきれいな水を作ろうと努力していたことも分かりました。
- 自分たちが今使っている飲み水は、あたりまえのものではないことが分かりました。人々の生活にとって、飲み水は安全であることがとても大切なことだと思いました。

まとめる
整理する・生かす

水は、どこからどのようにして送られてくるのだろう

本時の目標

　今まで調べてきたことを基に、飲料水を供給する事業が安全で安定的に水を供給できるとともに、人々の健康な生活の維持と向上に役立っていることを知る。

本時の主な評価

　飲料水を供給する事業は人々の健康な生活の維持と向上に役立っていることを理解している【知②】／学習を振り返ったり見直したりして、学習問題を解決しようとしている【主①】

用意するもの

　水の旅マップ、今まで作ってきた絵カード、自分たちが住む都道府県の白地図

1 絵カードをならび変えて水の旅

○水道水源林
〈仕事の様子〉
水をたくわえて、長い時間をかけて少しずつ川に水を流す。

○ダム
〈仕事の様子〉
川などの水をせき止めて、水をたくわえる。川にでる水の量を調節する。

本時のめあて

水は、どこからどのようにして送られてくるのだろう。

本時の展開 ▷▷▷

つかむ　出合う・問いをもつ

板書のポイント
絵カードを使って、供給の経路が子供に視覚的にも分かるようにする。

T　今まで調べたことを基に、でき上がった絵カードを並べてみましょう。

＊「今まで作ってきた絵カード」を提示する。

C　水源林でたくわえた水がダムに流れる。

C　ダムでためられた水は、川に流れて浄水場へいく。

T　グループで絵カードの並び方を確認し合いましょう。

C　浄水場は沈殿池、濾過池、塩素消毒の順番でよかったかな？

調べる　情報を集める・読み取る・考える・話し合う

板書のポイント
黒板に絵カードを並べることで、供給経路が一目で理解できるようにする。

T　グループで話し合った水の道のりを、水の旅マップに表しましょう。

＊「水の旅マップ」を提示する。

＊都道府県の白地図に絵カードを並べ、水の旅マップを完成させる。

T　グループで作った水の旅マップを基に学級の水の旅マップを作りましょう。　◀**1**

＊子供から代表１名を選び、教師用の大きな絵カードを黒板で並べ替えさせ、学級全体で確認する。

マップを作る。

○取水口
〈仕事の様子〉
川の水を、取水口から取り入れ、じょう水場に送られていきます。

○ちんでん池
〈仕事の様子〉
水の中にあるごみやすな、どろなどをしずめて、水をきれいにします。

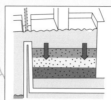

○ろか池
〈仕事の様子〉
すなのそうの中に水を通して、ごみをとりのぞきます。

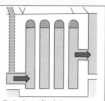

○えんそ消どく
〈仕事の様子〉
えんそを入れて水を消どくし、みんなが使えるようにしている。

○水道管
〈仕事の様子〉
浄水場できれいになった水が、水道管によって家や建物に運ばれる。

○家や建物
〈仕事の様子〉
水道管から運ばれた水は、じゃ口を通って、飲んだり使ったりします。

2 水の旅マップを作って分かったこと。
・自分たちのもとに水がくるまでに、たくさんの場所を通ってきている。
・様々な人が水をきれいにするため関わっている。
・東京都だけじゃなく、他の県とも関わりがある。

まとめる 整理する・生かす

板書のポイント
「水の旅マップ」を作って分かったことを板書することで、飲料水を供給する事業の役割を考えられるようにする。

T 水の旅マップを作って分かったことを話し合いましょう。 **2**
C 自分たちのもとに水がくるまでに、たくさんの場所を通ってきている。
C 様々な人が水をきれいにするため関わっている。
C 東京都だけじゃなく、他の県とも関わりがある。
T 今まで学習してきたことをもとに、学習問題の考えをノートにまとめましょう。

学習のまとめの例

・水は、水道水源林やダムでたくわえられた水が、川を通り、浄水場できれいになります。
・浄水場では、水を安全でおいしいものにするために、様々な取組を行っています。そこでは、24時間交代で水道局の人が働いていて、様々な努力をしています。
・浄水場できれいになった水は、水道管を通り私たちのもとに届きます。きれいでおいしい水が届くために、様々な人の努力や協力があり、そのおかげで、私たちは毎日水を使うことができています。

まとめる
整理する・生かす

水を大切に使うため、自分たちにできることは何だろう

本時の目標

　地域の人々が節水や水の再利用によって、水を有効活用していることを調べ、自分たちに水を大切にするために、どのような努力ができるかを考え、文章に表現する。

本時の主な評価

　地域の人々の節水に関する取組を調べたことを基に、自分たちが水を大切にするためにできることを考えようとしている【主②】

用意するもの

　水不足の新聞記事、地域での節水に関する取組例、水を大切にするための実践カード

本時の展開 ▷▷▷

本時のめあて

水を大切に使うため、自分たちにできることは何だろう。

1

気づいたこと

・水不足？
・水が足りなくなった記事

2
地いきで行われている節水の取組

　　雨水タンク　　　　井戸水の利用

つかむ　出合う・問いをもつ

板書のポイント

地域で行われている節水への取組を、資料を通して示すことで、どのような活動か子供がイメージしやすいようにする。

＊「水不足になった時の新聞記事」を提示する。

T　これは何の新聞記事ですか？　　　1

C　水不足と書いてある。

T　水が足りなくなったときはどうすればいいですか？

C　水をむだにしないようにする。

C　水を大切にする。

T　みんなの住んでいる地域では、節水するためにどんなことをしていますか？　　2

＊「地域での節水に関する取組例」を提示する。

調べる　情報を集める・読み取る・考える・話し合う

板書のポイント

インタビューしてきたことを板書し、自分たちが節水のためにどのようなことができるか、考えたことを実践カードにまとめるようにする。

T　自分たちにも節水できそうなことはありますか？

C　シャワーを出しっぱなしにしない。

T　みんなで水を大切にする実践カードを作りましょう。　　3

＊「水を大切にするための実践カード」を提示する。

T　自分にできることを考えるために、インタビューをしてみよう。

＊家の人や地域の人にインタビューする。

3

○実せんカード

私は

そのために

4

インタビューしてきた結果
・お風呂の水を洗たくするときに使っている。
・食器を洗うときは、おけにためて洗う。
・雨水を利用する。
・トイレの大小のレバーを使い分ける。

5

自分にできそうなこと
・歯みがきコップに水を入れる。
・洗面水を出しっぱなしにしない。
・おふろさめないうちに入って
　よけいなお湯を使わない。
・洗たくおふろののこり湯を使う。
・シャワーこまめに止める。

6

自分は…

まとめる　整理する・生かす

板書のポイント

友達の考えを板書することで、自分には考えつ
かなかったことを知り、節水のために行動する
ことの重要さを考えさせる。

T　家の人や地域の人は、どんな取組をしてい
　ましたか?
C　お風呂の水を洗たくするときに使っている。
C　食器を洗うときはおけにためて使っていた。
T　自分がインタビューしたことを基に、自分
　にできることを考えましょう。
C　顔を洗うときは水を出しっぱなしにしない。
C　お風呂がさめないうちに入る。
＊取組を考える際は、グループ活動を通して、
　自分の考えを深められるようにする。

学習のまとめの例

・水は大切な資源であることが分かり
　ました。水を大切にするために自分
　にできることをしていきたいです。
・私たちの住んでいる地域でも水を大
　切にするための取組がたくさんあ
　り、水を守っていることが分かりま
　した。
・私は、今まで歯みがきをするとき
　に、水を出しっぱなしにしていたの
　で、これからは、コップに水をため
　て、それを使って水を大切にしたい
　です。友達の発表を聞いて、自分に
　もできることがあったので、明日か
　らやってみたいです。

ごみの処理とリサイクル 選択 A

単元の目標

　ごみを処理する事業について、ごみの処理の仕組みや経路、都内外の人々の協力などに着目して、見学・調査したり地図などの資料で調べたりしてまとめ、その事業が果たす役割を関連付けて考え表現することを通して、ごみを処理する事業は、衛生的な処理や資源の有効利用ができるよう進められていることや、生活環境の維持と向上に役立っていることを理解できるようにするとともに、ごみ減量の工夫など、自分たちにできることに協力しようとする態度を養う。

学習指導要領との関連　内容(2)「人々の健康や生活環境を支える事業」アの(イ)(ウ)及びイの(イ)

第1～3時	第4～6時
つかむ「出合う・問いをもつ」	調べる
〔第1時〕 ○各家庭ではどんなごみをどのように出しているのだろう。　　　　　　　　　　【知①】 ・ごみ収集のきまりを調べ、ごみを分別したり、決められた曜日に決められた場所に出したりしていることが分かる。 ★ごみ収集のきまりに着目する。 〔第2・3時〕 ○ごみはどこに運ばれるのだろう。【思①・主①】 ・ごみの行き先について調べる。 ・収集されたごみの運ばれる場所や処理の仕組みを予想し、学習問題を見いだす。 【学習問題】 ごみや資源物は、どのように処理されているのだろう。 ・学習問題を解決するための見通しをもち、学習計画を立てる。 予清掃工場での調査やリーフレットなどの資料を読み取れば、仕組みが分かるのではないか。	〔第4・5時〕 ○清掃工場ではごみをどのように処理しているのだろう。　　　　　　　　　　　　【知①】 ・清掃工場で調査活動を行ったり、各種資料から必要な情報を読み取りまとめたりする。 予ごみは焼却することでかさを減らし、衛生的に処理されている。 予ごみを燃やした後の灰は、スラグに処理して再利用したり、埋め立て地に埋めたりしている。 ・排ガスは浄化して排出しており、廃熱をエネルギーとして回収する工夫もしている。 ★ごみ処理の仕組みや経路に着目する。 〔第6時〕 ○粗大ごみは、どのように処理されているのだろう。　　　　　　　　　　　　　　【知①】 ・粗大ごみは可能な限り再使用している。ごみとして処理される際も破砕したり焼却したりしてかさを減らしたり、資源を回収してリサイクルしたりしている。 ★環境への配慮に着目する。

単元の内容

　本単元では、ごみを処理する事業について、社会の仕組みの視点から、ごみの処理や再利用、県内外の人々の協力の様子について追究していく。その際に、ごみを出している自分自身や家の人、ごみを収集する人、清掃工場や資源のリサイクル施設で働く人など、ごみ処理や再利用に携わる様々な人々の工夫や努力に着目しながら調べたり、考えたりさせたい。

　また、ごみを処理する事業は、現在に至るまで仕組みが計画的に改善され、公衆衛生が向上してきたことを捉えさせたり、人々の健康な生活や環境を守るために法やきまりが定められていることを取り上げたりすることも大切である。

　「まとめる」段階では、学習した内容を根拠に、ごみの減量のために自分たちにできることを考えさせるようにすることが大切である。

単元の評価

知識・技能	思考・判断・表現	主体的に学習に取り組む態度
①ごみ処理の仕組みや再利用、都内外の人々の協力などについて見学・調査したり地図などの資料で調べたりして、必要な情報を集め、読み取り、廃棄物の処理のための事業の様子を理解している。 ②調べたことを白地図や図表、文などにまとめ、廃棄物を処理する事業は、衛生的な処理や資源の有効利用ができるよう進められていることや、生活環境の維持と向上に役立っていることを理解している。	①ごみ処理の仕組みや再利用、都内外の人々の協力などに着目して、問いを見いだし、廃棄物の処理のための事業の様子について考え表現している。 ②ごみを処理する仕組みや人々の協力関係と地域の良好な生活環境とを関連付けて廃棄物の処理のための事業が果たす役割を考えたり、学習したことを基に、ごみの減量など、自分たちが協力できることを選択・判断したりして、適切に表現している。	①ごみを処理する事業について関心をもち予想や学習計画を立て、学習を振り返ったり見直したりして、学習問題を追究し、解決しようとしている。 ②学習したことを基にごみの減量の工夫など、自分たちが協力できることを考えようとしている。

【知】：知識・技能　【思】：思考・判断・表現　【主】：主体的に学習に取り組む態度
○：めあて　・：学習活動　★：見方・考え方　予：期待する子供の予想例

第7～10時	第11～13時
「情報を集める・読み取る・考える・話し合う」	まとめる「整理する・生かす」

（第7時）
○資源物は、どのように処理されているのだろう。　【知①】
・リサイクルされたものが身近にあることに気付き、資源物の再利用に関心をもつ。
・古紙やびん、カン、ペットボトルなどの資源を有効に利用していることを調べる。
★資源物の再利用に着目する。

（第8・9時）
○市はごみ処理の問題にどう取り組んでいるのだろう。　【主①】
・これまでのごみ処理の移り変わりから、ごみの量が減少している理由について考える。
・現在、ごみ処理が抱える課題について知り、市の取組について調べる。
★都内外の人々の協力関係に着目する。

（第10時）
○ごみを減らすために、どのような取組が行われているのだろう。　【知①】
・商店や地域での取組を調べる。

（第11・12時）
○ごみや資源物は、どのように処理されているのだろう。　【知②・思②】
・ごみや資源物の処理について調べて分かったことをカードにまとめ、市の白地図上に位置付けて発表する。
・これまでの学習を振り返り、ごみを処理する事業が果たす役割について話し合う。
・学習問題について自分の考えをまとめる。
★衛生的な処理に着目する。
★資源の有効利用に着目する。
★生活環境の維持と向上に着目する。

（第13時）
○ごみを減らすためにできることを考えよう。　【思②・主②】
・これまでの学習を振り返り、ごみを減らしていくために、自分たちができることを考える。
・自分たちが考えたことを、「市」「地域」「店」「学校」「家庭」などの取組に協力することにつながるのか、整理する。

問題解決的な学習展開の工夫

　子供は、集積場等に集められたごみや資源が、収集されてきれいになくなることは知っているが、それを支えるきまりや、人々の働きについて正しい知識をもっていない。

　そこで、本単元では、分別のきまりや、ごみ収集の工夫、ごみの量について調べる具体的な活動から、「ごみがどのように処理されるのか」との問いをもち、追究への意欲を高める。

　単元の後半では、ごみの量が減少してきた理由について、ごみ処理の様子を時間の経過の中で調べる。同時にごみ処理が抱える課題も捉えられるようにすることで、過去から現在まで、ごみ処理の仕組みが改善されてきたことを踏まえた上で、これから自分たちにできること、やらなければならないことを選択・判断できるようにする。

つかむ
出合う・問いをもつ

各家庭ではどんなごみをどのように出しているのだろう

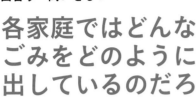

1 ごみ出しの様子

2

本時のめあて

各家庭では、どんなごみをどのように出しているのだろう。

よそう

・紙やペットボトルなどを捨てています。
・ごみを分別している。
・ごみを出す日がきまっている。

本時の目標
　ごみ出しのきまりや市全体のごみの量について調べる活動を通して、ごみ分別のきまりや市では大量のごみが出されていることを理解する。

本時の主な評価
　ごみ収集のきまりを調べ、ごみを分別したり、決められた曜日に決められた場所に出したりしていることを理解している【知①】

用意するもの
　ごみ分別表、市のごみの量のグラフ、ごみ出しの資料

本時の展開 ▷▷▷

つかむ　出合う・問いをもつ

板書のポイント
ごみ集積場にごみ出しをしている写真を提示することで、家庭でのごみ出しに着目させてめあてをつかませる。生活経験から予想させる。

T　これは何の写真でしょう。　**1**
C　ごみを出している様子だと思う。
T　今日はごみの出し方について調べましょう。
＊本時のめあてを板書する。　**2**
T　めあてについて予想しましょう。
C　紙やペットボトルを捨てている。
C　燃えるごみと燃えないごみで分けている。
C　ごみを出す日が決まっている。

調べる　情報を集める・読み取る・考える・話し合う

板書のポイント
「ごみと資源の出し方ポスター」は子供たちに事前に用意させておいてもよい。ポスターやグラフは項目ごとに丁寧に読み取らせる。

＊「市のごみの量」を提示する。　**3**
T　資料を基に調べましょう。
C　たくさんのごみが出されている。
C　燃えるごみが一番多い。
C　資源物も多く集められている。
＊「ごみの出し方ポスター」を提示する。　**4**
C　燃えるごみ、資源物、燃えないごみ、危険なごみ、粗大ごみに分別されている。
C　資源物はさらに細かく分けられている。
C　ごみを出す日が曜日で決まっている。

3 市のごみの量

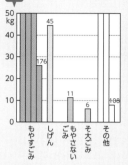

分かったこと

・市ではもえるゴミが一番多く出されている。
・ごみの種類が細かく分けられている。
・曜日ごとに捨てられるごみが決められている。

4 ごみの出し方

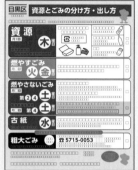

5

学習のまとめ

家庭からはたくさんのごみが出されていて、燃えるゴミが最も多いが、資源物も多く集められている。各家庭のごみは種類ごとに分別され、きめられた曜日に出されている。

6

ふりかえり

・なぜごみを分別するのだろう。
・曜日ごとに出す日がきまっているのはなぜだろう。
・ごみはどこに運ばれているのだろう。

↓

次時は、ごみのゆくえについて考える。

まとめる　整理する・生かす

板書のポイント

分かったことを全体で確認したうえで、めあてについて個人でまとめさせるようにする。また、振り返りを通して次時への見通しをもたせる。

T　今日のめあてを見て、黒板の言葉を使いながら自分のまとめをしましょう。　**5**

C　各家庭では、燃えるごみや資源物が多く出されている。

C　ごみは種類ごとに分別されて、決められた曜日に出されている。

T　学習したことを振り返り、これから調べたいことをノートに書きましょう。　**6**

C　なぜごみを分別するのだろう。

C　どのようにごみを収集しているのだろう。

学習のまとめの例

・家庭からはたくさんのごみが出されていて、その中でも、もえるごみや資源物が多いです。ごみや資源物などは、種類ごとに分別されて、決められた曜日に出されています。

〈振り返りの例〉

・私は、ごみ出しがきまりにしたがって行われていることが分かったのですが、ごみがどのように集められているかや、どこに行くのかが気になりました。次の授業で調べてみたいです。

つかむ
出合う・問いをもつ

ごみはどこに運ばれるのだろう

2·3 / 13

本時の目標

ごみ収集の様子やごみの運ばれる場所について調べることを通して、学習問題を見いだし、学習問題についての予想を基に学習計画を立てる。

本時の主な評価

ごみ収集の様子やごみの運ばれる場所について調べることを通して、問いを見いだし、考えを表現している【思①】／予想を基に学習計画を立て、学習問題を追究しようとしている【主①】

用意するもの

収集作業員の方のお話、ごみの行き先

本時のめあて

ごみはどこに運ばれるのだろう。

1

よそう

・ごみ収集車がごみを運んでいるのだと思う。
・タンスなどは、収集車にはのらないと思うから別の車が使われていると思う。
・ごみは分別しているから、行く場所はそれぞれ違うと思う。
・資源物は資源という字が入っているから、何かに使われているのではないかな。

○収集作業員の方のお話
　わたしたちは毎日、その日に集めるごみの種類に合わせた車に乗って、収集作業を行っています。ごみによって持っていく場所が違うので、みなさんがきちんと分別してくれて助かっています。

本時の展開 ▷▷▷

つかむ　出合う・問いをもつ

板書のポイント

ごみのゆくえについて、子供が予想したことを板書する。本時の学習内容と生活経験を結び付け、資料提示に必然性をもたせるようにする。

T　家庭で出したごみは、集積場に出された後、どうなるでしょうか？　**1**

C　ごみ収集車が集めてくれると思う。集めているのを見たことある。

C　分別してるから、行き先がそれぞれ違うのではないかな。

C　資源はごみとは少し意味が違うから、何かに使われているのかもしれない。

C　タンスなどの粗大ごみは、普通のごみとは行き先が違うと思う。

調べる　情報を集める・読み取る・考える・話し合う

板書のポイント

配布用資料を配り、黒板にも資料を掲示して、調べる時間を確保したうえで、全体で分かったことを共有するようにする。

T　収集作業員の方のお話やごみの行き先の資料から何が分かりましたか？　**2**

C　ごみの行き先が違うから、収集する日を変えていて、私たちも分別に協力していることが分かった。

C　ごみや資源物が清掃工場やリサイクルプラザに運ばれていることが分かった。

T　疑問に思ったことはありますか？　**3**

C　ごみや資源物がどのように処理されるのか調べていきたい。

ごみの
しゅう集

しゅう集車

トラック

ごみの
しょり

せいそう工場

リサイクルプラザ

2 分かったこと

・ごみの行き先が違うから、収集する日を変えている。
・ごみに合わせた車で収集している。
・ごみは清掃工場というところやリサイクルプラザというところに運ばれている。

学習問題

ごみや資源物は、どのように処理されているのだろう。

3 ぎもん

・それぞれのごみやしげん物は、清掃工場やリサイクルプラザでどのように処理するのかな。

4 よそう

・清掃工場で燃やしている。
・リサイクルプラザで新しいものに作り変えている。

5 調べること

・清掃工場でのごみの処理のしかた。
・リサイクルプラザでの資源物の処理のしかた。

調べ方

・見学する。
・パンフレットやインターネットで調べる。
・市役所の人などにインタビューする。

まとめる　整理する・生かす

板書のポイント

学習問題に対する予想について板書する。予想を基に、調べることや調べ方を板書で大まかに整理していく。

T　学習問題への予想を発表してください。**4**
C　清掃工場でごみを燃やしていると思う。
C　リサイクルプラザで新しいものに作り変えていると思う。
T　調べることや調べ方はどうしますか？　**5**
C　清掃工場でのごみの処理の仕方を調べたい。見学に行けばいいと思う。
C　リサイクルプラザでの資源物の処理の仕方を調べたい。市役所の人に聞いたり、インターネットで調べたりしたい。

学習についての予想の例

・わたしは、ごみは清掃工場で燃やしていると思います。なぜかというと、清掃工場のイラストを見ると、高い煙突が描かれているからです。
・僕は、リサイクルプラザでは、資源物を新しいものに作り変えていると思います。なぜなら、資源物にはリサイクルマークが付けられているからです。

調べる
情報を集める・読み取る・
考える・話し合う

清掃工場ではごみをどのように処理しているのだろう

本時の目標

清掃工場で調査活動を行ったり、資料から必要な情報を読み取りまとめたりする活動を通して、ごみの処理のための事業の様子を理解する。

本時の主な評価

清掃工場で調査活動を行ったり、資料から必要な情報を読み取りまとめたりする活動を通して、ごみの処理のための事業の様子を理解している【知①】

用意するもの

清掃工場見学（可能な場合）、清掃工場の仕組みや働きについての資料

本時の展開 ▷▷▷

見学のめあて

清掃工場ではごみをどのように処理しているのだろう。

①

見学すること

・どんなごみを処理しているか。
・どのくらいのごみを1日に燃やすのか。
・工場の中にはどんな仕組みがあるのか。
・工場で働く人はどのような仕事をしているのか。
・もやしたごみはどうなるのか。

つかむ　出合う・問いをもつ

板書のポイント

見学に際しては、下に示したように、学習問題について予想したことを基に、子供たちに見学の視点をもたせておくようにする。

T　清掃工場見学で調べることを確認しよう。

◀①

＊見学のめあてを板書する。

C　どんなごみを処理しているのか。
C　どうやってごみを処理しているのか。
C　どのくらいのごみを1日に燃やすのだろう。
C　燃やしたごみはどうなるのだろう。

調べる　情報を集める・読み取る・考える・話し合う

板書のポイント

事前に見学内容を確かめておく。ごみ処理の流れに加え、エネルギーの有効利用や最終処分場の説明も可能か確認する。

T　メモを取りながら見学しましょう。　
C　清掃工場では、主に燃えるごみを24時間365日燃やして処理している。
C　燃やすことでごみのかさが減り、衛生的に処理できる。
C　害のあるものを取り除いている。
C　ごみを燃やしたときに出る熱は、発電や温水プールに利用されている。
C　灰は処分場に埋められたり、道路工事の材料などに再利用されるものもある。

実物を見ながら、
説明を聞く

ぎもん点を質問する

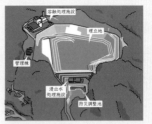

最終処分場

2 3

分かったこと

・清掃工場では、主にもえるごみを24時間
　365日燃やしている。
・1日に約300トンのごみを燃やしている。
・燃やすことでごみのかさが減り、衛生的に
　処理することができる。
・ごみを燃やしたときに出る熱を発電に使ったり、
　温水プールに利用したりしている。
・灰は埋め立て処分場に運んで埋めたり、
　道路工事の材料などに再利用したりしている。

見学のまとめ

　清掃工場では、24時間365日、
環境に配慮しながらたくさんの燃
えるごみを燃やしている。ごみは
燃やすことでかさが減り、衛生的
に処理することができる。また、
燃やしたときに出る熱は利用する
などの工夫がされている。残った
灰は処分場に埋められるか、再利
用される。

まとめる　整理する・生かす

板書のポイント

　見学して分かったことの中で、大切な言葉は何
か考えながら線を引き、そのキーワードを使っ
てまとめさせる。

T　分かったことの中で、まとめに入れたほう
　がよいキーワードに線を引きましょう。　3
C　24時間365日は清掃工場が私たちのくらし
　を支えていることが分かるので入れたほうが
　いいな。
C　ごみのかさを減らしたり、ばい菌を燃やし
　て殺して衛生的に処理することは、清掃工場
　の処理のよさなので、キーワードだな。
T　キーワードを使ってそれぞれまとめを書き
　ましょう。

学習のまとめの例

・清掃工場では、24時間365日、環境
　に配慮しながらたくさんの燃えるご
　みを燃やして処理しています。
・ごみは燃やすことでかさを減らし、
　衛生的に処理することができます。
・燃やしたときに出る熱は利用するな
　どの工夫がされていて、残った灰は
　埋め立て処分場に埋められたり、道
　路の材料として再利用されたりして
　います。

調べる
情報を集める・読み取る・
考える・話し合う

粗大ごみは、どのように処理されているのだろう

本時の目標
　粗大ごみの処理の仕組みについて資料で調べる活動を通して、環境に配慮して粗大ごみが処理されていることを理解する。

本時の主な評価
　粗大ごみの処理の仕組みについて資料で調べる活動を通して、粗大ごみが可能な限り再使用されていたり、かさを減らして処理されたりしていることを理解している【知①】

用意するもの
　粗大ごみの写真やイラスト等、粗大ごみの処理の流れについての資料

1 | 本時のめあて

粗大ごみは、どのように
処理されているのだろう。

タンス・食器だな等　　　　自転車
の家具類

2

よそう

・清掃工場で燃やすのかもしれない。
・まだ使えそうな家具もあるから、もう一度使う仕組みがあると思う。

本時の展開 ▷▷▷

つかむ　出合う・問いをもつ

板書のポイント
粗大ごみの写真やイラストを提示してその処理に問いをもたせてめあてをつかませる。
めあてについての予想を整理して板書する。

＊本時のめあてを板書する。　　　　　　　**1**
T　粗大ごみはどのように処理されているのでしょうか。予想したことを発表しましょう。
　　　　　　　　　　　　　　　　　　　2
C　大きいので、バラバラにして処理される。
C　バラバラにしてから清掃工場で燃やす。
C　まだ使えるものは、リサイクルショップのようにもう一度使う仕組みがあると思う。

調べる　情報を集める・読み取る・考える・話し合う

板書のポイント
リサイクルプラザの人の話などの資料から分かったこと、考えたことについて、子供たちの発言を生かしてそれぞれ板書で整理していく。

T　資料から何が分かりますか?　　　　　**3**
C　まだ再使用できる粗大ごみは、リサイクルプラザで修理して市民に販売されている。
C　再使用できない粗大ごみは、バラバラにして金属などをリサイクルに回して、残りは清掃工場で燃やして処理している。
T　粗大ごみの処理はどのように工夫されていますか?　　　　　　　　　　　　　　**4**
C　粗大ごみをなるべくごみにしないように、再使用やリサイクルを工夫している。

リサイクルプラザの人の話
粗大ごみは直せばまだ使えるものと、もう使
えないものに分けられます。直せば使えるも
のは、修理して市民の方に販売しています。
直せないものはバラバラにして、金属など、
リサイクルできるものを取り除いてから、清
掃工場で燃やしています。

3

分かったこと

・再使用できる粗大ごみは、きれいにしたり
　修理したりして、市民に販売している。
・再使用できない粗大ごみはバラバラにし
　て、金属などリサイクルできる物を回収
　している。

4

考えたこと

○粗大ごみの処理の工夫
・リユース、リサイクルできるように工夫し
　ている。

5

学習のまとめ

・粗大ごみはリサイクルプラザに集められ
　り、再使用できる物は、きれいにした
　り、修理をしたりして、市民に販売し
　ています。
・再使用できない物はバラバラにして金
　属などをリサイクルに回しています。
　粗大ごみがなるべくごみにならないよ
　うにしています。

6

ふりかえり

・粗大ごみは、ごみとして収集されるけれ
　ど、その後に、ごみにならないように工
　夫されていることを知り驚きました。
・ビンやカンがどのように処理されるのか
　を調べるのが楽しみです。

まとめる　整理する・生かす

板書のポイント

　分かったことと考えたことを組み合わせて、め
あてについてまとめを書くように助言する。何
人かに発表させてから板書としてまとめる。

T　分かったことや考えたことを組み合わせな
　　がら、ノートに自分の考えをまとめましょ
　　う。それでは発表してください。

C　粗大ごみは、そのままごみとして処理する
　　のではなく、リユースしたり、リサイクルし
　　たりした上で、どうしてもごみになってしま
　　うものだけごみとして処理している。

T　振り返りを発表してください。 **6**

C　粗大ごみも資源物といえると思いました。
　　次回は資源物の処理を詳しく調べたいです。

学習のまとめの例

・粗大ごみはリサイクルプラザに集め
　られ、再使用できる物は、きれいに
　したり、修理をしたりして、市民に
　販売されてリユースできるように工
　夫しています。
・再使用できない物はバラバラにして
　金属などをリサイクルできるものを
　取り除いて、清掃工場で処理してい
　る。このように、市では、粗大ごみ
　がなるべくごみにならないように工
　夫しているのです。

資源物は、どのように処理されているのだろう

つかむ　出合う・問いをもつ

板書のポイント

最初に資源物やリサイクルプラザの資料を提示することで、本時のめあてをつかませてから、めあてについての予想を板書していく。

T　資料を見てください。これらは何ですか？ 1

C　資源物とリサイクルプラザだと思う。

T　そうです。今日は資源物の処理について調べていきましょう。

＊本時のめあてを板書する。

T　どんなことを予想できますか？ 2

C　びんやカンなどは、またびんやカンに戻るのではないか。

調べる　情報を集める・読み取る・考える・話し合う

板書のポイント

資源物が選別されて工場に送られ、新しい製品として生まれ変わっていることについて、子供の発言を基に板書していく。

T　資料から分かったことを発表しましょう。

C　びんやかんが形をかえて、また製品に戻っている。

C　ペットボトルは服になったり、ペットボトルになったりしている。

C　資源物はリサイクルセンターで選別されている。

C　リサイクルするのにも、手間がかかっていることが分かる。

びん・かん・ペットボトルのリサイクルの流れ

4 学習のまとめ

・リサイクルプラザに運ばれた資源物は、資源の種類ごとに選別されて、リサイクルをする工場に運ばれます。
・運ばれた資源物は、いろいろな物に生まれ変わって、再び私たちのくらしの中で役立てられています。

3 分かったこと

・びんやカンなどは、種類ごとにリサイクルプラザに運ばれる。
・ちがうものは<u>手作業で選別</u>される。
・資源物は、<u>種類ごとに工場に運ばれる。</u>
・工場では、<u>作り直したり、原料に戻したりして、ふたたび使えるようにされて</u>いて、このことを<u>リサイクル</u>という。

5 ふりかえり

・家で不要になった物でも、ごみにしないで、資源物として分別し、リサイクルすることで、ごみを減らすことができることが分かった。
・選別が大変そうだったので、余計なものが資源物に入らないように分別することが大切だと分かった。

まとめる　整理する・生かす

板書のポイント

分かったことの中で、大切な言葉は何か、考えながら線を引き、そのキーワードを使ってまとめさせるようにする。

T　分かったことで線を引いたキーワードを使いながら自分のまとめを書きましょう。　**4**

C　資源物として収集されたものは、リサイクルプラザで選別され、工場で形をかえて製品に作りかえられている。

T　今日の学習を振り返って、思ったことを書きましょう。　**5**

C　リサイクルすることで、ごみにならずに済んでいることが分かった。

C　家でごみを出すとき、分別に気を付けたい。

学習のまとめの例

・リサイクルプラザに運ばれた資源物は、資源の種類ごとに選別されて、リサイクルをする工場に運ばれます。
・工場に運ばれた資源物は、いろいろな物に生まれ変わって、再び私たちのくらしの中で役立てられています。
・リサイクルを進めることは、ごみを減らすことにも役立つのです。

調べる
情報を集める・読み取る・
考える・話し合う

市はごみ処理の問題にどう取り組んでいるのだろう

本時の目標
　市では、市内外の人々と協力して課題を解決していることをつかみ、学習計画を見直す。

本時の主な評価
　ごみ処理が抱える課題について、市の取組を調べることを通して、市内外の人々と協力して課題を解決していることをつかみ、学習計画を見直そうとしている【主①】

用意するもの
　ごみ処理の移り変わりの資料、市の人口とごみ処理量の変化が分かる資料、ごみ処理が抱える課題と対策の資料

1　ごみ処理の移り変わり

70年くらい前　50年くらい前　今

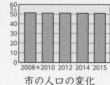　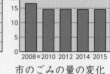

市の人口の変化　市のごみの量の変化

気づいたこと

・70年前は自分たちでごみの処理をしていた。
・50年前には市が集めるようになったけど、ごみの量が問題になった。
・今はごみを分別するようになった。

本時の展開　▷▷▷

つかむ	出合う・問いをもつ

板書のポイント
ごみ処理の移り変わりの資料を示し、人口とごみの量の変化の資料を示す。すると、市がごみ処理の課題を解決してきたことが分かる。

T　資料を見て気付いたことを発表しましょう。　　1
C　70年前は家でごみ処理をしていた。
C　50年前には市が集めるようになったけど、ごみの量が問題になっている。
C　今は分別をするようになりました。
C　人口は減っていないのにごみは減っている。
C　市がごみを減らすための取組を進めてきたからだ。
C　今はごみの処理に課題はないのか。

調べる	情報を集める・読み取る・考える・話し合う

板書のポイント
これまでのごみ処理の移り変わりを基に、めあてについて簡単に予想させてから、資料を読み取って分かったことを整理して板書する。

T　これらの問題を解決するために、市がどのような取組をしているか調べましょう。
＊本時のめあてを板書する。　　2
C　様々な目標を定めて計画を立てている。
C　ごみの処分場の問題は、周りの町と協力して解決しようとしている。
C　分別だけでなく、3Rを進めることでごみを減らそうとしている。

ごみ処理が抱える問題
・清掃工場を動かすにはたくさんのお金が
　かかる。
・処理しにくいごみが増えている。
・最終処分場に限りがある。

2

本時のめあて

市はごみ処理の問題にどう取り組んでいるのだろう。

市役所のAさんのお話
　市の清掃工場は、近くの市や町のごみも受け入れ、協力してごみ処理を進めています。ごみ処理の問題を解決するために、市では様々な目標を定めた計画を作っています。新たな最終処分場も周りの市や町と協力して作る予定です。地域のみなさんが様々な協力をしてくださっているおかげで、ごみを減らすことができているので、今後は3Rの推進を呼びかけて、さらにごみを減らしたいです。

3

分かったこと

・問題を解決するために、<u>様々な目標を定めた計画を作っている</u>。
・最終処分場の問題は、<u>周りの町と協力して解決しようとしている</u>。
・市民にも呼びかけて、3Rの考え方を大切にして、<u>ごみのさらなる減量を目指している</u>。

学習のまとめ

・市は、ごみ処理が抱える問題に対して、目標を定めて計画を作り、周りの市区町村と協力したり、市民に呼び掛けて3Rを進めたりしています。

ふりかえり

・市がどのように問題を解決しようとしているか分かったので、地域の人々の取組についても調べたい。

まとめる　整理する・生かす

板書のポイント
まとめの後で、調べる必要がある内容がないか振り返りを行い、ごみの減量につながった地域の人々の取組について問いを引き出す。

T　ごみ処理が抱える問題について市がどのような取組をしているかが分かりましたが、今日調べたことの中で、学習計画にはなかったけれど、調べておきたいものはありますか？　**3**

C　市役所のAさんが、地域の人々のおかげでごみを減らすことができていると話していたので、地域の人がどのような取組をしているか調べてみたい。

学習のまとめの例

・市は、ごみ処理が抱える問題に対して、様々な目標を定めて計画を作り、それに基づいて周りの市区町村と協力したり、市民に呼び掛けて3Rを進めたりしています。これは、これまでにごみの分別回収を進めてごみの減量化に成功した経験も生かされています。

調べる
情報を集める・読み取る・
考える・話し合う

ごみを減らすために、どのような取組が行われているのだろう

本時の目標
　身の回りで行われているごみを減らすための取組について調べる活動を通して、人々がごみを減らすために協力していることを理解できるようにする。

本時の主な評価
　ごみを減らすための様々な活動について調べ、人々が協力してごみを減らす努力をしていることを理解している【知①】

用意するもの
　商店などでの取組についての資料、町会などでの取組に関する資料

本時の展開 ▷▷▷

本時のめあて
ごみを減らすために、どのような取組が行われているのだろう。

1

よそう

・スーパーマーケットや商店街のお店で、マイバックを持っていくとスタンプをおしてくれる取組をしていた。
・前にスーパーマーケット見学に行ったときに、食品トレーを回収していた。
・町会で古着や古新聞の回収をしている。

つかむ　出合う・問いをもつ

板書のポイント
めあてを確認した後、既習内容や生活経験を基に、めあてについて予想させ、それを板書に残しておくと、調べた後に予想を振り返るのに役立つ。

＊本時のめあてを板書する。
T　めあてについて、普段の生活を振り返りながら予想しましょう。　**1**
C　スーパーに買い物に行くときに、母が食品トレーを回収ボックスに入れていたが、これはごみを減らすことにつながっていると思う。
C　町会で古着の回収をしていて、持って行ったことがあるので、この取組もごみを減らすことにつながっていると思う。

調べる　情報を集める・読み取る・考える・話し合う

板書のポイント
子供の手元にはインタビュー資料などを用意し、黒板には大きく写真やイラストを貼って、調べて分かったことを板書していく。

T　資料から分かったことを発表しましょう。
　2
C　お店の人は、お客さんと協力して、ごみを減らすことにつながる取組をしていた。
C　スタンプカードは、お客さんが楽しみながら協力してくれるようにとお店が考えた工夫だということが分かった。
C　町会の人は、住民と協力して古新聞や古着の回収を進めてきたことが分かった。

お店での取組

地域での取組

学習のまとめ

ごみを減らすために、わたしたちの周りでは、スーパーマーケットが食品トレーなどの回収やマイバック運動に取り組み、町会では古新聞や古着の回収に取り組んでいる。お客さんや住民もその取組に協力することで、ごみを減らすことができている。

2 分かったこと

・スーパーマーケットでは、お客さんと協力して、食品トレーのリサイクルやマイバック運動を進めて、ごみを減らしていた。
・町会では、住民と古新聞や古着を協力して集めて、ごみを減らす取組を進めていた。

3 ふりかえり

・今度スーパーマーケットに買い物に行くときは、家からマイバックを持っていきたい。
・ごみを減らしていくために、他にどのようなことができるのか、考えたい。

学習問題について考えをまとめたら、みんなで考える。

まとめる　整理する・生かす

板書のポイント

まとめの後、ごみを減らすための地域の取組を知り、どのように感じたかを振り返らせる。この活動が単元のまとめの学習につながる。

T　地域でごみを減らすための取組が行われていることを知って、考えたことについて、振り返りを書きましょう。　**3**

C　うちでは、これまでスーパーに食品トレーを持って行ったことはなかったので、家に帰ったら家族に知らせたい。

C　ごみを減らすために、まだまだ協力できることがあると思うので、考えてみたい。

学習のまとめの例

・ごみを減らすために、わたしたちの周りでは、スーパーマーケットが食品トレーなどの回収やマイバック運動に取り組んでいます。
・町会では古新聞や古着の回収にも取り組んでいます。お客さんや住民もその取組に協力することで、ごみを減らすことができています。

まとめる
整理する・生かす

ごみや資源物は、どのように処理されているのだろう

本時の目標

　ごみを処理する事業が果たす役割について話し合う活動を通して、学習問題について自分の考えを表現する。

本時の主な評価

　ごみの処理について分かったことを白地図にまとめ、ごみを処理する事業の役割を理解している【知②】／話し合う活動を通して、学習問題について自分の考えを適切に表現している【思②】

用意するもの

　市の白地図を配したワークシート、掲示物、調べたことを整理するカード

1

本時のめあて

ごみや資源物は、どのように処理されているのだろう。

2

整理すること

・清掃工場の働きについて
・粗大ごみの処理について
・資源物の処理について
・市の取組についいて
・地域での取組について

○調べて分かったことを、カードにまとめて白地図に整理する。

本時の展開 ▷▷▷

つかむ　出合う・問いをもつ

板書のポイント

めあてを確認し、学習問題について自分の考えをまとめるために、学習を振り返り、どのような内容を整理するかを確認する。

＊本時のめあてを板書する。　**1**

T　学んできたことの中で、どんなことを整理すれば、学習問題について考えられますか？
2
C　清掃工場やリサイクルプラザでのごみや資源物の処理について整理したほうがよい。

C　市や地域の人々がごみを減らすために取り組んでいたことも整理したほうがよい。

調べる　情報を集める・読み取る・考える・話し合う

板書のポイント

個人で白地図やカードに整理したことを基に、全体で板書に分かったことを整理する。グループごとに発表させて板書する方法も考えられる。

T　整理したことを発表してください。　**3**

C　エコプラザでは、粗大ごみをごみにしないように工夫していた。

C　清掃工場では、周りの市や町からもごみを受け入れ、ごみを燃やして、かさを減らしたり、空気や土、水を汚さないように処理したりしていた。

C　市役所の人や地域の人たちは、協力してごみを減らす取組を進めていた。

3

◎エコプラザ
・粗大ごみをリユースできる
　ようにしている。
・粗大ごみから集めた金属
　や、市内から集めた資源物
　をリサイクルしている。

◎清掃工場
・ごみを燃やしてかさを減ら
　し、衛生的に処理している。
・エネルギーを有効活用する
　工夫をしている。

◎市役所
・ごみを減らすための取組を市
　民と協力して進めている。
・他の市や町と協力しながら、
　最終処分場を作っている。

◎地域
・商店ではお客さんと協力して
　資源を回収したりマイバック
　運動を進めたりしている。
・町会でも、リユースやリサイ
　クルの取組を進めている。

東洋市

しょぶん場

隣野市

4　考えたこと

・市には清掃工場やリサイクル施設、処分場が様々な場所にあり、市内外の人々と協力して
　計画的にごみを処理している。
・市や地域の人々は協力して3Rに取り組んでいるので、ごみは年々減ってきている。

学習問題について自分の考えをまとめる

私たちが出した、ごみや資源物は……

まとめる　整理する・生かす

板書のポイント

　整理したことを基に、学習問題について考えた
ことについて話し合い、板書する。最後に考え
をまとめる際は主語のみを板書する。

T　調べて分かったことを整理して、学習問題
　について考えたことを交流しましょう。　**4**

C　ごみを処理したり、再利用するための施設
　は計画的に作られていた。

C　市だけではなく、市内外の人々の協力でご
　みを処理できていることも大切だと思う。

C　ごみを燃やして処理していることは、少し
　でも環境を汚さないためであることが分かっ
　た。

学習のまとめの例

・私たちが出したごみや資源物は、清
　掃工場やエコプラザに運ばれて処理
　されています。清掃工場では、ごみ
　を燃やして、衛生的にかさを減らす
　ことで、埋め立てする灰を減らせる
　ように工夫しています。

・エコプラザでは、粗大ごみを再利用
　したり、資源物をリサイクルしたり
　して、ごみを減らしていました。

・市は、周りの市や町、商店や地域の
　人々と協力しながら計画的にごみを
　処理し、3Rを進めてごみを減らす
　努力も続けています。

まとめる
整理する・生かす

ごみを減らすためにできることを考えよう

本時の目標

これまでの学習を基に、ごみを減らすために自分たちが協力できることを考える。

本時の主な評価

ごみを減らすために自分たちにできることを考えたり、選択・判断したりし、適切に表現している【思②】／学習したことを基に、ごみを減らす工夫など、自分たちが協力できることを考えようとしている【主②】

用意するもの

ノート、インターネット（キッズ環境省等）、本やパンフレット（子どもに持参させてもよい）

1 本時のめあて

ごみを減らすためにできることを考えよう。

2 気づいたこと

自分たちにできることを調べてよう。
・学習を振り返って考える。
・本やパンフレットなどの資料で探す。
・インターネットで探す。
しょうかいすること
・自分たちが調べた方法
・その方法がごみを減らすことにつながる理由。

本時の展開 ▷▷▷

つかむ　出合う・問いをもつ

板書のポイント

ごみを減らすために、自分たちにできることを考える前に、その方法をどのように調べるか、見通しをもたせるようにする。

＊本時のめあてを板書する。　**1**

T　自分たちにできることはすぐに考えられそうですか？　**2**

C　学習の中でいくつかは分かったけれど、しっかりと調べて考えたほうがよい。

C　図書室に行って、本を使って調べたことを交流するとよいと思う。

C　インターネットを使って、市役所や清掃事務所のホームページを見れば、何か役に立つことが分かると思う。

調べる　情報を集める・読み取る・考える・話し合う

板書のポイント

学習グループごとに、選択した方法で調べるようにする。その際、教師は適切に資料を案内できるようにしておく。

C　私たちのグループは、学校でごみを減らすためによさそうな方法を調べようとしているのですが、なかなか見付からない。

T　キッズ環境省のホームページにアクセスすると何かヒントが見付かるかもしれません。

C　普段行っているお店で取り組んでいることに協力する方法を紹介してもよいのかな？

T　もちろん、大丈夫です。

❸

調べて考えたこと

○給食を残さず食べる →給食は、残してしまうとごみになるので、普段から完食するようにすれば、ごみを減らすことに協力できる。	○鉛筆を最後まで使う →鉛筆を使って短くなっても、すぐに捨てずに、補助軸を使えば最後まで使い切ることができる。	○バザーを活用する →遊ばなくなったおもちゃをバザーに出したり、インターネットで売れば、リユースを進めることができる。
○マイバックを使う →レジ袋をもらわなければ袋はごみにならないし、近くの3つのスーパーでマイバック運動をしているので、取り組みやすい。	○直して使う →家では、物が壊れるとすぐに捨てて、新しい物を買っていたけれど、なるべく直して使えばごみにならなくて済む。	○必要な物だけ買う →安売りなどで必要ない物を買うとごみになってしまうので、買い物の仕方を見直すとごみが減る。

学習のまとめ

一人ひとりがごみを減らすために取り組むことをまとめる。

まとめる 　整理する・生かす

板書のポイント

調べて考えたことをホワイトボードにまとめさせて黒板に貼る。考えを交流した上で、最後に自分にできることをまとめられるようにする。

C　私たちのグループは給食を残さず食べる方法がよいと思った。なぜならば、給食は毎日あるので、一人ひとりが心がけるだけで、たくさんのごみを減らすことができると考えたから。　　　　　　　　　　　　　　**❸**

T　自分が調べたことや、それぞれのグループの発表を聞いて知った方法の中から、ごみを減らすために自分ができることを考えて、理由といっしょにまとめましょう。

学習のまとめの例
・私は、今まで使わなくなった服は捨てていたけれど、これからは町会の古着回収に出したり、バザーなどに出したりして、ごみにならないように工夫しようと思います。この方法は、だれでも簡単に取り組めるので、家族や近所の人たちにも紹介したいです。 

2 下水の処理と水資源 選択B

2 〔13時間〕 **下水の処理と水資源** 選択B

単元の目標

　下水を処理する事業について、下水処理の仕組みや経路、人々の協力などに着目して、見学・調査したり地図などの資料で調べたりして作品などにまとめ、その事業が果たす役割を関連付けて考え、表現することを通して、下水を処理する事業は、衛生的な処理や資源の有効利用ができるよう進められていることや、生活環境の維持と向上に役立っていることを理解できるようにするとともに、下水を処理する事業について意欲的に追究し、環境を守る工夫など自分たちにできることで協力しようとする態度を養う。

学習指導要領との関連　内容(2)「人々の健康や生活環境を支える事業」アの(イ)(ウ)及びイの(イ)

第1・2時	第3〜6時
つかむ「出合う・問いをもつ」	調べる
〔第1・2時〕 ○使った後の水のゆくえを予想して学習問題を見いだそう。　　　　　　　　　　【主①】 ・1人が1日に必要な飲料水の量を基に、学校の水道検針票から下水の量を読み取る。 ・下水道は上水道の使用量と同量として扱われ、同時に集金されていることが分かる。 ★飲料水の供給との関わりに着目する。 ○私たちが使った後の水はどこに流れていくのだろう。 ・適切に処理されていることや人の働きが関わっていることを予想する。 ★人々の働きに着目する。 【学習問題】 　大量の下水は、どのようにして処理されているのだろう。 ・学習問題を解決するための見通しをもち、学習計画を立てる。 予下水は、どこかで処理してから川や海に戻しているのではないか。	〔第3時〕 ○わたしたちが使った後の水はどこにいくのだろう。 ・資料を活用し、下水の経路を調べる。【知①】 ・高低差が分かる地図を活用して、ポンプ場の必要性について理解する。 ★下水道の経路の高低差に着目する。 〔第4時〕 ○下水処理場（水再生センター）はどのような働きをしているのだろう。　　　　【知①】 ・資料を活用し、下水処理場で下水が処理されている様子を調べる。 ★公衆衛生や自然環境に配慮した衛生的な処理に着目する。 〔第5・6時〕 ○下水の処理の様子はどうなっているのだろう。 ・地図で東京都以外との関わりを調べる。【知①】 ・下水処理場の見学や従事している人から聞き取り調査などで調べる。 ★下水に関わる法やきまりに着目する。 ★都内外の人々の協力に着目する。

単元の内容

　私たちの生活に不可欠な飲料水の安定的な供給については、子供が切実感をもって学習することがあっても、使い終わった後の大量の水のゆくえについては子供の関心は高くない。

　このため、公衆衛生や自然環境に着目し、下水などの廃棄物を地域の生活環境に配慮しながら安全かつ衛生的に処理していることを具体的に調べる活動をし続けることが重要である。

　また、都内外の関係機関が相互に連携して処理したり再利用したりしていることを空間的な広がりの中で捉えるための工夫も必要である。さらに、下水の処理事業において、衛生的に処理する仕組みがつくられ計画的に改善されてきたことや、現在も計画的に下水管の補修や交換作業を進めていることなど、関係機関の連携の姿を追究させたい。

単元の評価

知識・技能	思考・判断・表現	主体的に学習に取り組む態度
①下水処理の仕組みや再利用、県内外の人々の協力などについて、見学・調査したり、地図などの資料などで調べたりして、必要な情報を集め、読み取り、下水処理のための事業の様子を理解している。 ②調べたことを白地図や図表（すごろく）にまとめ、衛生的な処理や資源の有効利用ができるよう進められていることや、生活環境の維持と向上に役立っていることを理解している。	①処理の仕組みや再利用、県内外の人々の協力などに着目して、問いを見いだし、廃棄物の処理のための事業の様子について考え、表現している。 ②下水の処理事業に見られる仕組みや人々の協力関係と、地域の人々の健康や生活環境とを関連付けて下水処理事業の役割を考えたり、学習したことを基に、自分たちが協力できることを選択・判断したりして、適切に表現している。	①下水を処理する事業について、予想や学習計画を立て、学習を振り返ったり見直したりして、学習問題を追究し、解決しようとしている。 ②学習したことを基に水を汚さない工夫などについて、自分たちが協力できることを考えようとしている。

【知】：知識・技能　【思】：思考・判断・表現　【主】：主体的に学習に取り組む態度
○：めあて　・：学習活動　★：見方・考え方　🖊：期待する子供の予想例

第7～9時	第10～13時
「情報を集める・読み取る・考える・話し合う」	まとめる「整理する・生かす」
〔第7・8時〕 ○なぜ、下水を処理する必要があるのだろう。 　　　　　　　　　　　　　　【思①・主①】 ・下水道の整備の経過を調べ、河川の水質の悪化とそれに伴う生活環境の悪化により高度な下水処理の必要が生まれたことが分かる。 ・下水処理の必要性について考える。 ★下水道整備の経過に着目する。 ・これまで調べてきたことをまとめ、下水処理の仕組みなどについて話し合い、学習問題の解決のための学習計画を見直す。	〔第10・11時〕 ○大量の下水はどのようにして処理されているのだろう。　　　　　　　【知②・思②】 ・これまでの学習を振り返り、見学や資料を活用して調べたことをまとめる。 ・飲料水の供給と下水処理の仕組みを分かりやすく表したすごろくを作成する。 ★大切な資源としての水に着目する。 ・下水処理の仕組みや、人々の協力関係と地域の良好な生活環境を関連付け、下水の処理事業の果たす役割を考え、表現する。
〔第9時〕 ○東京都は下水処理に関わる問題をどのように解決しているのだろう。　　　　　【知①】 ・下水処理が抱える問題を知り、東京都の取組について調べる。 ★下水処理の可能な量に着目する。 ・聞き取り調査や映像資料等を通して、都が下水処理に関わる問題を計画的に解決していることが分かる。 ★下水道管の耐久性に着目する。	〔第12・13時〕 ○水を汚さないために自分たちにできることは何だろう。　　　　　　　　【思②・主②】 ・水を資源として大切にし、水を汚さないための様々な取組を調べる。 ・これまでの学習を振り返り、衛生的な生活を維持・向上するために自分たちに協力できることを考え、表現する。 ★水の循環に着目する。

問題解決的な学習展開の工夫

　本単元では下水処理の仕組みについて学習をする。導入において、上水道の検針票を用いることで、上水道の料金と下水道の使用料が同時に徴収されていることに気付かせ、子供の疑問を引き出したい。その疑問から、「多くの人が関わっているのではないか」「何らかの処理をしているのではないか」と問いをもち、主体的に調べていけるようにすることが大切である。

　また、下水施設の整備以前の川の様子、病気（コレラ）発生等の事実から、下水処理の必要性について考え、理解できるようにしたい。

　まとめでは、学習を通して理解した知識をすごろくとして再構成することで、水が大切な資源であること、下水を排出しているのは私たちの生活であることに気付き、自分たちにできることを考えられるようにすることが重要である。

つかむ
出合う・問いをもつ

使った後の水のゆくえを予想して学習問題を見いだそう

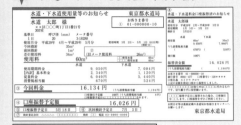

本時の目標

　水道水の多くは下水として排出されていることを知り、その行方や関わっている人たちについて追究する学習問題をつかむ。

本時の主な評価

　下水を処理する事業について、予想し、学習計画を立て、学習問題を追究しようとしている【主①】

用意するもの

　学校の蛇口付近の資料（排水孔が見える資料）、学校の水道検針票（拡大したものと、配布用のものを用意）

本時の展開 ▷▷▷

つかむ　　出合う・問いをもつ

板書のポイント

「水道・下水道使用量」を拡大して示し、大量の水を排出していること、その分だけ下水道料金を支払っていることをつかむようにする。

T　この資料を見て、気が付くことを発表しましょう。　　　　　　　　　　　　　　　**1**

C　水道・下水道使用量と書いてある。

T　私たちはたくさんの水を使っています。

C　下水道の料金も書いてある。

T　下水とは私たちが使った後に流す水です。

C　使った後の水を流すのにお金がかかるの？

C　たくさん使ったらその分だけ、お金を払っているんだ。

T　これから「下水」について学習します。

調べる　　情報を集める・読み取る・考える・話し合う

板書のポイント

蛇口や排水孔等の具体物を資料等で示し、これから下水道の仕組みについて学ぶことを視覚的に理解できるようにする。

T　水飲み場の様子を見に行きましょう。

C　手を洗った後の水が、穴に入っていく。

T　この水は、この後どうなると思いますか？今日はこのことを考えて学習問題をつくりましょう。　　　　　　　　　　　　**2**

＊本時のめあてを板書する。

C　使った後の水は、どこにいくのだろう。

C　汚い水は、きれいにしているのではないか。

2

本時のめあて

使った後の水のゆくえを
予想して学習問題を見い
だそう。

私たちが使った後の水は、管を通って
学校の外に向かって流れていく。
➡「飲み水」は使ったあとは「下水」に。

4

学習問題

3 私たちが使う飲み水

排水孔　　　大量の下水

?の中を予想して、ノートにかいてみよう。

学習問題
大量の下水は、どのようにして処理されているのだろう。

よそう

・下水は、そのまま川や海に流していないと思う。
・きれいにしてから海に流していると思う。
・飲み水は、川の水をとって、安心して飲めるようにしてから
　水道水として配っていたので同じような仕組みがあると思う。
・下水をきれいにする「工場」で働いている人が、
　薬とかを使ってきれいにしていると思う。

5 学習計画

1　下水は、どこへいくのか。
2　そこで、どんなことをしているのか。
3　だれが、何をしているのか。
4　どうしてそうなっているのか。

まとめる　整理する・生かす

板書のポイント

自分たちが使った後の水（下水）がどこへ向
かっているのか、想像させやすくするため、途
中経過をブラックボックスにした図を示す。

T　使った後の水はどこへ向かうと思いますか？
C　川や海かな。
T　使った後の水について、水飲み場から川や
　　海までの様子を予想して、ノートに描いてみ
　　ましょう。　**3**
C　これまでたくさん水を使ってきたけれど、
　　使った後の水のことを考えていなかった。
T　では、これからの学習に向けた学習問題は
　　どうしますか？　**4**
＊学習問題を見いだし、学習計画を立てる。　**5**

学習のまとめの例

・蛇口から出る水は飲み水として使え
　るけれど、私たちが手を洗ったり、
　トイレで流したりすることで「下
　水」になって、学校の外へ流れてい
　くことが分かりました。
・私たちが生きていくには水がたくさ
　ん必要だけど、使った分だけ下水が
　出ていることは考えていませんでし
　た。使った後の「たくさんの水」は
　どうなるのか、調べたいです。
・そのまま流すと汚いし、臭いもする
　から、きっと蛇口から出る飲み水の
　ように、きれいに処理してから海や
　川に流していると思います。

調べる

情報を集める・読み取る・
考える・話し合う

わたしたちが使った後の水はどこにいくのだろう

本時の目標

資料をもとに、排水孔から下水がどこへ向かうか調べる。

本時の主な評価

下水処理の仕組みについて地図などの資料で調べ、必要な情報を集め、読み取り、下水処理のための事業の様子を理解している【知①】

用意するもの

学区等の下水の流れを示した地図（下水処理場までの下水の流れが分かる地図）、学区等の高低差が分かる地図

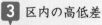

本時のめあて

わたしたちが使った後の水は
どこにいくのだろう。

2 下水の流れ

3 区内の高低差

本時の展開 ▷▷▷

つかむ　出合う・問いをもつ

板書のポイント

学区等の下水の流れを示した地図（下水処理場までの下水の流れが分かる地図）を拡大して掲示し、前時に作成した予想図とを比較する。

T 下水には汚水と雨水があります。　**1**
　下水の流れはどうなっているでしょう。**2**
C 学校の南の方に向かって流れている。
C 川の流れと同じ方向に向かっている。
C 向かった先に、「水再生センター（下水処理場）」というものがある。
T 使った後の水は、ここに流れてくるのですね。みなさんの予想と同じですか。
C ここまでは当たっていると思います。

調べる　情報を集める・読み取る・考える・話し合う

板書のポイント

学区等の高低差が分かる地図を拡大して掲示し、下水の流れの地図と比較できるようにする。

T では、なぜここに集まってくるのでしょうか。ヒントは、この地図です。色が濃いところが、低いところとなっています。　**3**
C 水再生センターは区の低いところにある。
C 水は低いところに流れていくから、それを使っているんだ。
T 使った後の水は、土地の高低差を使って、水再生センターに流れているのですね。
C でも、水再生センターのほかにも低いところがあるよ。この場合はどうなるの？

1 下水の種類

汚水（おすい）　生活によって出た汚れた水
　　　　　　　　（お皿を洗ったり手を洗った後や、使った後のお風呂の水等）

雨水（うすい）　雨として地表に降った水
　　　　　　　　（一緒に流す仕組み（合流式）になっていることも多い）

排水用の側溝

4 ポンプ所の位置

5 分かったこと

・区内から出た下水は、水再生センターに流れている。
・そのまま川や海に流しているのではなかった。
・高いところから低いところに向かって流れている。
・低いところに流れた下水は、一度ポンプ所に流れている。

水再生センター

6

学習のまとめ

私たちが使った後の水は、高いところから低いところに向かっていて、最後は水再生センターへ流れている。

ぎもん

水再生センターでは、どのようなことをしているのだろう。

まとめる　整理する・生かす

板書のポイント

川や海沿いの下水の経路をもとに、下水が下水処理場に向かっていることや、ポンプ所の場所と、ポンプ所がその場所にある理由を考えさせる。

T　次にこの地図の、丸い記号を見てみましょう。「ポンプ所」が低くなった水をもう一度高いところに戻しています。　**4**

C　ちゃんと低いところに作られているんだ。

C　ポンプ所のおかげで、低いところに行った下水も、水再生センターに行けるんだ。　**5**

T　では今日のまとめをしましょう。　**6**

C　下水は、高いところから低いところへ向かい、水再生センターに流れている。

C　そこでは、何をしているのだろう。

学習のまとめの例

・自分たちが使った後の水は、高いところから低いところへ向かい、下水処理場に流れていました。低いところに行った下水はポンプ所で高い場所に持ち上げられて、また流れていくことができるので、ポンプ所は大事な働きをしていることが分かりました。

・川や海の近くから出た下水も処理場に向かっているので、水再生センターの中ではとても大事なことをしているんだろうなと思いました。きっと、飲料水の時の、浄水場みたいなことをしているんだと思います。

調べる
情報を集める・読み取る・
考える・話し合う

下水処理場（水再生センター）はどのような働きをしているのだろう

本時の目標
資料をもとに下水処理場（水再生センター）の仕組みについて調べる。

本時の主な評価
下水処理場（水再生センター）の仕組みや、県内外の人々の協力などについて調べ、必要な情報を集め、読み取り、下水処理のための事業の様子を理解している【知①】

用意するもの
下水処理（下水道管、ポンプ所、水再生センター）の仕組みがわかるイラストや図等

本時の展開　▷▷▷

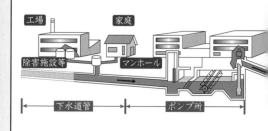

1 本時のめあて

下水処理場（水再生センター）はどのような働きをしているのだろう。

3 下水道のしくみ

工場　家庭　除害施設等　マンホール　下水道管　ポンプ所

4 分かったこと
・水再生センターには、ちん砂地、ちんでん池、反のうそうなどのせつびがあり、そこで水をきれいにして、海に流している。
・時間をかけてごみや汚れを取り除いている。
・「えんそ」を使ってさっきんしてから流している。

つかむ　出合う・問いをもつ

板書のポイント
第3時に用いた学区等の下水の流れを示した地図を示し、下水は下水処理場（水再生センター）に向かうことを確認する。

T　前回は、川や海に近い場所からも、低いところに流れていった下水も、すべて水再生センターに流れていることが分かりました。**1**
C　水再生センターでは、どのようなことをしているのか、早く知りたい。
C　水をきれいにする機械があると思う。
C　汚れていたら薬を入れて、きれいにしているのではないか。
T　水再生センターの働きを予想して、確かめてみましょう。　**2**

調べる　情報を集める・読み取る・考える・話し合う

板書のポイント
水再生センターの仕組みを説明したイラストや図を拡大して示し、どのように処理されているか、全体の様子をつかめるようにする。

T　下水道の仕組みの図です。　
C　工場や家庭から出た下水が、ポンプ所を通って、最後は海？川？に流れている。
C　下水を川や海に戻すまでには、たくさんの作業が必要なんだ。
T　水再生センターの働きを、順番に見てみましょう。
C　ゴミを取ったり沈めたり、大変な作業だ。
C　一度汚した水をきれいにするのは、こんなに大変なんだ。知らなかった。

2　**よそう**

・きたない水をきれいにすることができる機械があるのではないか。
・よごれた水をきれいにするための薬を入れているのではないか。

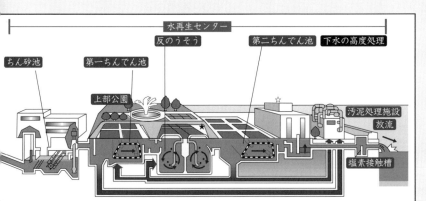

5　**ぎもん**

・しずめたり、「び生物」を使ったりすると、よごれた水は本当にきれいになるのか。
・水再生センターでは、どんな人が、どうやって仕事をしているのだろう。

学習のまとめ

・水再生センターでは、ごみを取り除いたり何度もしずめたり「び生物」を使ったりしているだけでなく、さらにきれいにするはたらきもしている。
・自分たちが使った後の水が海に戻るまでには、水再生センターで、たくさんのことをする必要がある。

まとめる　整理する・生かす

板書のポイント

　下水処理場の処理について、それぞれの段階でその処理がされている理由について考えさせ、発言を記録として残す。

T　では、分かったことを発表しましょう。**4**
C　水再生センターには、沈砂地、沈殿池、反応槽などがあり、水を処理してから川や海に流している。
C　「塩素」を使って「殺菌」してから流している。
T　もっと調べたいことはありますか？　**5**
C　「微生物」のことや「汚泥」の処理のこと。
C　機械がやっているのか、それとも人がやっているのかな。

学習のまとめの例

・下水の処理のために、下水道管、ポンプ所、水再生センターという仕組みが必要だということが分かりました。特に、水再生センターでは海や川に水を流すことができるように、長い時間をかけて汚れを沈めたり、微生物を使ったりして、処理していました。
・最初から、水を処理してから流しているとは思っていたので予想は当たっていたと思うけれど、ここまで手間をかけているとは思わなかったし、微生物の力を使っていると知って、とても驚きました。

調べる
情報を集める・読み取る・
考える・話し合う

下水の処理の様子はどうなっているのだろう

5・6/13

5時：授業
6時：見学

本時のめあて

下水の処理の様子はどうなっているのだろう。

〈水再生センターの見学で…
　見てくること・聞いてくること〉

○はたらいている人のこと
・何人くらいいるのか。（聞く）
・どんな仕事をしているのか。（見る・聞く）
・1日の流れはどうなっているのか。（聞く）
・大変なことは何か。（聞く）
・がんばっていることは何か。（聞く）ほか

○センターのしせつのこと
・どのくらいの大きさなのか。（見る・聞く）
・1日にどれくらいの量を
　きれいにできるのか。（聞く）
・どんなものもきれいに
　できるのか。（聞く）ほか

本時の目標
　下水処理場（水再生センター）や下水処理について学ぶことができる施設を訪問したり、下水について説明してくれる方に来校してもらったりして、下水処理の様子について理解する。

本時の主な評価
　下水処理の仕組みや再利用、県内外の人々の協力などについて、見学・調査し、必要な情報を集め、読み取り、下水処理のための事業の様子を理解している【知①】

用意するもの
　見学・訪問先との連絡、打ち合わせ、注意事項メモ　等

本時の展開 ▷▷▷

つかむ　出合う・問いをもつ

板書のポイント
前時で学んだ下水処理について振り返ることができるよう、水再生センターの資料を掲示する。

　水再生センターの働きを振り返り、実際の様子（または実際の様子を紹介している施設等）を調べる計画を立て、見学（または説明してくれる方を招いて、話を聞く活動）を行う。
　話の中で、東京都以外とのつながり（川や海には境目がないこと等）や、下水として流してよいもの、流してはいけないもの等の「法やきまり」、下水処理の抱える問題（耐用年数や処理の限界量）にも触れてもらうように打ち合わせをしておく。

調べる　情報を集める・読み取る・考える・話し合う

板書のポイント
何を、どのように調べるか明確にする。
見て学ぶこと、聞いて学ぶことを分け、誰が、どのように調べてくるかを決めて板書する。

　下水道は私たちの毎日の生活に欠かせないものであり、それを維持・管理する人がいることを理解できるようにする。
　実際に調べること、質問を通して調べる必要があることを踏まえ、誰が、いつ、どこで何を調べるか、考えて計画を立て、板書にまとめておくようにする。

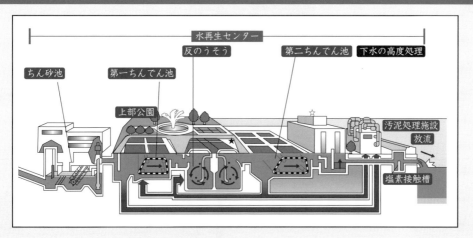

水再生センター

ちん砂池　第一ちんでん池　反のうそう　第二ちんでん池　下水の高度処理

上部公園

汚泥処理施設
放流
塩素接触槽

〈インタビューで大切なこと〉

・聞かないと分からないことで「これは大切だ」と思うことを聞くようにしよう。
・だれに、どんなことを聞きたいのかをはっきりさせよう。
・聞きたい理由を伝えられるようにしておこう。
・ここが聞きたい、という内容を決めておいて、時間を大切に使おう。
・教えてくれた方には「ありがとう」の気持ちを伝えよう。

> （※）見学等を通して、他の都道府県とのつながり、法やきまり、
> 　　　直面している課題について理解できるよう聞き取り等を行うようにする。

まとめる　整理する・生かす

板書のポイント

見学後に、見学・調査した結果をどのように記録して提出するか明示しておくことで、効果的に見学・調査できるようにする。

　下水処理の様子や、それを支えている人がいることについて調べた内容は、見学等の後に作品にまとめることを伝えておくようにする。
　東京都以外とのつながり、「法やきまり」、下水処理の抱える問題について記録できるよう、見学メモに項目を立てて入れておくと、後ほど振り返りがしやすい。

学習のまとめの例

・下水の処理は、水をきれいにするための施設があるからもう大丈夫、安心だと思っていたけれど、やはりそれを動かしたり見守ったりする人が必要で、その人の仕事のおかげで海や川がきれいに守られていることが分かった。
・東京都で出た下水はちゃんと処理しているけれど、川や海は他の県とつながっているので、きれいな環境を守るためにはみんなの協力が必要だと思いました。下水の仕組みや、流してはいけないもの等について、もっとみんなに知ってほしいです。

調べる
情報を集める・読み取る・
考える・話し合う

なぜ、下水を処理する必要があるのだろう

本時の目標
　下水道の整備の歴史について調べ、下水処理の必要性を理解する。

本時の主な評価
　下水処理の仕組みに着目して、問いを見いだし、廃棄物の処理のための事業の様子について考え、表現している【思①】／下水を処理する事業について、学習計画を見直し、学習問題を追究し、解決しようとしている。【主①】

用意するもの
　下水道の整備の歴史について示された年表、汚れた川や海の様子がわかる資料等

---

1 本時のめあて

なぜ、下水を処理する必要があるのだろう。

2 よそう

・水をきれいにしないで流すと、海や川が汚れてしまうから。
・川や海が汚れてしまって、その水を飲むと病気になるから。
・すんでいる魚にもよくないので、生きていけなくなるから。

3

1877（明治10年）	●東京でコレラが大流行
1884（明治17年）	●東京の近代下水道、神田下水の建設が始まる
1922（大正11年）	●日本で初めての近代的な水再生センター「三河島水再生センター」の運転が始まる
1923（大正12年）	●関東大震災が起きる
1944（昭和19年）	●第二次世界大戦の影響で下水道工事が中断される
1961（昭和36年）	●隅田川のよごれがひどくなり花火大会が中止される（23区の下水道普及率22パーセント）
1964（昭和39年）	●日本で初めての水再生センターの上部に公園ができる（落合水再生センター） ●東京オリンピックが開かれる
1970（昭和45年）	●公害が国会で問題になる
1978（昭和53年）	●下水道が普及し隅田川がきれいになり花火大会が再開される 　（23区の下水道普及率70パーセント）
1984（昭和59年）	●野火止用水が復活する（多摩川上流水再生センターの高度処理水）
1986（昭和61年）	●新宿副都心水リサイクルセンターの運転が始まる
1986（昭和61年）	●日本で初めて下水道管内に設置した、光ファイバーの運用が始まる（梅田ポンプ所）
1995（平成7年）	●23区の下水道普及率が、ほぼ100パーセントとなる（3月） ●渋谷川、古川、目黒川、呑川の清流が復活　落合水再生センターの高度処理水を利用

本時の展開 ▷▷▷

つかむ　出合う・問いをもつ

板書のポイント
大量の下水を処理している下水処理場や、そこで働く人について理解したことを確認した後、本時のめあてを示す。

T　下水を処理して海や川に流していることが分かりました。下水の処理は多くの作業が必要で、手間のかかる仕事ですね。
C　大変だけど、とても大切な仕事だと思う。
T　下水の処理はなぜ必要なのでしょう。　**1**
C　水をきれいにしないと、海や川が汚れて、いやな臭いがしそうだし、魚も生きていけないから。　**2**
T　今日は、下水を処理する理由について、昔と今を比べながら、調べてみましょう。

調べる　情報を集める・読み取る・考える・話し合う

板書のポイント
下水が普及したことが分かる年表と、普及前の川や海の写真を示し、時間的な視点から下水道の整備について考えられるようにする。

T　こちらの年表を見ましょう。　**3**
C　100年以上前に「コレラ」という病気が流行った。
T　コレラはとても怖い病気で多くの人が亡くなりました。その後、下水道が作られはじめました。
C　川の汚れのせいで花火大会も中止になった。魚も死んでしまった。
C　100年以上かかって、ほとんどの場所で下水道が使えるようになった。

よごれていたときの川の様子

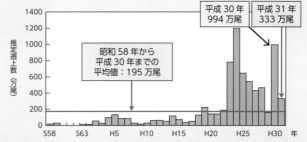

4 アユの推定遡上数の推移（昭和58年〜平成31年〈令和元年〉）

平成30年
994万尾

平成31年
333万尾

昭和58年から
平成30年までの
平均値：195万尾

推定遡上数（万尾）

水再生センター等ができて、下水をきれいにすることができるようになったのち、アユ等の魚が戻ってきた！

6 学習のまとめ

・下水処理をしているおかげで海や川がきれいに守られている。
・下水処理の設備や、水再生センターで働いている人のおかげで、私たちは健康な生活ができている。

5 分かったこと

・下水道がなかったとき、東京で「コレラ」が大流行した。
・100年以上かけて、下水道がほぼ全部ふきゅうした。
・下水道のおかげで、病気にならずに生活できるようになった。

まとめる　整理する・生かす

板書のポイント

下水道が整備されたことの意味を考えさせ、板書にまとめる。

T　実際、下水道が整備されてから川に多くの魚が戻ってきたというデータがあります。**4**

C　やっぱり下水道は大切な仕事なんだ。

C　海や川もきれいになって、病気からも守ってくれるから、下水道ができてよかった。**5**

C　でも、下水道が完成したから、もう大丈夫と思っていてよいのかな。大雨や地震とかで壊れたりしないのかな。

T　では、学習のまとめと、まだ調べ足りないことをノートに書きましょう。**6**

学習のまとめの例

・水再生センターのおかげで、人間にとっても魚にとっても生きやすい環境になったと思いました。水がきれいになるし、コレラとかの病気にもならなくて済むから、東京の人たちはとても喜んだと思いました。

・自分は今まで、トイレや手洗いをした後の水のことを考えたことはあまりなかったけれど、ないと大変なことになることが分かりました。

・もし、災害のために停電とかで止まったら、大変なことが起こるのかもしれません。心配なので、大丈夫なのか調べてみたいです。

調べる

情報を集める・読み取る・
考える・話し合う

東京都は下水処理に関わる問題をどのように解決しているのだろう

本時の目標

現在の下水処理の抱える問題点について知り、その解決に向けた取組を理解する。

本時の主な評価

下水処理の抱える問題点について、見学・調査したことをもとにして、必要な情報を集め、読み取り、下水処理のための事業の様子を理解している【知①】

用意するもの

下水道事業に関わる課題と考えられる内容を箇条書きにしたもの

本時の展開 ▷▷▷

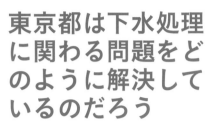

1

本時のめあて

東京都は下水処理に関わる問題をどのように解決しているのだろう。

気づいたこと

見学で分かった「問題点」

・なんでも流してしまうと、下水道管がつまって流れなくなる。
・大雨が降ると、よごれた水があふれ出してしまう。
・下水道管が古くなったら交換が必要。（大工事！）

つかむ　出合う・問いをもつ

板書のポイント

下水処理場見学等の様子の資料を提示し、働く人たちの悩みや、現在困っていることについて話していたことを振り返らせる。

T　前の時間の最後に書いた課題を発表しましょう。
C　大雨や、台風が来たらあふれてしまう。
C　地震が来たら壊れてしまうのではないか。
T　東京都は下水処理に関わる問題をどのように解決しているのか調べましょう。　**1 2**
C　見学のとき、Aさんが、「壊れたり詰まったりしないように、マンホールに入って調べたり掃除したりしている」と言っていた。
C　「油やごみを流さないで」と言っていた。

調べる

情報を集める・読み取る・
考える・話し合う

板書のポイント

下水処理の問題について示したイラスト等を掲示し、その対応策を調べて記入していく。

T　ほかには、どのような問題がありますか？
C　大雨のときは海に流していると言っていた。
C　下水道管も古くなって、交換の時期が近いと言っていた。
T　こうした問題はどうやって解決していると思いますか？　**3**
＊ノートに予想を書く。
T　下水道局が作ったVTRがインターネットにあります。見てみましょう。

2

水道管の詰まり

3

洪水　内水氾濫

4

VTRの映像

3

よそう

こうやって解決している？

・流れが悪くならないように、つまったものを
　取り除いている！
・大雨が降っても、地面にあふれないように見
　ている人が守ってくれている！
・下水道管が古くなっても、下水道管の中に新
　しい管を作る技術で、さらに長持ちさせるこ
　とができるようになった！

5

学習のまとめ

・多くの人が健康で安全な暮らしをできるように、いつも見守ってくれている人がいる。
・大雨が降っても大丈夫なように、長い時間をかけて工事をしていたり、下水道管を長持ちさせる工夫もしたりしている。
・それでも管が詰まったり、水があふれたりするなど、困ったことはまだ起こっている。

まとめる　整理する・生かす

板書のポイント

映像資料等の場面の画像等を貼ることで、どの
ような問題点があるか、またどのように対応し
ているかまとめる。

T　VTRはどうでしたか？　**4**

C　都民を守るために、水をきれいにするだけ
　でなく、洪水の危険からも守ってくれてい
　た。

C　24時間365日休まずに、というところに驚
　いた。

C　でも、やはり大雨のときにも、きれいにし
　てから流せるようにならないかな。

T　それでは、今日の学習のまとめをしましょ
　う。　**5**

学習のまとめの例

・大雨が降ったときに水を海や川に流
　す働きをしている下水道の仕組みは
　とても大事なものだということが分
　かりました。24時間365日、雨の様
　子を見張って、流す量とかを調整し
　てくれている人がいるおかげで、東
　京が守られているんだと思いました。
・大雨が降ったときに、汚水と雨水を
　まとめて海や川に流すと、海や川が
　汚れてしまうから分水管にして雨水
　を分けて流せたらいいのにと思いま
　した。工事にお金と時間がかかるけ
　れど、いつかそうなってほしいです。

まとめる
整理する・生かす

大量の下水はどのようにして処理しているのだろう

本時の目標
これまでの学習を振り返り、見学や資料を活用して調べたことをまとめる。

本時の主な評価
調べたことをすごろくにまとめ、資源の再利用、生活環境の維持と向上に役立っていることを理解している【知②】／下水の処理事業の仕組みや人々の協力関係と、地域の人々の健康や生活環境とを関連付けて下水処理事業の役割を考え、適切に表現している【思②】

用意するもの
すごろくの台紙とするための画用紙、下水処理場やポンプ所、下水道局の方等の小さいイラスト（すごろくの部品として使用）

本時の展開 ▷▷▷

本時のめあて

大量の下水はどのようにして処理しているのだろう。

1 学習活動

「下水道すごろく」を作って学習のまとめをしよう。

2

〈すごろくづくり〉
・下水しょ理の絵を正しくならべて、下水がゴールまで行けるように作ろう。
・働いている人や、その人の言葉なども入れてみよう。
・１回休み、１マス進むなど、理由も考えて入れてみよう。
・下水を処理してからゴール（海や川）に着くようにしよう。

つかむ　出合う・問いをもつ

板書のポイント
第１・２時で作成した予想図を拡大し、実際にはどのような仕組みになっていたか振り返り、確認する。

導入で作成した自分の予想図を見て、自分の予想が当たっていた部分と、異なっていた部分を振り返らせる。

下水処理に関わる仕組み（下水道管、ポンプ所、水再生センター）や、人の働きについて示したすごろくを作成し、衛生的な処理、資源の再利用（再生水の活用、浄水場の上部空間を生かした土地の利用）等、学んだことを盛り込んで作品を作るよう指示をする。　◀**1**

調べる　情報を集める・読み取る・考える・話し合う

板書のポイント
すごろくの作品例をイラストで作成し、拡大して例示する。すごろくは基本的には海（川）に向かう一本線となること等の注意事項を示す。

必要なイラストを印刷しておき、切り貼りできるようにすることで、作品作りに時間をかけすぎないよう留意する。個人での作業となるが、他の子供の作品を見て参考にしてもよいことを伝え、作品が完成したら実際にすごろくで学びを確かめるようにする。　◀**2**

下水は高いところから低いところに向かうこと、一方通行であること、処理の工程の意味など、すごろくに盛り込みたい内容を焦点化し、各自の作品に入れていくようにする。　◀**3**

3	スタート		下水道管がつまってしまった！ （1回休み）		
	ゴール				

切り貼り部品を使って作ろう

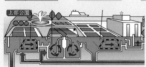 

 学習のまとめ

大量の下水は、……
・水再生センターに運ばれ、きれいな水になる。
・川や海を汚さないようにしている。

まとめる　整理する・生かす

板書のポイント

進むマスに記入する内容としてよいアイデアがあれば板書していく。

完成後もマスや経路、人々の働きなどを追記して、修正していく。

すごろくの最後のマス（上がりのマス）や、吹き出しのスペース等を用いて、「大量の下水は…」という書き出しで学習のまとめを記入させるようにする。 ◀4

完成したすごろくは自宅に持ち帰らせ、家族等に下水の仕組みを説明しながら遊び、その感想を聞いてくるよう指示する。

学習のまとめの例

・昔は下水道が整備されていなかったから川や海が汚れてしまったけれど、今は私たちが使った後の水や、降った雨が川や海へ流れていくまでに、水再生センターなどの仕組みがあります。

・多くの人が、汚れてしまった水を処理するために、設備を守ったり、微生物の研究をしたりと、私たちの暮らしをよくするためにいろいろな仕事をしていました。今日は、そのことをすごろくにまとめたので、家に帰ったらこのすごろくで、家族に下水の大切さを伝えたいです。

まとめる
整理する・生かす

水を汚さないために自分たちにできることは何だろう

本時の目標

　水が貴重な資源であること、下水道はそのために重要な役割をしていることを理解し、自分たちにできることを選択・判断する。

本時の主な評価

　自分たちができることを考えたり、選択・判断したりして、適切に表現している【思②】／学習したことを基に、水を汚さない工夫等について、自分たちが協力できることを考えようとしている【主②】

用意するもの

　学習内容を振り返ることのできる資料、地球上の水のうち、飲料水として使用できる割合を示した図等

本時の展開　▷▷▷

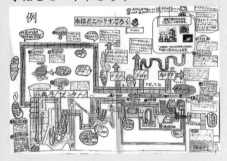

水はどこへ？すごろく

例

1
「すごろく」の感想
・自分の家でも、下水を守るためにしていることがあると聞いてうれしかった。
・下水について知らないことがたくさん分かったと言われた。
・下水について、たくさん勉強したことがまとめられてよかった。

つかむ　出合う・問いをもつ

板書のポイント
すごろくの例を拡大して掲示し、単元の学習を通して分かったことを発表する。すごろくを作ってみた感想を発表し、前時まで学習を振り返る。

T　下水道のすごろくで遊んでみてどうでしたか。　**1**

C　自分の家でも油をそのまま流さないようにしているよと言われた。

C　自分の家でも、ごみを流さないようにしていたし、油も固めて捨てていたよ。

T　みんな水を大切にしようとしているのですね。今日は、水が大切である理由や、これから私たちができることを考えていきましょう。

調べる　情報を集める・読み取る・考える・話し合う

板書のポイント
私たちが生活するために使用できる水の割合は極めて低いことを示した図を掲示する。

T　この図を見ましょう。地球にある水のうち、飲み水になるのは少ないです。　**2**

＊地球上にある水のうちほとんどは海水であり、また淡水のうちでも、液体として地表にある割合は非常に低いことを示し、水が資源であること（水の循環）を理解できるようにする。

C　飲み水になる限られた水を大切にしないと、いずれ自分たちの健康にも関わってくる。

C　「水は資源」という意味が分かった。　**3**

下水の処理と水資源【選択B】

| 本時のめあて | 水を汚さないために自分たちにできることはなんだろう。 |

2 地球上の水の量

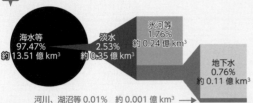

海水等
97.47%
約13.51億km³

淡水
2.53%
約0.35億km³

氷河等
1.76%
約0.24億km³

地下水
0.76%
約0.11億km³

河川、湖沼等 0.01%　約0.001億km³

4

| 話し合って考えたこと |

私たちにできること。
・必要な量だけ使って
　不要な下水は流さない。
・油やゴミを流さない。
・ちょっとぐらいならと考えないで、
　みんなで下水道を守る気持ちをもつ。

3

| 気づいたこと |

・地球上にある水のうち、飲み水にできるのは、ほんの少ししかない。大事な「しげん」だ。
・大事な水を下水にしているのは、自分たちの生活だ。

| ふりかえり |

下水道のことで、これから自分が取り組みたいことをノートに書こう。

5

| 学習のまとめ |

学んだことをもとに、すごろくの題名を考えよう。

〇大切に長く使おう！下水道すごろく
〇下水道のおかげで健康な暮らし！すごろく
〇下水は海へ向かう旅　水再生すごろく
〇24時間365日安心をありがとう！下水道すごろく

まとめる　整理する・生かす

板書のポイント
自分たちが協力できることを考えて発表した内容を板書する。

T　私たちにできることは、どのようなことがあるのでしょう。　4

C　飲み水に使える大事な水を、無駄に流さないこと。

C　流してよいものかどうかを確かめて、そうではないものは流さない。

C　みんなで少しずつ力を合わせて、できることをしていくことが大事なんだ。

T　すごろくの題名を考えて書き込み、学習のまとめをノートに書きましょう。　5

学習のまとめの例

・私たちが使える水はとても大事なものです。下水を処理する仕組みは長い時間をかけてよりよくなって、今みたいにきれいにしてから川や海に流すことができるようになりました。そのおかげで人々が健康に暮らせるようになってよかったです。

・下水道を守る人たちは、毎日がんばって仕事をしてくれているけれど、東京にはとても多くの人が住んでいるので、みんなが飲み水を無駄に流したり、ゴミを流して詰まらせたりしないように気を付けないといけないと思いました。

3

自然災害から
くらしを守る

自然災害から人々を守る活動

単元の目標

　自然災害から人々を守る活動について、過去に地域で発生した自然災害と人々の活動を関連付けて考え、表現することを通して、関係機関の人々は今後想定される自然災害に対して様々な備えをしていることを理解できるようにするとともに、地域社会の一員として防災・減災に向けてできることを実践しようとする態度を養う。

学習指導要領との関連　内容(3)「自然災害から人々を守る活動」アの㋐㋑及びイの㋐

第1〜3時	第4〜6時
つかむ「出合う・問いをもつ」	調べる
〔第1時〕 ○東京都ではこれまでにどのような自然災害が発生してきたのだろう。　　　　　【知①】 ・東京都で過去に発生した地震・洪水などの自然災害について調べる。 ★過去に発生した地域の自然災害に着目する。	〔第4時〕 ○家庭ではどのような自然災害への備えをしているのだろう。　　　　　　　　　　【知①】 ・家庭で行われている自然災害への備えについて調べる。 ★災害の被害と家庭の取組の関連に着目する。
〔第2時〕 ○自然災害により、どのような被害が発生するのだろう。　　　　　　　　　　　　【知①】 ・災害直後の被害や、長期的な生活への影響を調べる。 ★自然災害と人々の生活の関連に着目する。	〔第5時〕 ○学校ではどのような取組が行われているのだろう。　　　　　　　　　　　　　　【知①】 ・学校や通学路における自然災害への備えについて調べる。
〔第3時〕 ○自然災害の被害を防ぐために、どのような取組をしているのだろう。　　　【思①・主①】 【学習問題】 風水害から私たちの生活を守るために、だれが、どのような取組をしているのだろう。 ・学習問題に対する予想を考え、学習計画を立てる。	〔第6時〕 ○区役所など、行政は風水害に備えてどのような取組をしているのだろう。　　　【知①】 ・区役所などが行っている防災の取組について調べる。 ○実際に風水害が起きたときに、区役所などの行政はどのようなことをするのだろう。 ・災害情報の発信など、災害時における区役所の取組について調べる。 ★行政の対策や取組に着目する。

単元の内容

　本単元は、今回の学習指導要領改訂で新しく第4学年に加わった内容である。過去に県内で発生した自然災害の時期や場所、被害の様子に着目し、今後想定される災害に対して関係機関がどのような取組を行っているのか、追究する。

　自然災害の事例としては地震や風水害などを取り上げることになっている。地域の特性に応じてどの災害を扱うのか、選択することになる。

　災害への備えとしては、区役所や都庁など行政の取組を中心に扱うが、例えば自衛隊など国の機関や地域の人々と協力していることについても捉えられるようにしたい。また、「情報」にも着目させ、関係機関が防災情報を地域住民に向けて発信したり、関係機関同士で迅速な情報のやり取りが行われたりしていることなどを捉えられるようにすることが重要である。

単元の評価

知識・技能	思考・判断・表現	主体的に学習に取り組む態度
①地域の関係機関や人々は、これまでに発生した自然災害に対し協力して対処してきたことや、今後想定されている自然災害に対して訓練の実施や物資の備蓄など様々な備えをしていることを理解している。 ②自然災害に備える取組について聞き取り調査をしたり、地図や年表などの資料で調べたりして、まとめている。	①過去に発生した地域の自然災害、関係機関の協力などに着目して、問いを見いだし、災害から人々を守る活動の働きについて考え、文章や図などで表現している。 ②比較・関連付け、総合などして、災害から人々を守る活動の働きを考えたり、学習したことを基に、自分の住む地域で今後起こる可能性のある災害を想定し、自分たちにできることを選択・判断したりして、適切に表現している。	①自然災害から守る取組について、予想や学習計画を立てたり、学習を振り返ったりして、学習問題を追究し、解決しようとしている。 ②自然災害から人々を守る活動について、学習したことを基に、よりよい社会を考え、学習したことを社会生活に生かそうとしている。

【知】：知識・技能　【思】：思考・判断・表現　【主】：主体的に学習に取り組む態度
○：めあて　・：学習活動　★：見方・考え方　🔑：期待する子供の予想例

第7・8時	第9・10時
「情報を集める・読み取る・考える・話し合う」	まとめる「整理する・生かす」
〔第7時〕 ○区役所と他の機関はどのように関わっているのだろう。　　　　　　　　　　　【知②】 ・区役所と県庁や自衛隊、地域が情報網を活用して連携している様子を調べる。 ・いくつもの関係機関が協力している理由について話し合う。 ★災害に備える区役所と関係機関の協力に着目する。 〔第8時〕 ○地域の住民はどのように風水害に備えているのだろう。　　　　　　　【知②・思①】 ・学習問題に対する予想やこれまでの学習を振り返り、地域の住民たちも協力していることに気付く。 ・風水害に備えて地域の住民たちはどのように関わっているのかを調べる。 ★災害に備える住民同士の協力に着目する。	〔第9時〕 ○風水害を防ぐための取組はどのように関わっているのだろう。　　　　　　　　【思①】 ・風水害から人々を守る活動について、関係図にまとめる。 ・関係図を基に、様々な立場の人々の活動がどのように関わっているのかを話し合う。 ★様々な立場の人々の協力・連携に着目する。 〔第10時〕 ○風水害の被害を減らすために、わたしたちには何ができるのだろう。　　　【思②・主②】 ・資料から、災害時の自助・共助・公助について調べる。 ・自助や共助について、自分たちにもできることを話し合い、考えを文章で表現する。 ★防災・減災に関わる自助、共助、公助に着目する。

問題解決的な学習展開の工夫

　本単元の「つかむ」段階では、主な資料として都内で過去に発生した自然災害の様子が分かるものを提示する。災害の時期や内容が分かる年表や、被害の様子が分かる写真を基に問いを生み出し、学習計画を立てる。

　「調べる」段階では、様々な立場の人々が災害による被害を減らすために行っている取組について調べる。家庭、学校など子供の身近な場所から調べはじめ、区役所や都庁などの行政機関の取組につなげていく。その際、それぞれの関係機関が災害に対し連携・協力している様子を捉えられることが大切である。

　「まとめる」段階では、これまでに学習してきた様々な立場での取組を関係図などにまとめ、自助や共助の視点から「自分には何ができるのか」を選択・判断できるようにする。

東京都ではこれまでにどのような自然災害が発生してきたのだろう

本時の目標

　東京都で過去に発生した自然災害について資料から調べることを通して、自然災害の種類について理解する。

本時の主な評価

　東京都で過去に発生した自然災害や、自然災害にはどのような種類があるのかについて理解している【知①】

用意するもの

　東京都で過去に発生した地震や洪水の一覧（年表）、自然災害の資料、地図帳

「自然災害」とは何だろう

・地震？　　　・台風？
・ニュースで見る　・おそろしい

気づいたこと

・道路が水びたし
・ボートで救助している？
・家の中まで水が入っている

ぎもん

東京都では自然災害は起きたことがないのだろうか？

本時の展開 ▷▷▷

つかむ　出合う・問いをもつ

板書のポイント
子供の「自然災害」に対するイメージを板書にまとめていく。自然災害はテレビのニュースや新聞記事などでよく目にすることに気付かせる。

T　これは今年の6月に他県で起きた洪水の様子です。これを見てどのようなことに気付きますか？

C　道路が水びたしで大変だ。

C　みんなボートに乗って避難しているよ。

T　これは他県で起きた洪水ですが、東京都で洪水が起きる心配はないのでしょうか？

C　東京都は大丈夫なのではないかな。

C　これまでに洪水が起きたことがあるのか調べてみたいな。

調べる　情報を集める・読み取る・考える・話し合う

板書のポイント
「東京都で過去に起きた自然災害」の資料を中心に、どのような自然災害がいつ起きたのか整理してまとめる。

T　この資料は東京都が過去に被害を受けた災害を年表にまとめたものです。どのような自然災害がありますか？　2

C　今から100年近く前だけど、大きな地震があったのか。

C　台風による被害は何度も起きているよ。

T　そうですね。東京都も過去に多くの自然災害が起きていますね。自然災害にはこれ以外にも、大雪による雪害や、火山の噴火による被害などがあります。

本時のめあて

東京都ではこれまでにどのような
自然災害が発生してきたのだろう。

よそう

・あまり多くはないのでは？
・昔、大きな地震があった？

2 東京都が過去に被害を受けた災害（年表）

一九一二年	明治・大正噴火
一九一七年	十五夜じけ（風水害）
一九二三年	関東大震災
一九二四年	丹沢地震
一九三〇年	北伊豆地震
一九三一年	西埼玉地震
一九三二年	暴風雨
一九三六年	新島大地震
一九四〇年	三宅島大地震
一九五〇年	キャスリン台風
一九五八年	狩野川台風
一九五九年	伊勢湾台風
一九六五年	式根島近海地震
一九六六年	伊豆大島近海地震
一九六七年	伊豆大島噴火
一九七七年	三宅島噴火
二〇〇〇年	台風六号
二〇〇二年	台風一八号
二〇〇七年	台風四号
二〇一一年	東日本大震災
二〇一四年	台風一八号

気づいたこと

・約100年前に関東大震災が起きている。
・多摩川などの川がはんらんしている。
・台風のひがいも多い。

3

話し合って考えたこと

年表からどのようなことが
考えられるのだろう。

・東京都でも自然災害の危険があった。
・これから先も同じような災害が
　起こる可能性があるかもしれない。
・自然災害は場所によってちがいが
　あるのか？
・自然災害は防げないのか。

4

学習のまとめとふりかえり

〈キーワード〉
・東京都　　・地震　　・水害
・自然災害

まとめる　整理する・生かす

板書のポイント

年表を見て考えたことや疑問などを話し合い、
発言の内容ごとに色分けして整理する。

T　自然災害の年表を見て、考えたことや疑問
　に思ったことはありますか？　　**▶3**

C　東京都は安全だと思ってたけど、自然災害
　による被害が起きる可能性があるんだな。

C　自然災害はいくつか種類があるけど、場所
　によって起きるものが違うのかな。

T　東京都でもこれまでに地震や水害など、多
　くの自然災害が起きたことが分かりました
　ね。まとめと振り返りをノートに書きましょ
　う。　　**▶4**

学習のまとめの例

・東京都ではこれまでに地震や洪水な
　どの自然災害が多く発生してきた。
・地震や水害などの自然災害は東京都
　でも起きており、これからも起きる
　可能性がある。

〈振り返りの例〉

　これまで自分が住んでいる東京都で
は自然災害はなくて安全だと思ってい
たけれど、昔からいろいろな災害が起
きていたので驚きました。自然災害を
なくすことができないのか、調べてみ
たいと思いました。

つかむ
出合う・問いをもつ

自然災害により、どのような被害が発生するのだろう

本時の目標
　自然災害によってどのような被害が発生するのかを資料から調べ、自然災害の種類によって様々な被害が生じることを理解する。

本時の主な評価
　自然災害による被害の様子や人々の生活への影響について理解している【知①】

用意するもの
　地震や水害による被害の資料、給水車の資料

関東大震災の被害者の数は？

関東大震災の様子

1

| よそう |

5千人？　1万人？　10万人？
➡死者・行方不明者10万人以上

| ぎもん |

・被害は死者だけなのか？
・他の自然災害の場合は？
・どれぐらいのはんいに被害が
　広がるのか？

本時の展開 ▷▷▷

つかむ　出合う・問いをもつ

板書のポイント
関東大震災の写真から、どれぐらいの死傷者が出たのか予想させる。その被害の大きさから、様々な自然災害の被害について関心をもたせる。

T　1923年の関東大震災の様子です。どれぐらいの方が亡くなったと思いますか？　**1**
C　5000人くらい？
C　1万人？
T　実は、10万人以上の方が亡くなっています。
C　そんなに！死者以外にも被害はあるのかな。建物もかなり壊れていると思うよ。
C　地震以外の自然災害でも被害は大きいのかな。どんな被害が出るのか調べてみよう。

調べる　情報を集める・読み取る・考える・話し合う

板書のポイント
地震・台風・洪水の被害の様子を写真資料から調べる。それぞれの自然災害による被害の共通する点や異なる点が分かるように整理して板書する。

T　地震と台風と洪水の被害の様子です。どのような被害が出るのか、3枚の写真を比べながら考えてみましょう。　**2**
C　地震は建物が大きく壊れているよ。被害の範囲も広いんじゃないかな。
C　洪水は町のいろいろなものが水びたしになるね。どの自然災害も、復旧にはかなりの時間がかかりそうだよ。
T　どの自然災害も被害は深刻ですね。

本時のめあて 自然災害により、どのような被害が発生するのだろう。

様々な自然災害のひがい

地震

台風

洪水

 2 気づいたこと

・建物がこわれている。
・直すのは大変そうだ。
・道路にもがれきが多い。

・お店がこわれている。
・風で飛ばされた。
・歩道も使えない。

復旧に時間がかかる！

・駅が水びたしだ。
・電車も止まっているのかも
　しれない。
・機械などがぬれると
　こわれてしまうのでは？

3 話し合って考えたこと

給水車から水をもらう人々

人々の生活への影響は？

・家がこわれたら別の場所に
　住む必要がある。
・電気やガスも元にもどるの
　に時間がかかる。

4 学習のまとめとふりかえり

〈キーワード〉
・地震　・台風　・洪水
・被害　・生活

まとめる　整理する・生かす

板書のポイント

自然災害による被害が人々の生活にどのような
影響を与えるのか話し合い、板書にまとめる。

T これらの被害が発生すると、私たちの生活
にはどのような影響が出るでしょうか？ ▶3

C もし地震や台風で家が壊れたら、直るまで
はほかの場所で生活しなくてはならないよ。

C ニュースで、台風による停電がしばらく続
いているのを見たよ。

T 自然災害は、発生直後の被害以外にも、長
期的に私たちの生活に影響が出ますね。今日
の学習のまとめと振り返りを書きましょう。
▶4

学習のまとめの例

・自然災害による被害は人々の生活に
　大きな影響を与える。電気やガス、
　交通機関への影響など、復旧には長
　い時間がかかることもある。
・地震・台風・洪水では人の命や建物
　などに大きな被害を出す。自然災害
　によって被害の種類は異なるが、共
　通する被害もある。

〈振り返りの例〉

　自然災害による被害は生活に大きな
影響を与えることが分かりました。こ
の被害をなるべく減らす必要があると
思います。

つかむ
出合う・問いをもつ

自然災害の被害を防ぐために、どのような取組をしているのだろう

本時の目標
自然災害を防ぐ取組に関する疑問から学習問題を考え、予想を基に学習計画を立てる。

本時の主な評価
自然災害を防ぐための人々の働きに着目して、問いを見いだし、考え表現している【思①】／自然災害から守る取組について、学習計画を立て、学習問題を追究しようとしている【主①】

用意するもの
神田川水系の主な水害の状況（表）

私たちにとって身近な自然災害は？

神田川水系の主な水害の状況

年 月 日	水 害 名	浸水面積（ha）	浸水家屋（棟）
S 33. 9. 26	狩野側台風	1194.0	38,356
S 38. 8. 31	集中豪雨	363.0	9,456
S 41. 6. 28	台風 4 号	403.2	9,175
S 53. 4. 6	集中豪雨	120.6	2,743
S 54. 5. 15	集中豪雨	62.4	1,544
S 56. 7. 22	集中豪雨	188.7	5,697
S 56.10. 22	台風 24 号	214.5	4,939
S 57. 9. 12	台風 18 号	285.5	5,856
S 60. 7. 14	集中豪雨	70.7	1,458
H 元. 8. 1	集中豪雨	51.8	2,669
H 3. 9. 19	台風 18 号	28.5	1,067
H 5. 8. 27	台風 11 号	117.1	4,706
H 17. 8. 15	集中豪雨	3.7	296
H 17. 9. 4	集中豪雨	125.9	3,591

注）浸水面積及び浸水棟数は内水（河川溢水以外の湛水）によるものを含む。

1 気づいたこと

・学校からも近い神田川の水害だ。
・昔に比べて、被害が減っている気がする。
・最近でも台風や集中豪雨によって洪水の被害が出ている。

➡杉並区では風水害による被害が多い。風水害から守る取組を調べよう！

本時の展開 ▷▷▷

つかむ　出合う・問いをもつ

板書のポイント
子供にとって身近な神田川水系の水害年表を使って、水害は他人事ではなく、将来起こり得る自然災害であることに気付かせる。

T　これは神田川水系で起きた水害についての資料です。どんなことが分かりますか？ **1**
C　これまでに多くの被害が出ている。
C　神田川はうちからも近い。
C　被害は昔に比べて減ってきている。
T　このように、杉並区では台風や集中豪雨などによる風水害が発生する可能性があります。
C　これからも風水害が起こりそうだね。
C　風水害から守るにはどうすればいいのかな。

調べる　情報を集める・読み取る・考える・話し合う

板書のポイント
本時の資料や前時までの学習から疑問を話し合い、整理していくことで学習問題を見いだす。

T　風水害の被害を防ぐ取組について、どのようなことに疑問をもちましたか？ **2**
C　だれが取組を行っているのか。
C　学校ではどんなことをしているのかな。
C　いつごろから取組をしているのかな。
C　避難訓練みたいな訓練はどこでしているのかな。
C　僕たちにもできることはあるのかな。
T　みんなの疑問から、学習問題を考えられそうですね。

本時のめあて	自然災害の被害を防ぐために、どのような取組をしているのだろう。

2 | ぎもん | 資料やこれまでの学習から疑問を出し合い、学習問題を作ろう。

どのような仕組みが
あるのか？

学校はどんな取組を
しているのか？

どのような立場の人が
関わっているか？

【学習問題】風水害から私たちの生活を守るために、だれが、どのような取
組をしているのだろう。

訓練なども
しているのか？

私たちにできることは
あるのか？

3 | よそう |

〈学習問題に対する予想〉
・自衛隊が関わっているのではないか。
・地域では避難訓練などをしている
　のではないか。

4 | 話し合って考えたこと |

〈学習計画〉
・家でしていること。
・学校でしていること。
・区役所や自衛隊の取組
・地域での取組

| ふりかえり |

学習感想を書こう。

まとめる　整理する・生かす

板書のポイント

学習問題に対する予想を基に学習計画を立て、
次の時間からの学習の見通しをもてるようにす
る。

T　どんな取組があるのか予想しましょう。**3**

C　きっと、救助は自衛隊がしているんだよ。
　　ニュースで見たことがあるよ。

C　学校を使って、地域の人たちも避難訓練を
　　しているのではないかな。

T　みんなの予想を基に、これからの学習計画
　　を立てましょう。　　　　　　**4**

C　まずは、身近なところで家庭での取組を調
　　べよう。学校でも何かしていると思うよ。

C　区役所の取組も調べたいな。

学習のまとめの例

〈振り返りの例〉

・神田川の洪水による被害が減ってい
　ることに驚きました。きっと、被害
　を減らすための取組をしている効果
　が出ているのだと思うので、調べて
　みたいです。

・ぼくは、自衛隊が活動していると思
　います。風水害はとても危険なの
　で、日ごろから訓練をしている自衛
　隊が中心になって被害を防いでいる
　と思うからです。

調べる
情報を集める・読み取る・
考える・話し合う

家庭ではどのような自然災害への備えをしているのだろう

本時の目標
風水害に備えて、家庭ではどのような備えをしているのか理解する。

本時の主な評価
家庭における備えについて資料から調べ、家族で協力しながら、自分の身を自分で守ることの大切さを理解している【知①】

用意するもの
洪水で浸水する家の資料、非常用持ち出し袋の資料（実物があるとなおよい）

1

みんなの家は風水害にそなえている？

洪水でしん水する家

・非常用持ち出し袋がある。
・水や食料のびちくがある。
・大事なものは2階に置いてある。

> **ぎもん**

・家庭での「そなえ」はどんなことをしているのか。
・水や食料以外に準備している物はあるのか。

本時の展開 ▷▷▷

つかむ　出合う・問いをもつ

板書のポイント
水害が起きた際には家が浸水したり流されたりする可能性があることを知り、その対策として自分の家でしていることを話し合う。

T　洪水などの水害が起こると、この写真のように家は流されてしまう可能性がありますね。みなさんの家では、水害に備えていることはありますか？　**1**
C　水や食料をいつでも持ち出せるところに置いてあるよ。
C　うちにも「非常用持ち出し袋」がある。
T　どの家でも水や食料を備えているのですね。それ以外にどんな備えがあるのか、調べてみましょう。

調べる　情報を集める・読み取る・考える・話し合う

板書のポイント
非常用持ち出し袋についての資料から、入っている物を調べる。また、どのような物が必要なのか分類しながら黒板に整理していくとよい。

T　非常用持ち出し袋にはどんな物が入っていますか？　**2**
C　やっぱり一番大事なのは水や食料だ。
C　けがをするかもしれないから救急箱もある。
T　非常用持ち出し袋に入っているものはどんなグループに分けられますか。
C　「食料」、ティッシュなどの「衛生用品」、ラジオなどの「情報」、ヘルメットや軍手などの「身を守る物」もあります。
C　自分たちのことは自分たちで守らないと。

自然災害から人々を守る活動

| 本時のめあて | 家庭ではどのような自然災害への備えをしているのだろう。 |

非常用持ち出し袋

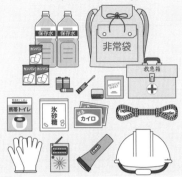

2

気づいたこと

〈どんな物が入っているかな?〉
・水　・非常食　・ヘルメット
・カイロ　・救急箱　・軍手
・かいちゅう電灯　・ロープ　・マッチ

自分の身は自分で守る!

3

話し合って考えたこと

物だけじゅんびすれば安心?
・災害が起きたらどのように
　ひなんするのか、家族と
　かくにんしておく。
・マイ・タイムラインを作成し、
　ひなんの計画をあらかじめ
　立てる。

4

学習のまとめとふりかえり

〈キーワード〉
・非常用持ち出し袋　・家族
・マイ・タイムライン

まとめる　整理する・生かす

板書のポイント
資料として「東京マイ・タイムライン」を提示
し、避難場所などを計画しておく必要性に気付
けるようにする。

T　非常用持ち出し袋を用意するだけで安心と
　言えるでしょうか?　**3**

C　うちでは災害が起きたときに集合する場所
　とかを決めているよ。

C　マイ・タイムラインを使うと災害時にどう
　避難すればいいか計画が立てられるんだね。

T　水害が起きたときに備えて、物だけではな
　く、家族で話し合って避難の計画を立ててお
　くことが大事ですね。今日の学習のまとめと
　振り返りを書きましょう。　**4**

学習のまとめの例

・家庭では非常用持ち出し袋などを用
　意することで水害に備えている。家
　族でマイ・タイムラインを参考に避
　難の仕方を計画しておく。

〈振り返りの例〉
　家に非常用持ち出し袋があることは
知っていましたが、それでいいと安心
していました。家に帰ったら水害のと
きの計画を立ててみようと思いまし
た。「東京マイ・タイムライン」はだ
れが作っているのかが気になりまし
た。

学校ではどのような取組が行われているのだろう

本時の目標

風水害に備えて、学校や通学路ではどのような備えをしているのか理解する。

本時の主な評価

学校における備えについて資料から調べ、地域の人々にとって学校が災害時に果たす役割を理解している【知①】

用意するもの

避難訓練の様子の資料、学校の備蓄倉庫の資料

1 避難訓練の様子

- 月に一度ひなん訓練をしている。
- 地いきの人が参加するひなん訓練をすることもある。
- 地震・台風など様々な自然災害を想定している。

ぎもん

- 自然災害に備えて、学校はひなん訓練以外にしていることはあるのか？
- 家のように、準備している「物」はあるのか？

本時の展開 ▷▷▷

つかむ　出合う・問いをもつ

板書のポイント

自分の学校の避難訓練の様子が分かる資料を提示し、気付いたことを話し合う。

T　みなさんは避難訓練に参加していますね。避難訓練の資料を見て、気付くことはありますか？　

C　このときは地震の訓練だったけど、火事とか台風とかいろいろなパターンがあったよ。

C　学校が休みの日だけど、地域の人も一緒に参加する避難訓練に参加したこともあるよ。

C　避難訓練以外にしていることはあるかな？

T　学校も災害に備えた準備をしていることがあるのでしょうか。

調べる　情報を集める・読み取る・考える・話し合う

板書のポイント

学校の備蓄倉庫や通学路上で避難所を示す看板を見て気付いたことを話し合う。その際、家での備えと比較させるとよい。

T　これはうちの学校の災害用備蓄倉庫です。どのような物が入っていますか？　**2**

C　家と同じように水や食料があるけど、すごい量だね。僕たちのためかな。

C　車いすやテントもあるよ。大きな倉庫だね。

C　通学路には避難所を示す看板があったよ！これなら外出中に災害に遭っても安心だね。

C　どうして学校はこんなにたくさんの備えをしているんだろう…？

| 本時のめあて | 学校ではどのような取組が行われているのだろう。 |

2 気づいたこと

学校の防災びちく倉庫

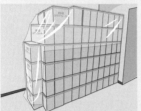

通学路の看板

杉並泉学園震災救援所
（避難・救援拠点）

この施設は、大地震が発生した時に「震災救援所」となります。「震災救援所」は、避難・救援の拠点であり、被災された方の応急医療、給食、給水、食糧・生活必需品の配給、情報提供、相談などを行います。
　大火災が迫り、この場所にとどまることが不可能になった時には、集団で指定された「避難場所」へ避難しましょう。

●大地震のときの避難方法

杉並区防災課

・水や食料が何千人分もある。
・他にかんいトイレや車いすもある。

・通学路にいても、災害時にどこへ逃げればいいのかすぐ分かる。

学校の役割はなんだろう？

4

学習のまとめとふりかえり

3 話し合って考えたこと

・災害のとき、子供だけでなく地いきのみんなが安心できる場所
・大雨のときには実際にひなん場所として開放された。

〈キーワード〉
・学校　　・ひなん所
・びちく倉庫　・地いき

まとめる　整理する・生かす

板書のポイント

調べたことをもとに、学校が災害時に果たす役割について話し合い、板書する。

T　学校には、災害に備えて、なぜこんなに多くの物が用意されているのでしょうか？ **3**

C　僕たちのためかな？

T　それだけでこれだけの食料が必要ですか？

C　あ、地域の人たちみんなで使えるようになっているのかも…。

T　学校は、地域の人たちみんなが使える「避難所」にいつでも変身できるように備えているのですね。今日の学習のまとめと振り返りを書きましょう。 **4**

学習のまとめの例

・学校は、地域の避難場所として、備蓄倉庫や発電機などが備えられており、災害が起きるとすぐに「避難所」になる。

〈振り返りの例〉

　私は毎月避難訓練をしていたので、地震や水害が起きたときには学校に避難すればいいと思っていましたが、地域の人にとっても学校は大事な避難場所だということが分かりました。避難所のことを決めるのは学校の先生なのかな、と疑問をもちました。

調べる
情報を集める・読み取る・
考える・話し合う

区役所など、行政は風水害に備えてどのような取組をしているのだろう

本時の目標
　区役所など、行政が行っている防災に関する取組や、実際に災害が起きたときの取組について理解する。

本時の主な評価
　今後発生が予想される水害に対する行政の対策や取組を理解している【知①】

用意するもの
　防災無線、アンテナの写真、杉並区ハザードマップ、避難所の様子の資料

1

学校の防災無線とアンテナは何のためにある？

防災無線　　　　　アンテナ

・職員室に無線が置いてある。
・屋上にアンテナがある。
　（南西を向いている）
　　➡杉並区役所の方角だ！

　　　ぎもん

・杉並区役所は防災にどう関わっているのか。
・学校とも関係しているのか。
・区役所の中のだれが関わっているのか。

本時の展開 ▷▷▷

つかむ　　出合う・問いをもつ

板書のポイント
前時からのつながりで、学校にあった防災設備の中で「防災無線」と「アンテナ」を掲示し、区役所が関わっていることに気付かせる。

T　前回は学校の防災について調べましたね。
　実は職員室にはこの「防災無線」があり、屋上にはそのためのアンテナがあります。　
C　職員室で見たことがある。
C　アンテナはかなり大きいね。どこと通信しているのかな。
T　アンテナは学校の南東を向いています。
C　あ、南阿佐ヶ谷にある杉並区役所だ！
C　区役所も防災に関わっているのか。
C　学校とも関係しているのかな。

調べる　　情報を集める・読み取る・考える・話し合う

板書のポイント
メール配信システムやハザードマップについての資料から、区役所の取組を調べ、話し合って考えたことを板書する。

T　区役所はどんな取組をしていますか？　**2**
C　メール配信システムは、台風や大雨のときに早めに危険を教えてくれるんだね。
C　どこに避難したらいいかは、あらかじめハザードマップで調べておけばいいんだね。
C　これならいつ災害が来ても安心だ。
T　杉並区役所の取組を調べて考えたことを発表しましょう。　**3**
C　区役所も、過去の災害のデータを見ながら計画を立てていると思います。

本時のめあて　区役所など、行政は風水害にそなえてどのような取組をしているのだろう。

2 気づいたこと

災害時メール配信システム

・一度に大勢にメールで危険を知らせることができる。
（携帯電話を持っていない人のために電話通報サービスもある）

杉並区ハザードマップ

・通学路にいても、災害時にどこに逃げればいいのかすぐ分かる。

4 実際に水害が起きたら？

3 話し合って考えたこと

・区役所も、これまでの災害のデータを生かして計画している。
・地震や風水害の専門家をよんで意見を聞いていると思う。

防災計画を立てたり、水害が起きたときは避難所の運営をしたりしています。

防災課のＡさんの話

5 学習のまとめとふりかえり

〈キーワード〉
・区役所　・メール配信
・ハザードマップ
・計画的

まとめる　整理する・生かす

板書のポイント

防災課のＡさんの話から、区役所の取組を詳しく調べ、様々な取組には区役所の防災課の工夫や努力があることに気付かせる。

Ｔ　どんなことが分かりましたか？　**4**

Ｃ　区役所の「防災課」というところが中心になっていろいろな対策をしているんだね。

Ｃ　日ごろから水害に備えて、本当に水害が起きた時は避難所の運営などをするんだね。

Ｃ　専門家や企業とも協力して防災計画を立てているんだな。

Ｔ　区役所は何十万人という区民の命を守るために多くの工夫をしていましたね。今日の学習のまとめと振り返りを書きましょう。　**5**

学習のまとめの例

・区役所の防災課は区民を水害から守るためにハザードマップやメール配信システムを作ることで備えている。区役所の取組は過去の災害をもとに、計画的に行われている。

〈振り返りの例〉

区役所は私たちのためにメール配信システムやハザードマップを作ってくれているので、ありがたいなと思いました。避難所の運営など、学校と区役所も協力していることが分かりました。区役所はほかにどこと関わっているのか、調べてみたいです。

調べる
情報を集める・読み取る・
考える・話し合う

区役所と他の機関はどのように関わっているのだろう

本時の目標
区役所と東京都、自衛隊などが自然災害に対してどのように関わり合っているのか理解する。

本時の主な評価
自然災害が起きた際の連携した関係機関の協力体制を理解している【知②】

用意するもの
環状七号線地下貯水池の写真や概要（パンフレット）、東京都水防計画

え、環七の地下に大きな空どう？
環状七号線地下貯水池

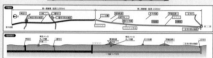

1 気づいたこと

・すごく広い空間だ。
・これなら大雨がふっても大丈夫だ。
・杉並区だけではなく、中野区にまでつながっている。

ぎもん

・だれが作ったの？杉並区？中野区？
・広いはんいの災害だとどうするの？

本時の展開 ▷▷▷

つかむ　出合う・問いをもつ

板書のポイント
杉並区にある環状七号線地下貯水池の資料を提示し、大規模な水害は、区と都の関わりがあることに気付かせる。

T　ここがどこか分かりますか？　みなさんの家からも近いですよ。　**1**
C　え、トンネルかなあ。どこだろう。
T　実は、環七の地下にはこのようにトンネルのような貯水池が広がっています。
C　こんな広い貯水池があったとは知らなかった。
C　この空間を利用して、大雨のときに雨水をためるから大丈夫だね。
T　この貯水池は杉並区だけではなく中野区にもつながっています。誰が作ったのでしょう。

調べる　情報を集める・読み取る・考える・話し合う

板書のポイント
区役所が防災で関わっている組織を予想し、資料から調べる。水防本部、消防庁、自衛隊など様々な立場の人々が協力していることを捉える。

T　杉並区役所は、災害が起きた時にどこと関わっているでしょうか。予想しましょう。　**2**
C　自衛隊かな。ニュースでもよく救助活動をしているのを見るよ。
C　天気のことだから気象庁も関係していると思うよ。
T　東京都を風水害から守るための中心になっているのはどこですか？　**3**
C　「東京都水防本部」だ。
C　みんなで情報を共有しているんだね。

| 本時のめあて | 区役所と他の機関はどのように関わっているのだろう。 |

2

| よそう |

・自衛隊と協力している。
・消防署も関わっているのでは？

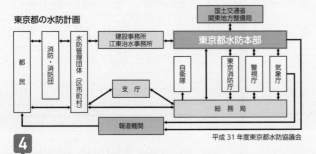

東京都の水防計画

平成31年度東京都水防協議会

3

| 気づいたこと |

・気象庁や自衛隊とも
　協力している。
・「東京都水防本部」が
　中心となって、様々な
　機関をつないでいる。
・情報をすばやく共有する
　ことで被害をへらしている。

4

| 話し合って考えたこと |

なぜ、こんなに多くの組織が
協力しているのだろう？
・災害が大きぼで、一つの区では対応しきれないから。
・消防や自衛隊など、それぞれが得意な分野もあるから。
　仕事を分担している。

5

| 学習のまとめとふりかえり |

〈キーワード〉
・東京都　・国　・協力
・自衛隊　・情報

まとめる　整理する・生かす

板書のポイント

様々な立場の組織が協力していることについて、理由を考え、話し合う。資料の内容と関連させながら板書にまとめる。

T　東京都や国の機関など、なぜこんなにも多くの組織が協力しているのでしょうか。 **4**

C　それだけ水害は広範囲に被害が出るから。

C　組織ごとに分担しているんじゃないかな。

C　情報技術のおかげですぐに連絡ができるんだね。

T　水害を防ぐための取組で、区役所がいろいろな組織とつながっていることが分かりましたね。今日の学習のまとめと振り返りを書きましょう。 **5**

学習のまとめの例

・広いはんいに被害をもたらす風水害から人々を守るために、区役所だけでなく、東京都や国の組織が情報をやり取りするなどして協力している。

〈振り返りの例〉

　私は杉並区役所の中で、いろいろな課の人たちが協力していると思っていたけど、区役所以外の組織とも関わっていて驚きました。このようにみんなが情報を共有してそれぞれの仕事をするから、最近では風水害が起きても被害が減っているのだと思いました。

調べる
情報を集める・読み取る・
考える・話し合う

地域の住民はどのように風水害に備えているのだろう

本時の目標
　地域の住民たちが風水害に備えて取り組んでいることを調べ、住民同士が協力したり、行政と協力したりすることで被害を減らしていることを理解する。

本時の主な評価
　自然災害が起きた際の連携した関係機関の協力体制を理解している【知②】／これまでの学習を基に、課題解決に向けて自分たちにできることを考え、適切に表現している【思②】

用意するもの
　東京都水防計画、防災訓練の様子

これまでの学習をふりかえろう。

【学習問題】
風水害から私たちの生活を守るために、だれが、どのような取組をしているのだろう。

1 学習問題に対するよそう

自衛隊が関わっている
のではないか。

・地域では避難訓練などを　　→　　？
　しているのではないか。

東京都の水防計画

平成31年度東京都水防協議会

2

ぎもん

・地域の人々はどう関わっている？

本時の展開 ▷▷▷

つかむ　出合う・問いをもつ

板書のポイント
課題解決に向けて見通しをもたせるために、前時の組織図を提示し、「都民」が位置付けられていることに気付かせる。

T　学習問題や、学習問題に対する予想を思い
　出してみましょう。　　　　　　**1**
C　「自衛隊が関わっている」という予想は当
　たっていたよ。
C　地域での訓練についてはまだよく分かって
　いないよ。
T　そうですね。地域の人々の取組について詳
　しく調べる必要がありますね。　　**2**
C　地域の人たちはどんな関わりをしているの
　かを調べてみよう！

調べる　情報を集める・読み取る・考える・話し合う

板書のポイント
杉並区総合防災訓練のポスターや実際の様子を提示し、地域の住民の関わりについて調べる。服装などに着目し、気付いたことを板書する。

T　これはある年の杉並区総合防災訓練の様子
　です。どんなことに気が付きますか？　**3**
C　地域の人がたくさん参加しているよ。どこ
　かの学校の校庭でやっているんだね。
C　普通の服装の人もいれば、制服の人もい
　る。消防士さんや自衛隊の人もいるみたいだ。
C　実際に体育館を避難所にして、配給の練習
　もしているんだね。
C　すごく大掛かりな訓練で驚いた。とても力
　を入れた訓練なのが伝わってくるよ。

| 本時のめあて | 地域の住民はどのように風水害に備えているのだろう。 |

3

杉並区総合防災訓練ポスターと訓練の様子

4

| 話し合って考えたこと |

なぜ地域の住民も訓練に参加しなければならないのだろうか？
・区役所など、行政だけでは足りないから。
・いざというとき、自分の身は自分や近所の人たちで守らなければならないから。

| 気づいたこと |

・とても大勢の区民が参加している。
・いろいろな服そうの人がいる。自衛隊や消防士の人もいる。
・みんなで協力して、けがした人を運んだり、ひなん所を運営する訓練をしている。
・地元の消防団も参加している。

5

| 学習のまとめとふりかえり |

〈キーワード〉
・訓練　　・行政　・協力
・ひなん所　・救助

まとめる　整理する・生かす

板書のポイント

水害を防ぐために関係機関が取組をしているにもかかわらず、なぜ地域住民も訓練をしなければならないのかを考え、意見を板書する。

T　東京都や国の機関などの人たちが多くの取組をしているのに、なぜ住民も防災訓練に参加しているのでしょう。　**4**

C　自衛隊や消防士も一度にみんなを助けられない。

C　自分の身は自分で守る必要があるから。

T　区役所の人だけに任せず、自分でできることや地域で協力してできる防災が大事なのですね。今日の学習のまとめと振り返りを書きましょう。　**5**

| 学習のまとめの例 |

・地域住民は、自分たちの安全を自分たちで守るために防災訓練などに参加している。防災訓練では、消防士や自衛隊など様々な立場の人たちが協力しており、救助活動などの訓練をする。

〈振り返りの例〉
　区民の人たちも水害があったときに救助を待つだけでなく、自分たちで助け合おうとしているんだなと思いました。私も地域の防災訓練に参加してみたいと思います。

風水害を防ぐための取組はどのように関わっているのだろう

　区役所、東京都、国などの関係機関が協力して風水害の被害を防ごうとしていることについて、学習したことを基に考える。

　関係機関の役割や立場の違い、協力体制に着目し、風水害を防ぐ取組について考え、表現している【思①】

　これまでの学習で使った写真資料など

これまでの学習を整理しよう。

1　分かったこと

【家庭】
非常用持ち出し袋

【学校】
防災備蓄庫

【区役所】
ハザードマップ

【東京都】
環七地下貯水池

【地域の住民】
防災訓練

本時の展開 ▷▷▷

つかむ　出合う・問いをもつ

板書のポイント
前時までに使用した資料を黒板に掲示し、それぞれの立場でどのような取組をしていたのかを想起できるようにする。

T　これまでの学習を振り返って、どんな立ち場の人がどんな取組をしていましたか？　**1**
C　家庭では非常用持ち出し袋などを用意していたよ。
C　学校では水害の際に避難所として機能するために、備蓄がたくさんありました。
C　区役所はハザードマップやメール配信システムを作っていました。
T　これらのひとつひとつの取組はどのように関わっているのか、関係図に表しましょう。

調べる　情報を集める・読み取る・考える・話し合う

板書のポイント
まず個人で関係図を作り、発表させ、話合いながら黒板にまとめていく。黒板にまとめた関係図はあくまで一例であると説明する。

T　どのような関係図を書きましたか？　**2**
C　区役所は家庭向けにメール配信サービスやハザードマップを作っています。
C　区役所、学校、家庭、地域の住民は防災訓練でつながっているね。
C　水害があったら学校が避難所になるよ。
C　行政は、みんなで災害情報を共有することで、すばやく対応できるようになっている。
C　区役所と学校も防災無線で情報をやり取りしているよ。

| 本時のめあて | 風水害を防ぐための取組はどのように関わっているのだろう。 |

2

関係図

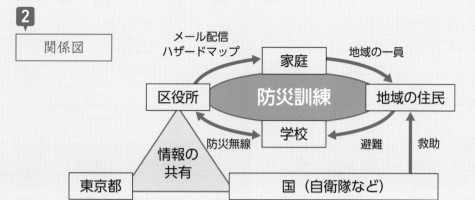

メール配信
ハザードマップ

地域の一員

家庭

防災訓練

区役所

地域の住民

学校

防災無線

避難　救助

情報の
共有

東京都

国（自衛隊など）

3

話し合って考えたこと

風水害を防ぐために大事なことは何だろう。

・異なる立場の人たちが協力するために、
　「防災情報」を正確に共有する。
・いざというときのために、地いきの防災訓練に参加する。

4

学習のまとめとふりかえり

〈キーワード〉
・行政　・協力　・関わり
・地域　・情報

まとめる　整理する・生かす

板書のポイント

関係図を基に、風水害を防ぐために大事なことは
何かを話し合う。まとめのキーワードにつながる
言葉にはアンダーラインなどを引くとよい。

T　この関係図を見て、風水害を防ぐために大
　事なことは何だと思いますか？　　**3**

C　行政のことだけど、東京都とか国とかが災
　害情報を共有することが大事だと思います。

C　自分たちの住む地域では、みんなが「防災
　訓練」で関わっているから、これに参加する
　ことが大事です。

T　「情報」「協力」などのキーワードが見えて
　きましたね。今日の学習のまとめと振り返り
　を書きましょう。　　**4**

学習のまとめの例

・様々な立場の人々が、災害情報や防
　災訓練を通して関わっている。私た
　ちの地域を水害から守るために、
　様々な立場でできることに取り組
　み、協力して被害を減らしている。

〈振り返りの例〉

　みんなの立場はばらばらだけど、風
水害の被害を減らしたいという気持ち
は同じなんだなと思いました。この中
だと、私は「学校」と「地域」などに
含まれているのかなと思いました。自
分にできることは何なのか、考えてみ
たいです。

まとめる
整理する・生かす

風水害の被害を減らすために、わたしたちには何ができるのだろう

本時の目標

風水害から暮らしを守るための取組から、自分には何ができるのか考え、地域の一員として防災への関心をもつ。

本時の主な評価

地域の自然災害を想定し、自分にできることを考え、表現している【思②】／防災の視点からよりよい社会を考え、学んだことを社会生活に生かそうとしている【主②】

用意するもの

東京マイ・タイムライン

本時の展開 ▷▷▷

3つの「助」とは何だろう。

1 自助・共助・公助とは？

自助

共助　　　公助

自助	自分の身を自分の力で守る。家族で協力して守る。
共助	近所の人たちと協力して守る。
公助	消防や自衛隊など、公的機関に助けてもらう。

ぎもん

・「公助」には限界がある？
・私たちにできることは？

つかむ　出合う・問いをもつ

板書のポイント

自助・共助・公助それぞれの意味について資料から調べる。これまでの学習から、公助の限界に気付き、自分たちにできることを考えさせる。

T　自助・共助・公助の中で最も重要なのはどれでしょうか。　**1**

C　やっぱり、専門的な技術をもった消防や自衛隊による「公助」ではないかな。

T　風水害が広い範囲に及ぶ場合など、自衛隊はすぐに現場に来ることができませんし、数多くいる住民全員をすぐに救助することはできません。このグラフを見てください。　**2**

C　最近は、だんだんと自助や共助への関心が高まっているんだね。

調べる　情報を集める・読み取る・考える・話し合う

板書のポイント

自助と共助を中心に、これからの自分たちができそうなことをノートに書き、話し合わせる。出された意見は自助と共助に整理して板書する。

T　自分にどんなことができそうですか？　

C　家族と「マイ・タイムライン」を作って、避難場所などを確認しようと思います。

C　それは自助だね。ぼくは共助の一つとして、これまであんまり地域の行事に関われなかったから、これからは参加するようにして、地域の人たちと仲よくなりたいと思います。

T　自分を水害から守るための自助と、地域で助け合うための共助、どちらも大切ですね。

本時のめあて 風水害の被害を減らすために、わたしたちには何ができるのだろう。

2

重点を置くべき防災対策で「自助」や「共助」を挙げる人が増えている

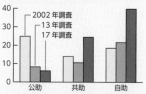

・昔に比べて自助や共助に重点を置く人が増えた！

3

自助

・家族と「マイ・タイムライン」を作成する。
・非常用持ち出し袋の中身を点検する。
・家の周りの危険な場所を確認しておく。

共助

・地域の防災訓練に参加する。
・日ごろから地域の方にあいさつなどをする。
・お年よりや身体の不自由な方がどこにいるのか知っておく。

学習問題

風水害から私たちの生活を守るために、だれが、どのような取組をしているのだろう。

4 学習のまとめ

学習問題に対する自分の考えを書こう。

〈まとめのキーワード〉
・地域　・水害　・協力
・自助　・共助　・公助

まとめる　整理する・生かす

板書のポイント

学習問題に対する自分の考えをノートに書かせる。単元を通してのキーワードを板書しておくとよい。

T　学習問題に対する自分の考えをノートに書きましょう。どんな言葉がまとめのキーワードとして使えるでしょうか。　**4**

C　「地域」

C　「協力」

C　「自助」

T　自分たちも含めて、様々な立場の人が防災に関わっていましたね。学校のこと、区役所のこと、東京都のことなどを振り返ってまとめてみましょう。

学習のまとめの例

〈学習問題に対する自分の考え〉

　東京都はこれまで多くの自然災害が発生してきた。地域を自然災害から守るために、区役所、東京都、自衛隊など様々な立場の人々が協力して取り組んでいる。そのためには災害情報を共有したり、住民に対して発信したりするなど、情報をうまく使うことが大切である。地域でもこれから起きるかもしれない災害に対して防災訓練などが行われており、多くの人が参加している。私も、自助や共助で自分にできることからはじめ、地域に住む一員として防災に関わっていきたい。

4

きょう土の伝統・文化と
先人たち

1 江戸から今に伝わる祭り

単元の目標

　江戸時代から続く「深川八幡祭り」について、歴史的背景や現在に至る経緯、保存や継承のための取組などに着目して、見学・調査したり地図などの資料で調べたりしてまとめ、「深川八幡祭り」の様子を捉え、人々の願いや努力を考え表現することを通して、年中行事を人々が受け継いできたことや、地域の発展など人々の様々な願いを理解できるようにするとともに、地域の伝統や文化の保存や継承に関わって自分たちにできることなどを考えようとする態度を養う。

学習指導要領との関連　内容⑷「県内の伝統や文化」アの㋐㋒及びイの㋐

第1〜3時	第4〜6時
つかむ「出合う・問いをもつ」	調べる
〔第1時〕 ○東京都にはどのような文化財や年中行事があるのだろう。　　　　　　　　　　【知①】 ・地図や写真、資料などを活用し、国や都が指定している文化財の位置を調べる。 〔第2・3時〕 ○深川八幡祭りは、どのようなお祭りなのだろう。　　　　　　　　　　　　　　【主①】 ・東京マラソンの動画やマラソンコースを見て、気付いたことを話し合う。 ・富岡八幡宮で行われている「深川八幡祭り」の様子について、動画や写真を見て、気付いたことを話し合う。 【学習問題】 「江戸三大祭り」の一つ、「深川八幡祭り」はどのような祭りなのだろう。 ○学習問題の予想と学習計画を立てる。 予たくさんの神輿を出すために、地域の人たちが協力しているのではないか。	〔第4・5時〕 ○深川八幡祭りは、いつから、どのようにしてはじまったのだろう。　　　　　　【知①】 ・祭りの歴史や経緯について、資料や宮司の話を基に調べる。 ・神輿や祭りの道具、服装などについて調べる。 ・調べたことを年表にまとめる。 ・370年以上も前からはじまった古い祭りであること、徳川家綱の祝賀を行ったのがはじまりとされていること、毎年80万人もの人が詰めかける「江戸三大祭り」の一つであることなどが分かる。 ★祭りの歴史的背景に着目する。 〔第6時〕 ○地域の人たちは深川八幡祭りにどのように関わっているのだろう。　　　　　　　【知①】 ・祭りに関わる様々な立場の人について調べる。 ・神輿を出すために一つの町会で300人担ぎ手を集めていることが分かる。 ★地域の人々の協力関係に着目する。

単元の内容 ⋯⋯⋯⋯⋯⋯⋯⋯⋯⋯⋯

　富岡八幡宮の例祭は「深川八幡祭り」と呼ばれ、江戸時代から続く「江戸三大祭り」の一つであり、伝統ある年中行事である。3年に1度の本祭りでは、53基の町神輿が勢揃いして連合渡御（とぎょ）を行う。神輿の担ぎ手の掛け声だけでなく、沿道から観衆も水を掛ける様子は「深川八幡祭り」ならではのものである。毎回80万人が訪れ、都内でも有数の祭りの一つである。

　しかし、最近は町会役員の高齢化や、宅地開発による住民構成の変化、町会加入者の減少によって、地域の伝統の継承が課題となっている。

　祭りに関わる地域の人たちの姿を通して、地域への思いや願いに触れ、今もなお、祭りが続けられている意味や、地域の一員として自分たちの祭りへの関わり方について考えをもたせていきたい。

知識・技能	思考・判断・表現	主体的に学習に取り組む態度
①東京都の「深川八幡祭り」は地域の人々が受け継いできたことや、それらには地域の発展など人々の様々な願いが込められていることを理解している。 ②「深川八幡祭り」について、見学などの調査活動で収集した情報や、地図、区役所などが作成した各種資料、インターネットなどで調べ、年表などにまとめている。	①祭りの歴史的背景や現在に至る経過、保存の継承のための取組などに着目して、問いを見いだし、東京都の「深川八幡祭り」の様子について考え、表現している。 ②比較・関連付け、総合などして、「深川八幡祭り」を継承している人々の願いや努力を考えたり、学習したことを基に、地域の伝統と文化の保存・継承のため、自分たちにできることを考えたり選択・判断したりして、適切に表現している。	①東京都の伝統や文化について、予想や学習計画を立てたり学習を振り返ったりして、学習問題を追究し、解決しようとしている。 ②東京都の伝統や文化について、地域の伝統や文化の保存・継承のためにできることを考え、学習したことを社会生活に生かそうとしている。

【知】：知識・技能　【思】：思考・判断・表現　【主】：主体的に学習に取り組む態度
○：めあて　・：学習活動　★：見方・考え方　🔍：期待する子供の予想例

第7・8時	第9・10時
「情報を集める・読み取る・考える・話し合う」	まとめる「整理する・生かす」
〔第7・8時〕 ○なぜ、深川八幡祭りは今も続けられているのだろう。　【知①・思①】 ・震災や戦争などで、過去に何度も祭りの存続が難しい時期があったことが分かる。 ・3年に1度の本祭りだけでなく、様々な取組を通して地域の人たちが関われるようにしていることを資料から調べる。 ・「深川八幡祭り」に関わる人たちの願いや努力について、インタビューなどにより調べる。 ・地域の開発により新しい住民が増える中で、祭りを通して、地域のつながりを強くしたいと考えていることに気付く。 ★文化の継承に着目する。 ・祭りを受け継いできた人たちの苦労や思い、現在、祭りに関わっている人たちの思いや願いについて、調べたことを基に考える。 ★人々の願いや努力に着目する。 ・学習計画を見直し、「深川八幡祭り」について、さらに追究したいことを話し合う。	〔第9時〕 ○深川八幡祭りは、地域にとってどのような祭りなのだろう。　【知②・思②】 ・調べてきたことを整理し、祭りが続けられてきた意味について考え、話し合う。 ・「江戸三大祭り」など、東京都に伝わる祭りについて調べ、考えを広める。 ★都内の年中行事に着目する。 〔第10時〕 ○年中行事や文化財をどのように残しているのだろう。　【主②】 ・東京マラソン開催当初から有明のゴール地点で御輿を担ぎランナーを迎えたり、折り返し地点でランナーを応援したりしている、という新聞記事から、考えたことを発表する。 ・年中行事を受け継ぎ保存していることの意味を考え、自分たちにできることを話し合う。 ★文化を保存・継承している意味に着目する。

問題解決的な学習展開の工夫 ･････････････････････････

　江戸東京を概観するために東京マラソンのコースを取り上げ、歴史的な側面からも東京都の特色について捉えられるようにしたい。

　「江戸三大祭り」や壮大な神輿渡御の様子から、どういった人々が関わっているのか、どうして江戸時代から370年以上も続けられているのか、祭りに関わる疑問を基に、子供が主体的に追究できるよう展開することが重要である。

　一方で、祭りの華やかな様子の裏には、地域の人々の努力や願いが込められていることに気付かせることで、祭りを続けていく意味や苦労について、人々の姿を通して学んでいく。

　「まとめる」段階では、「江戸三大祭り」について調べ、どの祭りにも地域の発展を願う人々の働きがあることに触れ、自分との関わりについて考えられるように構成するとよい。

つかむ
出合う・問いをもつ

東京都にはどのような文化財や年中行事があるのだろう

本時の目標
　どのような文化財や年中行事があるか、東京都の文化財や年中行事について調べ理解する。

本時の主な評価
　東京都の伝統や文化について調べ、どのような文化財や年中行事があるのか理解している【知①】

用意するもの
　東京都の文化財や年中行事の写真資料、東京都の白地図

1

浅草寺　　　　深川八幡祭り

> **気づいたこと**
> ・浅草は多くの人が来る観光名所だ。
> ・深川八幡祭りは見に行ったことがある。

> **本時のめあて**

東京都にはどのような文化財や年中行事があるのだろう。

2　　> よそう

・東京には皇居や清澄庭園など、古くからある建物や名所があるはずだ。
・深川八幡祭り以外にも有名なお祭りがあるはずだ。

本時の展開 ▷▷▷

つかむ　出合う・問いをもつ

板書のポイント
浅草の浅草寺や深川八幡祭りの写真資料から、これまでの生活経験を振り返って考えられるようにする。

T　写真資料を見て気付いたことはありますか？　**1**
C　浅草はたくさんの人が観光に来る場所だ。
C　深川八幡祭りは見にいったことがあるよ。
＊本時のめあてを板書する。
T　では今日のめあてに対して予想しましょう。　**2**
C　東京都にはもっとたくさん文化財や年中行事があるはずだ。

調べる　情報を集める・読み取る・考える・話し合う

板書のポイント
東京都の白地図を示し、資料から調べた有形・無形文化財の位置に着目して確認する。

T　東京都の文化財について資料から分かったことを発表してください。　**3**
C　文化財には有形のものと無形のものがある。
C　高尾山の薬王院。
C　台東区の浅草寺。
C　江東区の角乗り。
C　東京都にはたくさんの文化財がある。
C　東京には江戸三大祭りという昔から続いている大きなお祭りがある。

東京都

4

学習のまとめ

東京都にはたくさんの有形・
無形文化財がある。

5

ふりかえり

・東京都にこんなにたくさんの文化財が
あるとは思わなかった。
・行事やお祭りなども文化財となって
いるとは知らなかった。
・昔からある建物を残すために
どのようなことをしているのか。
・昔からあるお祭りを続けるために、
誰がどのようなことをしているのか。

3

分かったこと

〈有形〉
・高尾山の薬王院
・台東区の浅草寺
・港区の増上寺と仏像
・府中市の大國魂神社

〈無形〉
・八丈島でつくられる黄八丈
・江東区木場の角乗り
・大田区と葛飾区の日本刀
・府中市のくらやみ祭り

〈年中行事〉
・江戸三大祭りという古くから続く大きなお祭りがある。

まとめる　整理する・生かす

板書のポイント
資料で調べたことを基に、今日のまとめを考え、ノートに書いたことを発表させて板書する。

T　今日の学習をまとめましょう。　◀**4**
C　たくさんの文化財や年中行事がある。
C　文化財には有形と無形のものがある。
T　今日の学習を振り返ります。　◀**5**
C　こんなにたくさんの文化財や年中行事があるとは思わなかった。
C　建物だけでなく、技や技術なども文化財になっていて驚いた。
C　伝統行事を続けている場所はどんなところかな。

学習のまとめの例

・今日の学習で、東京都にたくさんの
文化財や伝統行事があることが分か
りました。自分たちが住んでいる東
京都にある伝統行事がどのようなお
祭りで、いつから続けられているの
かが気になりました。これからさら
に調べていきたいです。
・東京都に昔から伝わる文化財や伝統
行事がたくさんあるとは思いません
でした。どんな人たちが関わってい
て、昔からあるものを続けていって
いるのか、くわしく調べてみたいで
す。また、家族にも聞いてみたいで
す。

深川八幡祭りは、どのようなお祭りなのだろう

1 マラソン（男子/女子）コース

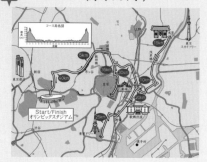

本時の目標

東京マラソンのコースを概観することを通して、東京都には様々な文化財や年中行事があることを理解し、どのような年中行事が行われているか関心をもつ。

本時の主な評価

東京都の伝統や文化について、予想を基に学習計画を立て、学習問題を追究しようとしている【主①】

用意するもの

東京マラソンのコース図、深川八幡祭りの写真資料、深川八幡祭りの賑わいを伝える映像

気づいたこと

・東京都庁の前からスタートしている。
・スカイツリーや東京タワーなど有名な場所を通っている。
・東京の有名な場所を見ながら走れるようになっていると思う。
・折り返し地点は江東区の深川でお神輿を担いでいた。

本時の展開 ▷▷▷

つかむ　出合う・問いをもつ

板書のポイント

東京マラソンのコース図から、東京に古くからあるものに着目して、文化財や年中行事への関心を高めるようにする。

T　それでは写真資料を見てください。　**1**
C　東京マラソンだ。
T　東京マラソンがどこを走っているか知っていますか？　東京マラソン2020のコースムービーを見てみましょう。
C　東京の有名な場所を通っている。
T　では、なぜこのようなコースにしていると思いますか。
C　東京の名所をアピールするため。
C　東京の文化財や年中行事と関係あるのかな。

調べる　情報を集める・読み取る・考える・話し合う

板書のポイント

深川八幡祭りの様子から、どのようなお祭りなのか、資料からもった子供の疑問を整理して今後の追究へとつなげる。

T　東京マラソンのコースでもある、深川八幡祭りについて調べます。写真資料を見て気付いたことはありますか？　**2**
C　たくさんの人でにぎわっている。
C　お神輿がたくさん出ている。
C　お神輿に水をかけている。
T　では深川八幡祭りについて疑問に思ったことはありますか。　
C　どうして水をかけるのか。
C　いつから続いているお祭りなのか。

本時の学習活動

深川八幡祭りについて学習問題をつくり学習計画を立てよう。

2

分かったこと

・たくさんの人がいる。
・お神輿がたくさん出ている。
・お神輿に水をかけている。

3

ぎもん

・どうして水をかけるのか。
・いつから続いているのか。
・どれくらいの人がいるのか。
・どんなお祭りなのか。

4

学習問題

「江戸三大祭り」の一つ、「深川八幡祭り」はどのようなお祭りなのだろう。

5

よそう

・江戸時代から続いている祭りだ。
・地域の人たちが関わっている。
・続けるために人々が協力している。

6

学習計画

・深川八幡祭りの歴史だ。
・どのようなお祭りなのか。
・どんな人たちが関わっているのか。
・なぜ長い間続けられてきたのか。

まとめる　整理する・生かす

板書のポイント

子供の疑問から学習問題を考え、予想を基に学習計画を立て、これからの学習の見通しをもつ。　◀4

T　学習問題に対して予想を考え発表します。　◀5

C　多分江戸時代の頃から続いているお祭りだ。

C　地域の人たちが何かしているはずだ。

T　予想を基に何を調べていくか、計画を立てましょう。　◀6

C　どんなお祭りか。

C　いつから続いているのか。

C　どんな人たちが関わっているのか。

C　続けるために大変なことはないのか。

学習のまとめの例

・深川八幡祭りについて調べました。たくさんのお神輿が出ていたり、水をかけていて賑やかなお祭りでした。まだ、どんなお祭りなのか分からないことがたくさんあるので調べていきたいです。

・深川八幡祭りは、東京マラソンの折り返し地点になるほど有名なお祭りだと思いました。どうやってお祭りを行っているのか、どうしてお祭りを続けているのかを調べたいです。

調べる
情報を集める・読み取る・
考える・話し合う

深川八幡祭りは、いつから、どのようにしてはじまったのだろう

本時の目標
深川八幡祭りの資料から調べることを通して、祭りの歴史や意味を理解する。

本時の主な評価
東京都の深川八幡祭りは、どのようにはじまり、どのような特徴があるのか理解している【知①】

用意するもの
深川八幡祭りの資料、「深川八幡祭り」VTR、深川八幡宮の宮司さんの話

1 本時のめあて

深川八幡祭りは、いつから、どのようにしてはじまったのだろう。

現在 / 江戸のころ

分かったこと

〈宮司のSさんの話〉
・東京都の江戸三大祭りの1つと言われている有名な祭りだ。
・約370年以上前から続いている。
・3年に1度本祭りがあり53町会のおみこしが連合渡御を行う。
・本祭りには80万人が訪れる。

本時の展開 ▷▷▷

つかむ　出合う・問いをもつ

板書のポイント
江戸時代と今の深川八幡宮について資料を提示し、昔から深川八幡宮があったことや祭りが行われていたことについて宮司さんから話を聞く。

T これは現在の深川八幡宮の写真資料です。こちらは何だと思いますか？

C 昔の深川八幡宮です。

C お祭りを行っているのかな。

T 深川八幡祭りは江戸のころから続いているお祭りです。今日は、深川八幡宮の宮司さんに来ていただきました。お祭りの歴史やどのようなお祭りなのか、お話をしてもらいます。

調べる　情報を集める・読み取る・考える・話し合う

板書のポイント
深川八幡祭りのビデオや深川八幡祭りの資料をもとに、どんなお祭りなのか調べたことを板書していくようにする。

T ビデオを見て、どのようなお祭りか気付いたことを発表してください。　**2**

C 町会が1基ずつお神輿を出している。

C 担ぎ手だけでなく見る人も楽しめるお祭りだ。

T 資料からお祭りで使う道具や人について気付いたことを発表してください。　**3**

C お神輿の飾りにはそれぞれの意味がある。

C 町会にはまとめ役の総代という人がいる。

C 担ぐ人には服装や担ぎ方のルールがある。

2

気づいたこと

<「深川八幡祭り」ビデオ〉
・総代の土蹴りで祭りがはじまる。
・手古舞保存会が舞を奉納する。
・町会ごとに担ぎ手を集める。
・町会では神酒所の準備をする。
・「わっしょい」のかけ声に合わせて
　神輿を担いでいる。
・昔、災害や事故で祭りを行えない時期があった。

神輿

神輿総代

神輿の担ぎ手

3　〈道具や服装〉
・神輿の鳳凰や飾りには意味がある。
・神輿総代はお神輿を出すために、
　町会のまとめ役を行っている。
・服装や担ぎ方のルールがある。

4

学習のまとめ

深川八幡祭りは江戸から続くお祭りで、3年に1度の本祭りは
別名水かけ祭りとして多くの人々に親しまれている。

5

ふりかえり

・深川八幡祭りはたくさんの人々が楽しみにしている。
・歴史のあるお祭りで、道具や服装には意味があった。

ぎもん

・町会の人たちは本祭りに向けて
　どのような準備をしているのか。
・どうしてお祭りを続けているのか。

まとめる　整理する・生かす

板書のポイント
今日の授業で調べたことを学習のまとめとして
整理し、振り返りを基に、次時の学習について
見通しをもつようにする。

T　めあてに対するまとめを考えます。　
C　江戸のころから伝わるお祭りです。
C　たくさんの人が訪れる。
C　担ぎ手も見る人も楽しめるお祭りだ。
T　今日の学習を振り返って、自分が思ったこ
　とを発表します。　**5**
C　深川八幡祭りはたくさんの人に楽しみにさ
　れている。
C　歴史のあるお祭りで、使う道具などに意味
　がある。

学習のまとめの例

・深川八幡祭りには、300年以上も前
　から続けられていることに驚きまし
　た。ただお神輿を担いでいるのでは
　なく、お祭りをするためにたくさん
　の準備があることが分かりました。
　地域の人たちがお祭りに向けてどの
　ような準備をしているかを調べてい
　きたいです。
・深川八幡祭りは昔から続いている祭
　りで、地域の人たちが3年に1度
　の本祭りに向けて準備を行っている
　ことが分かりました。本祭りのない
　年は、子供神輿などを行っているの
　はどうしてか聞いてみたいです。

調べる

情報を集める・読み取る・
考える・話し合う

地域の人たちは深川八幡祭りにどのように関わっているのだろう

本時の目標

地域の人たちの深川八幡祭りへの保存や継承に向けた思いや努力を理解する。

本時の主な評価

東京都の深川八幡祭りは、地域の人々が受け継いできたことやそれらには地域の発展など人々の様々な願いが込められていることを理解している【知①】

用意するもの

祭りに関わる地域の人たちの資料、神輿総代のSさん、祭り半纏

本時の展開 ▷▷▷

本時のめあて

地域の人たちは深川八幡祭りにどのように関わっているのだろう。

1

2

よそう

・3年に1度のお祭りのために準備をしている。
・担ぐ練習をしている。
・お祭りの日は担ぎ手の休憩所を作っている。

つかむ　出合う・問いをもつ

板書のポイント

お祭りの様々な場面の資料からどういったお祭りか、地域の人たちがどのように関わっているかを予想し、調べていく視点を明確にする。

T　深川八幡祭りの資料を見て、気付いたことを発表しましょう。　**1**

C　お神輿を担ぐ人以外にも様々な人がいる。

C　町の人たちがお弁当や飲み物を配っている。

T　お祭りに向けて町会の人たちはどのようなことを行っていると思いますか？　**2**

C　お神輿を担ぐために練習をしているはずだ。

C　人をたくさん集めるために宣伝している。

C　お弁当などを用意するためにお金を集めている。

調べる　情報を集める・読み取る・考える・話し合う

板書のポイント

町会の神輿総代の方の話を基に、ポイントとなることについて子供と確認しながら板書にまとめていく。

T　お祭りのまとめ役の神輿総代のSさんに、地域の取組を話していただきます。

＊GTが町会で行っている準備を話す。

T　今のお話から町会でお祭りに向けてどのようなことを行っていると分かりましたか？

C　半年以上前から話し合いをしている。

C　町会で必要なお金をお願いして集めている。

C　途中の休憩所で飲み物や食べ物を出している。

C　今は人を集めることが大変だ。

神輿総代

神輿の担ぎ手

3

話し合って、考えたこと

・たくさんの準備をしてすごい。
・お祭りがあるから地域が盛り上がってい
　くと思う。
・お祭りを続けるのは大変だ。

4

学習のまとめ

深川八幡祭りに向けて地域の人たち
が、時間をかけて準備をしてお祭り
を続けている。

分かったこと

・本祭りに向けて半年以上前から準備をし
　ている。
・町会の人たちにお願いして必要なお金を
　集めている。
・1つの町会がお神輿を出すために、担ぎ
　手は300人くらい集めている。
・連合渡御は、途中の休憩所でお弁当やお
　菓子、飲み物を準備している。
・担ぐ人も見ている人も参加して楽しめる
　祭りになっている。
・人を集めるのが大変だ。

5

ふりかえり

・町会の人たちの思いがある。
・どうして大変なのにお祭りを続けていこ
　うと思うのか。

まとめる　整理する・生かす

板書のポイント

お話を聞いて考えたことを話し合い、要点を板
書して今日の学習のまとめを考えるようにする。

T　神輿総代のSさんのお話を聞いて考えたこ
　とを話し合います。　3

C　半年も前から準備をしていることに驚いた。

C　たくさんの準備をしていて町会の人たちは
　深川八幡祭りを大切にしていると思う。

T　今日の学習のまとめを考えます。　4

C　地域の人たちの協力があるからお祭りがで
　きる。

T　今日の学習を振り返って思ったことを書き
　ましょう。　5

学習のまとめの例

・今日は実際にお祭りをまとめている
　人の話を聞いて、お祭りを成功させ
　るためにたくさんの努力を行ってい
　ました。お祭りを続けるには大変な
　ことがあるけれど、地域の人たちが
　お祭りを大切にしているんだと思い
　ました。

・3年に1度のお祭りに向けて、た
　くさんの努力があることが分かりま
　した。お祭りは町の人たちの努力に
　よって続けられているんだと思いま
　す。でも、どうしてそこまでしてお
　祭りを続けていこうとしているのか
　が不思議です。

調べる
情報を集める・読み取る・考える・話し合う

なぜ、深川八幡祭りは今も続けられているのだろう

本時の目標
深川八幡祭りを人々が受け継いできたことや地域の発展など人々の様々な願いが込められていることを理解する。

本時の主な評価
深川八幡祭りは、地域の発展を願う地域の人たちの思いに支えられて続いてきたことを理解している【知①】／深川八幡祭りの様子に着目して、問いを見いだし、なぜ今も続けられているかを考え、表現している【思①】

用意するもの
深川八幡祭り年表、昭和43年の深川八幡祭りの写真資料

本時の展開 ▷▷▷

本時のめあて

なぜ、深川八幡祭りは今も続けられているのだろう。

1

深川八幡祭り年表

嘉永１９年	天和２年	元禄１４年	文化４年	明治２年	明治４２年	大正２年	昭和５年	昭和２３年	昭和３１年	昭和４３年	平成１３年	平成１５年	平成２４年
深川八幡祭りがはじめて行われる	大火により本社神輿が消失する。	織物といわれる山車が登場する。	３基の本社神輿と山車の巡行がはじまる。	水かけとのっしょい担ぎが幕末まで神輿渡御が中止となる。	本社神輿の代わりに鳳輦を新調する。	関東大震災により本社神輿が消失する。	本社神輿一の宮が奉納される。	祭りが復活する。	現社殿が竣工する。	本社神輿連合渡御がはじまる。	子供神輿連合渡御がはじまる。	天皇皇后両陛下が行幸啓。	和田倉噴水公園まで渡御する。

2

よそう

・歴史のあるお祭りだから。
・地域にとって大切なお祭りだから。
・3年に1度だから。
・祭りを変えて続けている。

つかむ　出合う・問いをもつ

板書のポイント
深川八幡祭りの年表から気付いたことを出し合って、予想を板書で整理することで、調べていく視点を明確にする。

T　深川八幡祭りの年表です。気付いたことや思ったことを発表しましょう。　**1**
C　380年続いている。
C　お祭りができない時期があった。
C　子供神輿は2001年から始まっている。
T　なぜ深川八幡祭りが続けられていると思いますか？　**2**
C　歴史のあるお祭りだから地域の人がちが大切にしているからだ。
C　深川といえばお祭りだから。

調べる　情報を集める・読み取る・考える・話し合う

板書のポイント
町会の神輿総代の方の話を基に、ポイントとなることについて子供と確認しながら板書にまとめていく。

T　今日は神輿総代のMさんに、お祭りを続けてきた理由について話していただきます。
＊GTがお祭りを続ける意味を話す。
T　今のお話からなぜお祭りが続けられていると思いましたか？　**3**
C　地域の人たちが仲よくなるためだ。
C　お祭りのルールを決めてみんなが参加しやすいお祭りになるように考えている。
C　子供神輿がはじまって子供も担げるようになった。

昭和40年代の深川八幡祭り

4

話し合って、考えたこと

・地域の人たちの努力でお祭りが続いている。
・お祭りによって地域の人たちのつながりができている。
・深川八幡祭りがあることで地域が盛り上がっていると思う。

3

分かったこと

・「わっしょい」のかけ声には、地域の和を背負うという意味がある。
・祭りのルールを総代で話し合って決めて守るようにした。
・「子供神輿」を行って子供も参加できるお祭りにした。
・地域の人たちの祭りへの思いがあるから続けられてきた。

5

学習のまとめ

深川八幡祭りは、地域の人たちの思いや努力によって今も続けられている。

6

ふりかえり

・お祭りができない時期が何度もあったことに驚いた。
・かけ声に地域をよくしたいという思いが込められていた。

まとめる　整理する・生かす

板書のポイント

お話を聞いて考えたことを話し合い、要点を板書して今日の学習のまとめを考えるようにする。

T　町の人たちはなぜお祭りを続けてきたのでしょう。　

C　お祭りによって地域の和が深まるから。

C　お祭りによって地域が盛り上がるから。

T　今日の学習のまとめを考えます。　**5**

C　続けていくための地域の努力がある。

T　今日の学習を振り返りましょう。　**6**

C　お祭りができないときを乗り越えてきた。

C　地域をよくしたいという思いが込められていた。

学習のまとめの例

・今日の勉強をするまでは、深川八幡祭りは江戸のころからずっと続いていると思っていたけれど、できない時期があったことに驚きました。続けるためには地域の協力が必要だ。自分にもできることがあると思います。

・こんなに地域の人たちの思いがこもっている祭りだから今まで続けることができたと思います。子供神輿に地域の人たちの思いが込められているとは思いませんでした。自分もお祭りに参加してみたいと思いました。

まとめる
整理する・生かす

深川八幡祭りは、地域にとってどのようなお祭りなのだろう

本時の目標
深川八幡祭りについて調べたことをまとめ、お祭りを続ける意味や、お祭りがあるよさを考える。

本時の主な評価
見学・調査したり地図などの資料で調べたりして、年表などにまとめている【知②】／深川八幡祭りの様子に着目して、人々の願いや努力を考え、表現している【思①】

用意するもの
深川八幡祭り連合渡御の資料、江戸三大祭りの資料

学習問題
「江戸三大祭り」の一つ、「深川八幡祭り」はどのようなお祭りなのだろう。

本時の学習活動

学習問題に対する考えをまとめ、東京の伝統行事や文化財のあるよさについて考えたことを話し合おう。

1 分かったこと

・江戸時代から続くお祭り
・地域の人たちがお祭りを続けていくためにいろいろなことをしていた。

本時の展開 ▷▷▷

つかむ　出合う・問いをもつ

板書のポイント
学習問題を提示し、本時が学習問題に対する考えをまとめる時間だということを示す。その上で、本時のめあてを示し学習の見通しをもつ。

T　これまで調べて分かったことを発表しましょう。　**1**
C　深川八幡祭りは江戸時代から360年以上続いている。
C　江戸三大祭りの一つだ。
T　なぜお祭りが今も続いているのですか？　**2**
C　お祭りによって地域が盛りあがるから。
C　できない時期もあったがたくさんの人が参加できるお祭りとして続けられている。
C　地域にとってお祭りはなくてはならない。

調べる　情報を集める・読み取る・考える・話し合う

板書のポイント
東京都の主な文化財や年中行事をマップに位置付けて、江戸三大祭りの資料を示す。地図を基に気付いたことを発表し合う。

T　江戸三大祭りは、深川八幡祭りのほかに山王祭と神田祭があります。資料を見て気付いたことを発表しましょう。　
C　神輿を町会が出している。
C　たくさんの人でにぎわっている。
C　どれも地域にとって大切なお祭りだ。
T　東京都で昔から残る文化財や年中行事を表した地図を見て気付いたことはありますか？
C　どの地域にも文化財や年中行事がある。
C　江東区にもまだ文化財や年中行事がある。

2

話し合って、考えたこと

・新しい問題があっても、自分たち
　の伝統を大切にして守っている。
・お祭りは地域にとってなくてはな
　らないものだ。

3

気づいたこと

・江戸三大祭りは地域にとって欠かせない伝統行事だ。
・東京都には江戸三大祭り以外にもたくさんのお祭
　りや伝統行事がある。

4

学習のまとめ

江戸三大祭りは、江戸時代から続く地域にと
って大切な伝統行事で、地域の人々の努力に
よって今も続けられている。

5

ふりかえり

・東京都にたくさんのお祭りや文化財があることに
　驚いた。
・文化財を守るためにどんなことを人々は行ってい
　るのかな。

江戸三大祭り

山王祭　神田祭　深川八幡祭り

まとめる　整理する・生かす

板書のポイント

今日の学習のまとめについて、学習問題に立ち
返って考えをまとめるようにする。本時の振り
返りでは、今日の学習の新たな疑問を板書する。

T　今日の学習をもとに、学習問題に対する考
　えをまとめます。　

C　江戸三大祭りは江戸のころから続く地域に
　とって大切なことだ。

C　どれも地域の人々によって今まで続けられ
　ている。

T　今日の学習で、気付いたことや思ったこと
　を発表してください。　**5**

C　東京都に江戸三大祭り以外にたくさんの祭
　りや文化財があることを知って驚いた。

学習のまとめの例

・学習問題に対する考えをまとめるこ
　とができました。江戸三大祭りには
　どれも地域の人の思いがあり、今ま
　で伝えられていると思いました。

・東京都の文化財や年中行事が、江戸
　三大祭り以外にたくさんあることが
　分かりました。文化財についてはま
　だ調べていないので、どのようなも
　のなのか調べてみたいです。

・江東区には深川八幡祭り以外にも、
　文化財やお祭りがあることが分かり
　ました。どういったもので誰が受け
　継いでいるのか調べていきたいで
　す。

まとめる
整理する・生かす

年中行事や文化財をどのように残しているのだろう

本時の目標
地域の年中行事や文化財と自分たちの生活との関わりについて調べ、これから保存や継承していくために大切なことを考える。

本時の主な評価
東京都の年中行事や文化財について、自分たちが保存・継承のためにできることを考え、学習したことを社会生活に生かそうとしている【主②】

用意するもの
東京マラソンの新聞記事、富岡神輿総代連合会の話、東京都の年中行事文化財マップ、区民祭りのポスター、伝統文化や年中行事の継承に関わる人の話

本時の展開 ▷▷▷

本時のめあて
年中行事や文化財をどのように残しているのだろう。

よそう

- いろんな人に祭りのよさを知ってもらう。
- 自分たちにできることがあると思う。

つかむ　出合う・問いをもつ

板書のポイント
東京マラソンで神輿が出されている資料から、お祭り以外のときにこのようなことが行われているのか、子供の考えを板書していく。

T　東京マラソンの記事です。気付いたことはありますか？　

C　東京マラソンを応援するために神輿が出ている。

C　お囃子や太鼓も一緒に応援している。

T　なぜ、お祭りではないのにこのようなことをしていると思いますか？

C　お祭りやお神輿を知ってもらうため。

C　地域の人たちがイベントを盛り上げたいから。

調べる　情報を集める・読み取る・考える・話し合う

板書のポイント
子供の地域で行われる大きなお祭りの資料から、年中行事や文化財を守る人々の取組について気付いたことをまとめていく。

T　区民祭りのポスターです。お祭りや文化財に関係するものがあります。　

C　お祭りのお神輿が出ている。

C　角乗りや太鼓の保存会がある。

T　保存会について何が分かりましたか？　

C　太鼓やお囃子は地域の人たちが受け継ぎながら続けている。

C　角乗りは保存会が中心となっている。

C　地域の人が受け継がないと途絶えてしまう。

C　これからも守っていくことが大切だ。

木場の角乗り

2

気づいたこと

・お祭りだけでなく、伝統文化に関係するイベントに多くの人たちが参加している。

福住太鼓

3

分かったこと

・たくさんの人に地域の伝統文化を守るための取組を知ってもらうことが大切だ。

話し合って、考えたこと

・お祭りによって地域が盛り上がるのと同じように、伝統文化を守っていくことが大切だ。

4

学習のまとめ

地域にはお祭りや伝統文化を守るための取組を行っている人がいて、保存に向けた活動を続けている。

5

ふりかえり

・地域にはお祭りだけでなく、伝統文化を残すために活動している人たちがいることを知った。
・自分たちも応援したり、見に行ったりして、機会があったら参加してみたい。

まとめる　整理する・生かす

板書のポイント

地域のお祭りや伝統文化を受け継いでいくための取組についてまとめ、自分たちが保存や継承に向けてどのように関わるかを整理していく。

T　区民祭りから地域の行事や文化財を残すための取組をまとめましょう。　◀**4**

C　伝統文化を守る地域の人の取組があった。

C　伝統文化は地域の人たちが受け継いでいるから今も続いている。

T　地域のお祭りや文化財をこれからも残すために大切なことはなんでしょう。　◀**5**

C　地域の人たちの取り組みを応援したい。

C　自分たちも体験会やお祭りに参加していきたい。

学習のまとめの例

・お祭りや伝統文化は、地域の人たちが受け継いでいかないと途絶えてしまう。お祭りだけではなく、いろんな場所で知ってもらうことが大切だと思いました。

・自分たちの身近に伝統文化を守るためにがんばっている人たちがいるとは思いませんでした。自分も体験会に参加して一緒に盛り上げたいです。

・地域にとってお祭りや文化財は大切なものだということが分かりました。いろいろな人たちにアピールしたり、参加していくことが受け継ぐことだと思いました。

2 （12時間）

江戸の発展に尽くした玉川兄弟

単元の目標

　玉川上水の開削に尽くした玉川兄弟の業績について、当時の江戸の暮らしの課題や江戸の人々の願い、取水口から江戸までの距離や高低差に着目して、見学・調査したり地図などの資料で調べたりしてまとめ、考え表現することを通して、江戸のまちの水不足を解消したいという当時の人々の願いや工事における様々な苦心や努力、玉川上水の完成がもたらした変化を理解できるようにするとともに、江戸の発展に尽くした玉川兄弟の業績について追究し、学習問題を解決しようとする態度を養う。

学習指導要領との関連　内容⑷「地域の発展に尽くした先人の働き」アの(イ)(ウ)及びイの(イ)

第１〜３時	第４〜７時
つかむ「出合う・問いをもつ」	調べる
〔第１時〕 ○400年前の江戸のまちは、どのような様子だったのだろう。　　　　　　　　　　【思①】 ・地図や統計資料を関連付け、江戸のまちの様子の変化を見て気付いたことを話し合う。 ・人口が増えたことで、江戸では衛生的で安全な水が不足していったことを想像する。 ・資料から、上水が新たに引かれたことを読み取る。 ★まちの広がりと人口増に着目する。 **〔第２・３時〕** ○玉川上水は、どこの水を引いているのだろう。　　　　　　　　　　　　　　　【知①】 ・立体地図から土地の高低を読み取り、どこから水を引けばいいのか、話し合う。 **【学習問題】** 玉川兄弟は、どのようにして玉川上水をつくったのだろう。 ○学習問題に対する予想や解決に向けた学習計画を立てる。　　　　　　　【思①・主①】 予 離れた場所から江戸へ水を引く工事は、苦労が多かったのではないか。	**〔第４時〕** ○玉川上水は、どこからどのように水を引いているのだろう。　　　　　　　　　　【思①】 ・地図から、等高線と関連付けながら、玉川上水の流れている位置を読み取る。 ・取水口から江戸までは距離があるが、高低差が小さいことが分かる。 ★距離や土地の高低差に着目する。 **〔第５〜７時〕** ○玉川上水の工事は、どのようにして行われたのだろう。　　　　　　　　　　　【思②】 ・工事に使用した道具について調べる。 ・想像図を見て、工事を進める上での苦心について話し合う。 ・水道歴史館や郷土博物館を見学し、当時の工事の道具や水を守る設備を調べたり、学芸員から聞き取り調査を行ったりする。 ★玉川兄弟の苦心や努力に着目する。

単元の内容

　「地域の発展に尽くした先人」として、「開発、教育、医療、文化、産業など」に関する具体的事例の中から一つを選択するが、本単元では、江戸の発展のため、玉川上水の工事を先導した玉川兄弟を取り上げる。

　急激な人口の増加により、深刻な飲料水不足になった江戸のまちを救うため、玉川兄弟は土地の高低差が小さい武蔵野台地の難工事に取り組んだ。昼夜を問わず工事を進めたり私財をなげうって工事の費用に充てたりしたことなどの数々のエピソードを調べることで、玉川兄弟の思いや願いを想像させたい。

　また、玉川上水が、流域の村の生活や産業にも影響を与えたり、現在に至るまで守り利用されていることなどを取り上げたりして、その業績の大きさを具体的に考えさせることが重要である。

単元の評価

知識・技能	思考・判断・表現	主体的に学習に取り組む態度
①玉川兄弟が苦心や努力を重ねて玉川上水を開削したことにより、江戸のまちに水が行きわたっただけでなく、武蔵野台地に水が行きわたったり、新田開発が進んだことを基に、当時の生活が向上したことを理解している。 ②玉川上水の様子や玉川兄弟の苦心や努力について、見学・調査したり、地図や写真などの資料を活用して必要な情報を集め、読み取ったことを年表などに適切にまとめている。	①玉川兄弟の業績と江戸の人々の願いや、上水や分水が広がっていく様子に着目して、問いを見いだし、江戸の発展に尽くした玉川兄弟の業績について考え、文章などで適切に表現したり、根拠を示して話し合ったりしている。 ②玉川兄弟の業績と、江戸のまちの人々の生活の向上や地域の産業の発展とを関連付けて玉川兄弟の働きや願いを考え、適切に表現している。	①玉川上水の様子について、予想や学習計画を立て、学習を振り返ったり見直したりして、学習問題を追究し、解決しようとしている。

【知】：知識・技能　【思】：思考・判断・表現　【主】：主体的に学習に取り組む態度
○：めあて　・：学習活動　★：見方・考え方　🧒：期待する子供の予想例

第8・9時	第11・12時
「情報を集める・読み取る・考える・話し合う」	まとめる「整理する・生かす」
〔第8時〕 ○玉川上水によって、江戸のまちの人々の生活はどのように変わったのだろう。　【知①】 ・江戸の人々の生活の変化について想像して、話し合う。 ・「四谷大木戸」の絵を見て、きれいな水をまちに配るための施設や設備について読み取る。 ・厳重な警備をしている様子を資料から読み取り、その理由を考える。 ・きれいな水を守るためにまちの人々が取り組んだことを考える。 ★水の大切さに着目する。 〔第9時〕 ○玉川上水ができたことで、武蔵野台地はどのように変わったのだろう。　【知①】 ・地図から、武蔵野台地に引かれた分水の位置と新たにつくられた村とを関連付けて読み取る。 ・玉川上水は、江戸のまちの暮らしを支えただけではなく、流域の人々の生活にも影響を与えたことが分かる。 ★暮らしや産業の変化に着目する。	〔第10・11時〕 ○玉川兄弟は、どのような思いで玉川上水の工事を進めたのだろう。　【知②・主①】 ・玉川上水の工事の様子や玉川兄弟の業績について、調べたことを整理して新聞にまとめる。 ・これまでの学習を振り返り、学習問題に対する考えをまとめる。 ★玉川兄弟の願いや思いに着目する。 〔第12時〕 ○現在の玉川上水は、どのようになっているのだろう。　【思①】 ・現在の玉川上水の様子を調べ、今も使われていることが分かる。 ・玉川上水が大切に守られ、現在に至るまで人々の生活を支えてきたことが分かる。 ★先人の働きの現在への影響に着目する。

問題解決的な学習展開の工夫

「地域の発展に尽くした先人」に関わる学習では、追究する過程において、文献だけでなく、資料館や現地の見学を位置付けたり、ゲストティーチャーを活用したりしながら学習を進めることが効果的である。

先人の働きについては、実際に子供が土を運ぶ作業を体験する活動などを通し、当時の人々の苦心や努力について実感できるようにする。

新聞づくりについては、発行日を当時の日付にし、当時の人々が新聞の読者という設定にすることで、当時の人々の立場に寄り添った臨場感のあるまとめとなることが期待できる。また、工事の過程を整理するだけではなく、玉川兄弟の願いや江戸の人々の思いなどを想像して学習のまとめとしたり、「社説」を設けて自分の考えを表現させたりすることも効果的である。

つかむ
出合う・問いをもつ

400年前の江戸のまちは、どのような様子だったのだろう

本時の目標

江戸のまちの広がりの様子や人口の変化を調べることを通して、玉川上水がつくられたことを理解し、調べたいことを考える。

本時の主な評価

まちの広がりと人口増の様子に着目して、問いを見いだし、多くの水が必要になったことを考え、表現している【思①】

用意するもの

江戸のまちの広がりを示す資料、江戸の人口の変化を示したグラフ

本時の展開 ▷▷▷

つかむ 　出合う・問いをもつ

板書のポイント

江戸時代初期のまちの様子を提示して、本時のめあてを考える。

T これはどこの地図か分かりますか？ 〔1〕

C 東京かな。四谷とか、小石川という地名がある。

C でも、ちょっと様子が違うかなぁ。いつの地図だろう。

T これは、今から400年ほど前の、東京の様子です。東京は、この頃、江戸と呼ばれていました。今日は、当時の様子について調べてみましょう。 〔2〕

＊本時のめあてを板書する。

調べる 　情報を集める・読み取る・考える・話し合う

板書のポイント

約40年後の江戸のまちの広がりを提示し、初期の様子との比較をさせ、変化の様子で気付いたことを板書する。

T 次の資料を見てみましょう。 〔3〕

C 約40年後の江戸の地図かな。

T ２つの地図を比べて、気付いたことを発表しましょう。 〔4〕

C まちの範囲が広くなっている。

T まちが広くなったということは、どういうことでしょう。

C 人が増えたのだと思う。

T では、次の資料を見てください。 〔5〕

C すごい。人口が10倍近くに増えている。

2

本時のめあて

400年前の江戸のまちは、どのような様子だったのだろう。

4

気づいたこと

・まちのはんいが広がっている。
・人が多く住むようになった。

6

人口が増えると……
・ごみが増える。
・水が足りなくなる→自由に使いたい。

5

江戸の人口の変化

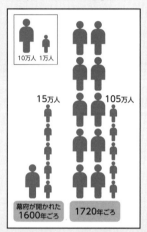

10万人　1万人

15万人　105万人

幕府が開かれた
1600年ごろ　　1720年ごろ

まとめる　整理する・生かす

板書のポイント

人口が激増したことで、水を確保する必要が
あったことを捉えさせ、玉川上水がつくられた
ことにつなげる。

T　人口が急激に増えると、どのようなことが
　問題になるでしょう。　　　　　　　

C　ごみが増える。

C　水が足りなくなると思うなぁ。

T　当時の江戸に住む人々は、どんなことを考
　えていたのでしょう。

C　水が足りないので、何とかしてほしい。

C　自由に水が使えるようにならないと、不便
　だ。

C　幕府に何とかしてもらいたい。

学習のまとめの例

・江戸の人口が急激に増加したため、
水が不足するようになりました。江
戸のまちに住む人々は、きれいな水
を必要なだけ使いたいという思いを
もっていたのではないかと思いま
す。

・江戸のまちがだんだん広がり人口が
増えると、必要な水の量も増えるの
で、水が足りなくなってきた。人々
は、自由に水が使えないことに不便
さを感じていたと思います。

つかむ
出合う・問いをもつ

玉川上水は、どこの水を引いているのだろう

本時の目標
　玉川上水の水路を考えることを通して、単元の学習問題を見いだし、調べたいことを考える。

本時の主な評価
　土地の高低に着目して問いを見いだし、どのように玉川上水が引かれているのかを考え、表現している【思①】／玉川上水はどこの水を引いているか予想を立て、学習問題を追究しようとしている【主①】

用意するもの
　玉川兄弟の銅像の資料、東京の立体地図

玉川兄弟
・玉川上水は、どこにあるのか。
・どこから水を引いているのか。

本時の展開 ▷▷▷

つかむ　出合う・問いをもつ	調べる　情報を集める・読み取る・考える・話し合う

つかむ　出合う・問いをもつ

板書のポイント
前時の終わりに子供から出された当時の人々の思いを紹介し、玉川上水がつくられたことにつなげる。

T　当時の人口増加による水不足を解消するため、幕府は庄右衛門と清右衛門の兄弟に玉川上水をつくる工事を行わせました。　**1**
C　玉川上水は、どこにあるのかな。
C　水はどこから引いてきたのだろう。
T　では、今日は、玉川上水の水路について調べてみましょう。
＊本時のめあてを板書する。　**2**

調べる　情報を集める・読み取る・考える・話し合う

板書のポイント
東京都の立体地形地図を用意し、どの辺りから水を引けばいいのかを考えながら、学習問題を考える。

T　玉川上水は、どこの水を引いたのでしょう。
C　近くの池からだと思う。　**3**
C　井戸を掘ったのだと思う。
T　当時の江戸のまちは、埋め立てられていたため、井戸を掘っても出てくるのは海水でした。
C　現在と同じように、山から引いたと思う。
C　どのようにして玉川上水をつくったのか。
T　その疑問を単元を通して調べていきましょう。
＊学習問題を板書する。　**4**

2

本時のめあて

玉川上水は、どこの水を引いているのだろう。

3

よそう

・近くの池から
・井戸の水
・山から

4

学習問題

玉川兄弟は、どのようにして
玉川上水をつくったのだろう。

5

調べたいこと・ぎもん

・水路の様子➡どこを通っているのか。
・工事の様子➡どんな工事をしたのか。
・水の使われ方➡何に使っているのか。

6

調べ方

・地図を見る。
・博物館に行く。
・本で調べる。　・現地に行く。
・インターネットで検索する。

まとめる　整理する・生かす

板書のポイント

学習問題の予想や解決に向けて調べたいことを
考え、発表させることで学習計画を立てる。

T　玉川上水についてどんなことを調べてみた
　いか、発表しましょう。　**5**

C　水路の様子はどうだったのかな。

C　工事の様子を調べてみたい。

T　どうやって調べますか？　**6**

C　地図で確認する。

C　博物館を見学したらいい。

C　インターネットを使う。

C　実際に玉川上水に行ってみたい。

学習のまとめの例

〈子供の予想・調べたいことの例〉

・どこからどこまで水を引いているの
　か。

・どのくらいの距離があるのか。

・どんな道具を使って工事をしたの
　か。

・何日ぐらいかかったのか。

・何人ぐらいの人が働いていたのか。

・工事をしていてどんな苦労があった
　のか。

・玉川上水ができて、人々のくらしは
　どのようになったのか。

・現在の玉川上水は、どのようになっ
　ているのか。

調べる
情報を集める・読み取る・
考える・話し合う

玉川上水は、どこからどのように水を引いているのだろう

本時の目標

　玉川上水の水路を調べることを通して、高低差を考えてつくられたことを理解する。

本時の主な評価

　距離や土地の高低差に着目して問いを見いだし、玉川上水の水路が決められた理由について考え、表現している【思①】

用意するもの

　玉川上水の水路と断面図、1mものさし

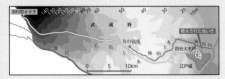

1 玉川上水の水路

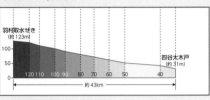

3 水路の断面図

本時の展開 ▷▷▷

つかむ　出合う・問いをもつ

板書のポイント

玉川上水の水の通り道を地図でたどり、気が付いたことを発表させ、具体的に板書する。

T　玉川上水は、どこからどこまで流れていますか？　　**1**

C　羽村から四谷大木戸までです。

C　まっすぐではなく、カーブをしている。

C　まっすぐ水の道をつくった方が短くて工事が楽なのに、どうして曲がっているのかな。

T　今日は、水の通り道について調べてみましょう。

＊本時のめあてを板書する。　　**2**

調べる　情報を集める・読み取る・考える・話し合う

板書のポイント

等高線を読み取り、玉川上水の水路が取られた場所と土地の高低との関係を調べる。

T　水路と断面図を比べて見てみましょう。**3**
　等高線の見方を確かめましょう。　**4**
　気が付いたことを発表しましょう。　**5**

C　高いところから低いところに水が流れていくようになっているんだ。

C　へこんでいるところは谷になっているから、そこを避けているんだ。

C　江戸の近くから水を引こうとすると、土地の高低差がとても小さいから、水が江戸のまちに流れていかないんだ。

2

本時のめあて

玉川上水は、どこからどのように水を引いているのだろう。

4

等高線の見方
・茶色が濃くなると、土地の高さが高くなる。
・等高線の幅が広いと、なだらかだ。
・等高線の幅がせまいと、かたむきが急だ。
・等高線がへこんでいるところは
　谷になっている。

5

気づいたこと

・高いところから低いところに
　水が流れるようになっている。
・谷を避けている。
・近くからだと、水が流れていかない。

ぎもん

どのような工事をしていたのか？

6

長さ	43km		長さ	1m
高低差	92m	⟷	高低差	2mm

まとめる　整理する・生かす

板書のポイント
玉川上水の水路の高低差から、当時の工事の大変さを想像し、次時につなげる。

T　玉川上水の長さはどのくらいですか？　
C　43km。
T　高低差はどのくらいですか。
C　92m。
T　１mのものさしでたとえると、高低差は約２mmになるくらいとても小さいですね。
C　この土地の高低差で水が通るのかなぁ。
C　どんな工事をしていたのだろう。
T　次回は工事の様子について調べましょう。

学習のまとめの例

・はじめは、江戸の近くから水を引けば楽なのにと思っていたけれど、水は高いところから低いところに流していかなければ用水ができないので、40km以上も遠くから工事をしていることが分かりました。

・通り道も水が流れやすいように考えられていたことが分かりました。高低差を考えても長さ43kmで土地の高低差が92mしかないので、水を流すための工事は大変だろうなと思いました。

調べる
情報を集める・読み取る・
考える・話し合う

玉川上水の工事は、どのようにして行われたのだろう

本時の目標
　玉川上水の工事の様子を調べることを通して、当時の工事の大変さや人々の苦労について考える。

本時の主な評価
　玉川兄弟の苦心や努力に着目して問いを見いだし、玉川上水の工事の様子について考え、表現している【思②】

用意するもの
　見学に必要なもの、もっこ・くわ、工事の様子が分かる資料

本時の展開 ▷▷▷

1

玉川上水の様子

玉川上水
全長43km
高低差92m
工事期間8か月

つかむ　出合う・問いをもつ

板書のポイント
玉川上水の工事の様子を提示し、読み取ったことを話し合う。

T　玉川上水は、8か月で完成しました。 1

C　43kmの長さの工事を、そんなに短い期間でどうやって進めたのかなぁ？

T　今日は、工事の様子について調べましょう。

＊本時のめあてを板書する。

C　たくさんの人が働いています。 3

C　土を掘ったり運んだりしているのは、人の力なんだね。

調べる　情報を集める・読み取る・考える・話し合う

板書のポイント
どのような道具を使っていたのかを体験することで、さらに生じた疑問を整理し、今後の見学に備える。

T　これは、工事に使われていた道具です。

C　機械がないので、大変だったと思う。

C　くわだと少しずつしか土を掘れないよ。

C　掘った土は重くて、運ぶのが大変だ。

T　見学先の資料館で聞いてみたいことはありますか？ 4

C　何人ぐらいで作業をしたのだろう。

C　どんな苦労があったのかな。

C　工事は順調に進んだのかな。

T　見学したときに聞いてみましょう。

2

本時のめあて　玉川上水の工事は、どのようにして行われたのだろう。

工事の様子想像図

3

気づいたこと

・たくさんの人が働いている。
・いろいろな道具を使っている。

4

見学先で聞きたいこと
・どんな道具を使っていたのか。
・どのくらいの人が工事に参加したのか。
・大変だったことは何か。
・失敗することはあったのか。

5

分かったこと

・たくさんの村人が集められ、工事が進められた。
・掘り直しをしたところがあった。
・自分の家を売って、工事のお金をつくった。

まとめる　整理する・生かす

板書のポイント

資料館を見学したり、インタビューしたりしたことをまとめる。

T　見学をして何が分かりましたか？　**5**
C　たくさんの村人が集められていた。
C　水が流れないところがあったようだ。
C　土が水を吸い込んでしまい、掘り直しをしたところがあると聞いた。
C　やり直すと、その分お金がかかる。
T　幕府が出したお金では足りなかったので、玉川兄弟は自分の家を売ったそうです。
C　そこまでして工事をした玉川兄弟はどんな気持ちだったのだろう。

学習のまとめの例

・土運び体験は、とても大変だった。便利な機械や道具がない中で、土を掘ったり運んだりする工事はたくさんの苦労があったと思います。
・玉川兄弟は、幕府から与えられたお金が足りなくなると、自分たちの資産を投げうち、江戸のまちに水を運ぶために工事を進めていました。
・掘り直しになったら工事をしたくなくなると思うけれど、あきらめないで工事をしていたところがすごいと思います。

調べる
情報を集める・読み取る・
考える・話し合う

玉川上水によって、江戸のまちの人々の生活はどのように変わったのだろう

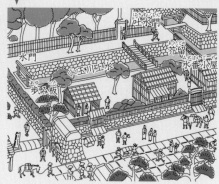

江戸時代の四谷大木戸の様子
・塀で囲まれている。
・見張りをしている人がいる。

2 本時のめあて

玉川上水によって、江戸のまちの人々の生活はどのように変わったのだろう。

本時の目標
　玉川上水が完成した後の江戸の様子を調べることを通して、安心して水が使え、人々の生活が向上したことを理解する。

本時の主な評価
　江戸のまちの様子について調べ、配水の仕組みや工夫を理解している【知①】

用意するもの
　四谷大木戸の絵、木のとい、石のます、ますや上水井戸のしくみ

本時の展開　▷▷▷

つかむ　出合う・問いをもつ

板書のポイント
四谷大木戸の様子を提示し、気が付いたことを発表する。

T　これは、玉川上水の終点となる四谷大木戸の様子です。気が付いたことはありますか？　**1**

C　木の壁ではなくて、石垣で囲まれている。

C　用水路なのに見張りの人がいる。

C　何を守っているのだろう。

T　今日は、玉川上水の完成によって、江戸のまちがどのように変わったのか調べてみましょう。

＊本時のめあてを板書する。　**2**

調べる　情報を集める・読み取る・考える・話し合う

板書のポイント
といやます、井戸などの資料から江戸のまちに水を配る工夫について考える。

T　次の資料を見てみましょう。　**3**

C　木のといや、石のますって何かな。

C　地下に水を通すしくみではないか。

C　方向を変えたり、水を分けたりする仕組みかも。

C　現在の水道管と同じようなものがつくられていたんだ。

C　分けられた水は井戸でくんでいた。

T　多摩川のあゆが井戸にいたそうです。

C　魚がすめるほどきれいな水だったんだ。

江戸の発展に尽くした玉川兄弟

3

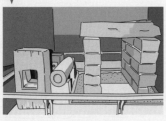

木のとい、石のます

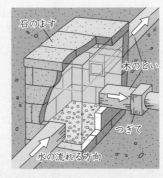

ますのしくみ

上水井戸のしくみ

水を配る工夫
・地下に水を通していた。
・ますを使って方向を変えたり、水を分けたりしていた。
・きれいな水を守るため、みんなで管理したりそうじをしたりした。

4

| 学習のまとめ | 江戸のまちの人々の思いは…… | 水が自由に使える。
便利になった。
ずっと使えるように守っていきたい。 |

玉川上水ができたことで、きれいな水を自由に使えるようになった。

まとめる　整理する・生かす

板書のポイント
四谷大木戸の様子や水を配るための工夫から、
江戸のまちの人々の思いを想像し、発表する。

T　玉川上水ができて、まちの人々はどのように思ったでしょうか。　**4**
C　水が自由に使えて助かった。
C　きれいな水を保つために、そうじをしたい。
C　みんなできれいにしていきたい。
C　きれいな水を守っていかなければいけない。
C　そのために、四谷大木戸を塀で囲んだり、見張りをしたりしていたのだと思う。

学習のまとめの例

・玉川上水ができたことで、江戸の人々はきれいな水を自由に使うことができるようになりました。安心して使い続けられるように、人々は水の管理をしたり、協力して上水井戸やますのそうじをしたりしていました。

・玉川上水によって運ばれてきた水を地下に通し、江戸のまちのすみずみにまで水が届くようになりました。江戸の人々が水不足で困ることはなくなりました。

玉川上水ができたことで、武蔵野台地はどのように変わったのだろう

本時の目標

玉川上水の分水を調べることを通して、武蔵野台地で農業ができるようになったことを理解する。

本時の主な評価

分水の様子について調べ、武蔵野台地に分水が引かれたことで発展したことを理解している【知①】

用意するもの

分水がつくられた時期を示した年表と地図、分水の写真、新田集落の発達を示す資料

本時の展開 ▷▷▷

1 江戸時代の玉川上水の分水

分水がつくられた場所
・江戸のまちの西側
・武蔵野台地

2

本時のめあて

玉川上水ができたことで、武蔵野台地はどのように変わったのだろう。

つかむ　出合う・問いをもつ

板書のポイント

分水の様子を提示して、どこにつくられたのか、分水の位置から気が付いたことを発表することで、玉川上水の役割の広がりを想像させる。

T　玉川上水の分水は、どのようなところにつくられましたか？　**1**

C　江戸のまちよりも西側。

C　武蔵野台地の辺り。

C　どうして分水がつくられたのかなぁ。

T　今日は、分水がつくられたことによる武蔵野台地の変化について調べてみましょう。

＊本時のめあてを板書する。　**2**

調べる　情報を集める・読み取る・考える・話し合う

板書のポイント

当時の武蔵野台地の様子を想像し、玉川上水の水が行き渡ることで人々の暮らしがどうなるのか考える。

T　武蔵野台地は、どんなところだったのでしょう。　**3**

C　水が得にくかった。

C　荒れ地や雑木林が広がり、人はあまり住んでいなかった。

T　では、分水がつくられると、どうなるでしょうか？　**4**

C　荒れ地を畑にすることができる。

C　人が住めるようになる。

C　新しい村ができるかもしれない。

3

武蔵野台地は……
・荒れ地や雑木林が広がる。
・水が得にくい。

4　よそう

分水ができて
・荒れ地を畑にすることができる。
・人口が増え、新しい村ができる。

5
・農業がさかんになる。
・農業ができるようになると、
　そこに住む人が増える。

6

学習のまとめ

荒れ地だった場所で農業ができるようになり、
多くの人が人が住める村になっていった。

まとめる　整理する・生かす

板書のポイント

玉川上水の分水が武蔵野台地の生活にどのような変化をもたらしたのか、考えて発表する。

T　分水がつくられたことで、武蔵野台地はどのように変わったのでしょうか？　**5**
C　水が引かれたことで、農業がさかんになった。
C　農業ができるようになると、そこに引っ越す人が増えてきたと思う。
C　住む人が増えると、村ができる。
C　武蔵野台地に住む人が増えると、江戸の人口も増えていったと思う。
T　では、今日の学習のまとめをしましょう。**6**

学習のまとめの例

・玉川上水ができた後、分水がつくられたことで、江戸のまちだけでなく、武蔵野台地に水が送られるようになりました。そのため、荒れ地だった場所で農業ができるようになり、多くの人が住んで村になっていきました。

・玉川上水の水は、武蔵野台地の村にも送られていきました。それまで畑として使えなかった土地でも作物がとれるようになったため、農業をしようと移り住む人も増えていきました。

玉川兄弟は、どのような思いで玉川上水の工事を進めたのだろう

本時の目標
玉川上水の工事や玉川兄弟の思いを整理し、学習問題に対するまとめを考える。

本時の主な評価
玉川兄弟はどのような思いで工事を進めたのか新聞にまとめている【知②】／学習を振り返ったり見直したりして、学習問題を解決しようとしている【主①】

用意するもの
新聞作成用紙

1

学習したこと

・工事の様子
・四谷大木戸の様子
・分水の様子

2

本時のめあて

玉川兄弟は、どのような思いで玉川上水の工事を進めたのだろう。

↓

新聞をつくってまとめよう。

本時の展開 ▷▷▷

つかむ　出合う・問いをもつ

板書のポイント
工事の大変さ、江戸の人々の思い、武蔵野台地の暮らしの変化など、これまで学習してきたことを振り返り、本時のめあてを考える。

T　これまで学習してきたことを振り返りましょう。　
C　江戸のまちに水を引くため、玉川上水がつくられた。
C　玉川上水ができ、江戸のまちや武蔵野台地に水が行きわたった。
T　玉川上水が完成したときの玉川兄弟の気持ちを考えてみましょう。
＊本時のめあてを板書する。　**2**

調べる　情報を集める・読み取る・考える・話し合う

板書のポイント
学習したことの中から取り上げる記事を絞り込み、新聞をつくる。

T　学習してきたことから記事を絞り込んで、新聞をつくりましょう。　**3**
C　玉川兄弟にインタビューしてみたい。
C　江戸のまちの人々が玉川兄弟のことをどう思っているのか、聞いてみたい。
T　新聞用紙にレイアウトを考え、記事を書き込んでいきましょう。
C　私は、工事が大変だったことを扱いたい。
C　ぼくは、玉川上水が完成して、江戸のまちの人が喜んでいる様子を取材する。

きょう土の伝統・文化と先人たち　2　江戸の発展に尽くした玉川兄弟

3

新聞のつくり方

・江戸時代にタイムスリップしたつもりになって取材をするように書く。
・伝えたいことを選んで見出しを付ける。
・考えたことを「記者の目」（社説）としてまとめる。

4

江戸のまちの
人々のために
苦労を重ねた
玉川兄弟

計画の見直しが続く
玉川上水の工事

武蔵野台地に水をもたらす
玉川上水

まとめる　整理する・生かす

板書のポイント
まとめた新聞を提示し、学習問題のまとめや学
習感想を交流し合う。

T　社説に取り上げたことを発表しましょう。

◀4

C　玉川兄弟が、江戸に水を引くために様々な
　困難を乗り越えたところが心に残った。

C　計画どおりに進まなくてもあきらめずに、
　江戸のまちの人々のために工事を進めたとこ
　ろがえらいと思った。

C　江戸のまちに水を引くための玉川上水に
　よって武蔵野台地にも畑が広がったので、玉
　川兄弟は喜んでいると思う。

学習のまとめの例

・便利な道具も機械もない中、江戸に
　水を引くために玉川兄弟は工事を進
　めました。水路を考え、うまくいか
　ないことがあってもあきらめなかっ
　たことや、お金が足りなくなった
　ら、自分たちの家を売って工事のた
　めに使ったことなど、玉川兄弟が努
　力したおかげで江戸に水が行き渡る
　ようになりました。
・武蔵野台地に畑が広がり、農業が盛
　んになりました。今も残る玉川上水
　に行ってみたいし、これからも大切
　にしていきたいと思います。

159

まとめる
整理する・生かす

現在の玉川上水は、どのようになっているのだろう

本時の目標
現在の玉川上水の様子を調べることを通して、玉川上水が大切に守られてきたことについて考える。

本時の主な評価
現在の玉川上水の様子に着目して問いを見いだし、地域の人々によって玉川上水が今も大切に守られてきていることを考え、表現している【思①】

用意するもの
現在の玉川上水の様子が分かる資料、小平監視所、東村山浄水場

1 現在の玉川上水

本時の展開 ▷▷▷

つかむ　出合う・問いをもつ

板書のポイント
玉川上水の現在の様子を提示し、400年経った今はどんなことに利用されているのか、考えられるようにする。

T　これは、どこの様子ですか？　**1**
C　玉川上水かな。写真だから今の様子かも。
T　これは、現在の玉川上水の様子です。
C　きれいなところだから行ってみたい。
C　今は、どのようになっているのだろう。
T　今日は、現在の玉川上水について調べてみましょう。
＊本時のめあてを板書する。　**2**

調べる　情報を集める・読み取る・考える・話し合う

板書のポイント
小平監視所や東村山浄水場などの写真資料を提示し、現在も飲料水として利用されたり、再生水が流れて憩いの場所になったりしていることを調べる。

T　次の資料を見てみましょう。　**3**
C　小平監視所で水を送っているということは、今でも玉川上水の水が使われているのかもしれない。
C　浄水場に送られているそうなので、水をきれいにして、今も使っているんだね。
C　玉川上水の周辺は、遊歩道が整備されているよ。
C　飲料水として使うだけでなく、自然を楽しむ場所にもなっているなんてすごいね。

2 本時のめあて

現在の玉川上水は、どのようになっているのだろう。

3

小平監視所

村山浄水場

今も飲料水として利用されている

4 学習のまとめ

これからの玉川上水は……
・飲み水として人々が利用していく。
・自然が豊かな場所として、人々が集まる場所となる。
・まちの人だけでなく、みんなで大切に守っていかなければならない。

まとめる　整理する・生かす

板書のポイント

地域の人々の思いも参考に、これからの玉川上水について考えたことを発表する。

T　これからの玉川上水は、どうなっていくと思いますか？　**4**

C　これからも飲料水として使われてほしい。

C　豊かな自然があるので、まちの人が守り続けていけるといいな。

C　まちの人だけでなく、みんなで大切にしていかなければいけない。

T　みなさんの住む地域にも玉川上水に関わりの深い場所があるか、調べてみるといいですね。

学習のまとめの例

・玉川上水の水は、現在でも飲料水として利用されていることに驚きました。また、再生水を流すことによって豊かな自然が広がり、周辺に住む人々にとって安らげる場所になっています。人々が玉川上水の自然を守り続けていることに感動しました。

・江戸時代につくられた玉川上水が、今でも飲み水として使われ、役に立っていることに驚きました。それだけでなく、現在は自然を楽しむという新しい役割もできました。これからも、みんなで守っていかなければならないと思いました。

5

特色ある地いきと
人々のくらし

ネクタイづくりが盛んな市

単元の目標

　ネクタイづくりが盛んな八王子市の位置や自然環境、人々の活動や産業の歴史的背景、人々の協力関係などに着目して、地図帳や各種の資料で調べ、まとめ、八王子市の特色を考え表現することを通して、ネクタイづくりが盛んな八王子市では、様々な人々が協力し、特色あるまちづくりを進めたり、産業の発展に努めたりしていることを理解できるようにするとともに、ネクタイづくりが盛んな八王子市の様子について追究し、学習問題を解決しようとする態度を養う。

学習指導要領との関連　内容(5)「県内の特色ある地域の様子」アの㋐㋑及びイの㋐

第1・2時	第3・4時
つかむ「出合う・問いをもつ」	調べる
〔第1時〕 ○ネクタイは、どのようなつくりになっているのだろう。　　　　　　　　　　　【思①・主①】 ・八王子市でつくられたネクタイの実物を観察し、気付いたことを発表する。 ★ネクタイの素材や縫い方などに着目する。 ・資料を調べ、東京都は生産量が全国で第2位であり、主に八王子市で多くつくられていることが分かる。 ・ネクタイづくりについて疑問を出し合い、学習問題を見いだす。 ★生産量に着目する。 【学習問題】 どうして、八王子市ではネクタイづくりがさかんなのだろう。 〔第2時〕 ○どうして、八王子ではネクタイづくりがさかんなのだろう。　　　　　　　　　　【主①】 ・学習問題を解決するための見通しをもち、学習計画を立てる。 予働くための人口が多かったり、原料を入手しやすい土地だったりしたからではないか。	〔第3時〕 ○いつ頃から八王子市でネクタイづくりが行われてきたのだろう。　　　　　　　　　【知①】 ・年表や資料などを調べ、八王子市では古くから養蚕や織物が盛んであったことが分かる。 ・年表や資料などを調べ、八王子市では大正末期頃から織物の技術を生かしたネクタイづくりがはじまったことが分かる。 ★歴史的な背景に着目する。 〔第4時〕 ○どのようなことがネクタイづくりの産業には必要なのだろう。　　　　　　　　　　【知①】 ・昔の地図を読み取り、八王子市には絹織物に必要な桑の木がたくさんあったことが分かる。 ・昔の地図を読み取り、街道が通っており交通の便がよいことが分かる。 ・自然環境と地理的な要因があったことで、国内有数のネクタイの産地になっていったことを理解する。 ★位置や空間の広がりに着目する。

単元の内容

　本単元は、都道府県内の特色ある地域では、人々が協力し、特色ある産業の発展に努めていることを理解することをねらいとしている。

　具体的には、現在も生産量が全国第2位である八王子市のネクタイづくりを地場産業として取り上げる。八王子市には、織物の原料の絹を生み出す養蚕に必要な桑畑が多くあったことや、地域にきれいな水を供給できる川があるこ

となど、自然環境に恵まれたため、昔から織物産業が盛んに行われてきた。長い歴史の中で、人々の生活スタイルに合わせてつくるものを変え、現在のネクタイづくりにつながっている。

　さらに、ウェアラブル端末が市場に出ることを見越し、高い技術を生かして様々な挑戦を行い、海外からも注目されるなど、ネクタイづくりに止まらず発展している地域である。

単元の評価

知識・技能	思考・判断・表現	主体的に学習に取り組む態度
①東京の西部にある八王子市では、人々が協力し、特色あるまちづくりや伝統的な技術を生かしたネクタイづくりの地場産業の発展に努めていることを理解している。 ②八王子市の地場産業であるネクタイづくりについて、見学などの調査活動で収集した情報や、地図帳、市役所などが作成した各種資料、インターネットなどで調べ、まとめている。	①八王子市の位置や自然環境、人々の活動や産業の歴史的背景、人々の協力関係などに着目して、問いを見いだし、八王子市の様子について考え、表現している。 ②比較・関連付け、総合などして、ネクタイづくりが盛んな八王子市の特色を考え、適切に表現している。	①伝統的な技術を生かした八王子市の地場産業であるネクタイづくりに関心をもち、予想や学習計画を立て、学習を振り返ったり見直したりして、学習問題を追究し、解決しようとしている。

【知】：知識・技能　【思】：思考・判断・表現　【主】：主体的に学習に取り組む態度
○：めあて　・：学習活動　★：見方・考え方　🧒：期待する子供の予想例

第5・6時	第7・8時
「情報を集める・読み取る・考える・話し合う」	まとめる「整理する・生かす」
〔第5・6時〕 ○なぜ、現在でも八王子市のネクタイづくりはさかんなのだろう。　　　　　　　　　【知②】 ・ネクタイ工場を訪問し、様々な人から聞き取り調査を行う。 　▷多くの工場では、機械を導入して、大量にネクタイをつくれるようになったこと。 　▷終戦時、政府からお金を借りるなどして、ネクタイづくりの産業を支えていたこと。 　▷八王子織物「多摩織」が通産省から伝統工芸品として指定を受けたこと。 　▷八王子市のネクタイづくりは、絹織物の伝統的な技術を生かしていること。 　★伝統的な高い技術に着目する。 ○ネクタイ工場で働いている人は、どのようなことを工夫しているのだろう。 ・ネクタイ製造の工程ごとに調べ、気付いた工夫をグループで共有する。 ・ネクタイづくりの産業に関わる諸課題について分かる。 　★人々の思いや願いに着目する。	〔第7時〕 ○どうして、八王子市ではネクタイづくりがさかんなのだろう。　　　　　　　　　【主①】 ・これまでの学習を振り返り、八王子市でネクタイづくりが盛んになった理由について話し合う。 ・学習問題について自分の考えをまとめる。 　★自然条件など地理的特色に着目する。 　★伝統技術の継承・発展に着目する。 〔第8時〕 ○ネクタイづくりの高い技術を生かした取組には何があるのだろう。　　　　　　　【思②】 ・市役所の人から話を聞き、伝統的な織物の技術を用いた高周波回路ウェアラブル端末を開発していることや、海外進出に向けた新しい取組に挑戦していることが分かる。 ・八王子市のこれからの地場産業の姿について、感想を文章でまとめる。 　★ネクタイづくりの高い技術に着目する。

問題解決的な学習展開の工夫

　導入において、多くの人が住んでいる東京は、ネクタイの生産量が全国で2位であるという、意外な事実を提示することで、子供が疑問をもち、進んで学習に取り組むよう工夫したい。

　また、調べる場面では、昔の八王子市の地図を活用して、織物に必要な桑の木が多く植えられていた事実を知ることで、時間的にも空間的にも産業の広がりを認識できるようにすること

が重要である。工場見学のまとめを行う際には、短い言葉でまとめ、その理由を考えさせることで、自分の気持ちを明確にできる。

　さらに、学習のまとめでは、ネクタイづくりで培った高い技術を生かした新しい取組を提示することで、八王子市は、特色を生かして産業の発展に努めていることに気付けるようにすることが大切である。

つかむ
出合う・問いをもつ

ネクタイは、どのようなつくりになっているのだろう

気づいたこと

・色々な「がら」がある。
・ネクタイによって幅が違う。
・糸がていねいに織られている。
・後ろに名前が書いてある。

ぎもん

・どうやってつくるのだろう。
・何からできているのだろう。
・「がら」は何種類くらいあるのだろう。

本時の目標
ネクタイの作り方を調べることを通して、疑問を基にして学習問題を見いだす。

本時の主な評価
ネクタイのつくり方や生産される地域に着目して問いを見いだし、ネクタイにはどのような特徴があるのか考え、表現している【思①】／疑問を基に学習問題を追究しようとしている【主①】

用意するもの
実物のネクタイ、ネクタイの生産量が分かる統計

本時の展開 ▷▷▷

つかむ　出合う・問いをもつ

板書のポイント
ネクタイの実物を提示し、実際に見たり触ったりしながら気付いたことを自由に発言させ、ネクタイに対して興味・関心をもたせる。

T　これは何でしょうか？
C　ネクタイ。お父さんが持っている。
T　実物のネクタイを見たり触ったりして気付いたことを挙げましょう。　
C　糸で織られている。
C　何からできているのだろう。
T　それでは、今日からこのネクタイについて調べていきます。疑問をもとにして学習問題をつくりましょう。　
＊本時のめあてを板書する。

調べる　情報を集める・読み取る・考える・話し合う

板書のポイント
ネクタイの生産量が分かる資料を提示する。統計資料を調べることで東京（特に八王子市）の生産が多いことに気付かせ、疑問をもたせる。

T　これはネクタイに関する資料です。　**3**
＊「八王子市の生産量が分かる資料」「東京都の生産量が分かる資料」を提示する。
T　どんなことに気付きましたか？　気付いたことをノートに書きましょう。
＊掲示した資料と同じものを子供にも配付する。
T　気付いたことをグループで話し合いましょう。　
C　ネクタイの生産量についての資料だ。
C　東京都の生産が多いときがある。

ネクタイづくりが盛んな市

2

本時のめあて

ネクタイは、どのようなつくりになっているのだろう。

3

平成25年 日本のネクタイ生産および輸入の推移（数量）

輸入	20,163	0.20%
山梨	2,247	0%
八王子	874	-5%
西陣	416	18.50%
京都（アウトサイダー）	432	4.30%
その他	860	-0.10%
国産プリント	302	1.00%
国産（ジャガード計）	4,829	0.80%
国産合計	5,131	0.80%
輸入を含む（総合計）	25,294	0.30%

4

気づいたこと

・ネクタイの生産量の資料だ。
・八王子市が2位だ。

5

ぎもん

・なぜ八王子市の生産量が多いのだろう。
・いつから八王子市でネクタイづくりが
　さかんなのだろう。

6

学習問題

どうして、八王子市ではネクタイづくりがさかんなのだろう。

まとめる　整理する・生かす

板書のポイント
実物から気付いたことと、ネクタイの生産量が
分かる統計資料から気付いたことを基にして疑
問を整理し、学習問題を設定する。

T　疑問に思ったことを各グループで話し合
　い、発表しましょう。　　　　　　　**5**

C　どうして東京都の中で八王子市の生産量が
　多いのだろう。

C　いつから八王子市ではネクタイが作られて
　いるのだろう。

T　これから学習問題をつくり、それをこれか
　ら解決していきましょう。　　　　　**6**

＊学習問題を板書する。

学習のまとめの例

※本時は学習問題を作成することがメ
　インの活動となる。子供と指導者が
　一緒に学習問題を設定するため、全
　員が同じ学習問題をノートに記述す
　ることになる。

※時間があったらどうして盛んなの
　か、予想を記述させ、次時の学習に
　つなげることもできる。

〈予想の例〉
・ネクタイの生地が昔からつくられて
　いたからだと思います。
・ネクタイをつくる工場がたくさん建
　てられたからだと思います。

つかむ
出合う・問いをもつ

どうして、八王子市ではネクタイづくりがさかんなのだろう

本時の目標
学習問題を解決するために何が必要か予想することを通して、学習計画を立てる。

本時の主な評価
自分や友達の疑問を基に学習計画を立て、学習問題を追究しようとしている【主①】

用意するもの
前時で使用した実物のネクタイや統計資料等

1

学習問題

どうして、八王子市では
ネクタイづくりがさかん
なのだろう。

2

グループで考えたよそう

1班	2班
ずっと前からつくられているからだろう。	今も織物を作る工場がたくさん建っているからだろう。

4班	5班
明治の頃からつくられているからだろう。	大きな工場がいくつもあるからだろう。

本時の展開 ▷▷▷

つかむ　出合う・問いをもつ

板書のポイント
前時に作成した学習問題を提示し、前時の学習を想起させることで本時の活動を意欲的に取り組むようにする。

T　前回、みんなで考えた学習問題は何ですか？

C　学習問題は「どうして、八王子市ではネクタイづくりがさかんなのだろう」だ。　**1**

T　そうですね。今日はこの学習問題に対して予想をします。その予想をグループ（今回は6班設定）で話し合います。

T　話し合うとき、必ず理由を付け加えるようにしましょう。グループごとに渡す画用紙に予想を書きましょう。　**2**

調べる　情報を集める・読み取る・考える・話し合う

板書のポイント
グループごとに話し合う時間を設定し、画用紙などに記述させて視覚化し、その画用紙を掲示して共通点を見いだせるようにする。

T　それでは全員前に出てきましょう。同じような予想があるか見付けてみましょう。

C　1班の「ずっと前からつくられているからだろう」と4班の「明治の頃からつくられているからだろう」は同じことを意味している。

T　4班はどうして「ずっと前から」と予想したのでしょうか？　**3**

C　はい。おじいちゃんがネクタイを付けている写真を見て、その頃からネクタイがつくられていると思ったから。

平成25年　日本のネクタイ生産および輸入の推移（数量）

輸入	20,163	0.20%
山梨	2,247	0%
八王子	874	-5%
西陣	416	18.50%
京都（アウトサイダー）	432	4.30%
その他	860	-0.10%
国産プリント	302	1.00%
国産（ジャガード計）	4,829	0.80%
国産合計	5,131	0.80%
輸入を含む（総合計）	25,294	0.30%

3班

> ネクタイを上手につくる人がたくさんいるからだろう。

6班

> ネクタイに必要な材料がそろっているからだろう。

 3

共通していること

・大きな工場があるからだろう。
・ネクタイに必要な材料があるからだろう。
・昔からつくられていたからだろう。

 4

学習計画

◎ネクタイはいつごろから八王子市でつくられているか、歴史を調べる。
◎どのようなことがネクタイづくりには必要なのか、地図や資料から調べる。

 5

ふりかえり

・昔からつくられているから盛んだと思う。早く調べてみたい。
・みんなで計画を立てられた。色々な意見を聞くことできてよかった。

まとめる　整理する・生かす

板書のポイント

グループから出された共通した予想を整理し、何を調べれば学習問題の解決につながるかを投げかけ、学習計画を作るようにする。

T　黒板を見ましょう。予想が大きく○つになりましたね。この中から何を調べれば学習問題の解決につながっていきますか？

C　ネクタイづくりに必要なものを調べればいい。それが分かれば東京都の中で八王子市で盛んにつくられている理由になるからだ。

T　学習計画が決まりました。「いつから」と「どのように」を調べていきます。次回は「いつから」を調べていきます。

学習のまとめの例

〈学習計画に関する記述例〉

・いつから八王子市で作られているかを調べる。
・ネクタイづくりには何が必要かを調べる。

〈ふりかえりの例〉

・他のグループも同じように昔から作られていると予想しておどろいた。早く調べてみたいです。
・ネクタイづくりに必要なものが何か、それが八王子市にあるかを調べれば分かることを○○さんが言っていて、なるほどと思いました。

いつ頃から八王子市でネクタイづくりが行われてきたのだろう

本時の目標

　学習課題を解決するために、年表や資料などを活用して、八王子市では古くから養蚕や織物が盛んであったことを理解する。

本時の主な評価

　資料を活用して読み取り、八王子市では古くから養蚕や織物が盛んであったことを理解している【知①】

用意するもの

　八王子市の年表、養蚕や織物に関する資料

1

本時のめあて

いつ頃から八王子市でネクタイづくりが行われてきたのだろう。

2

よそう

・人がこの地に住むようになった頃からだろう。
・機械が持ち込まれた頃からだろう。
・糸が作れるようになった頃からだろう。
・明治の頃からだろう。

本時の展開 ▷▷▷

つかむ　出合う・問いをもつ

板書のポイント
前時に立てた学習計画に沿って本時の学習課題を提示する。授業の導入で学習課題に対する予想をさせ、課題解決につなげていく。

T　今日から調べる学習を行っていきます。今日の学習のめあては何でしょうか？　**1**

C　今日は「いつ頃から八王子市でネクタイづくりが行われてきたのだろう」だ。

T　それでは予想をノートに書きましょう。理由も一緒に書きましょう。　**2**

C　ネクタイを作る機械が持ち込まれた頃だと思う。理由は機械でネクタイを作ると思ったからだ。

T　これから調べていきましょう。

調べる　情報を集める・読み取る・考える・話し合う

板書のポイント
学習課題の解決につながる資料を配布し、同じ資料の拡大版を黒板に貼付する。2つの資料を提示し、それぞれから分かったことを板書する。

T　今からみんなの予想に関連する資料を配ります。それぞれの資料を読み取って分かったことをノートに書きましょう。　**3**

T　近くの友達と分かったことを伝え合いましょう。

C　①の資料からは、八王子市で昔から養蚕が行われていたことが分かる。

C　大正時代からネクタイづくりが行われるようになった。

T　分かったことを挙げましょう。

3 調べること

八王子市の歴史（年表）

養蚕や織物の資料

資料から分かったこと

・八王子市では古くから養蚕がさかん
　に行われていた。
・養蚕とは絹糸の繭をとる目的で蚕を
　飼育することである。
・織物の技術がネクタイづくりに生か
　されている。

4 話し合って考えたこと

・織物の技術があったからネクタイづく
　りが盛んに行われるようになった。
・八王子市はもともとネクタイづくりに
　向いている地域だった。

5 学習のまとめ

・八王子市では、織物づくりの技術
　を生かして大正時代からネクタイ
　づくりがさかんに行われてきた。

ふりかえり

織物の技術がネクタイづくりに生かされ
ていて驚いた。絹糸の繭はどうやって作
られるのか調べてみたい。

まとめる　整理する・生かす

板書のポイント
資料から分かったことを基にして、昔から織物が
盛んだった事実と大正時代からネクタイがつくら
れた事実を板書し、学習のまとめにつなげる。

T　今日の学習課題と結び付けてどのようなこ
　　とを考えましたか？　**4**
C　養蚕が盛んに行われていたことがネクタイ
　　づくりにつながったのではないかな。
C　養蚕が盛んだったから、ネクタイだけでな
　　く、昔から糸に関係する仕事が八王子市では
　　行われていたのではないかな。
T　学習のまとめを書きます。分かったことか
　　ら2つ選んで、学習課題に対する学習のま
　　とめを書きましょう。　**5**

学習のまとめの例

・昔から八王子市では織物が盛んでし
　た。そしてその技術を生かしてネク
　タイづくりが大正の頃から行われる
　ようになりました。
・昔から織物作りを行っていました。
　そして、織物づくりの技術を生かし
　て八王子市ではネクタイが盛んに作
　られるようになりました。

※まとめを書く場合、自分の力だけで
　は書くことが困難な子供もいるの
　で、板書を参考にしながら記述させ
　るように支援したい。

調べる
情報を集める・読み取る・
考える・話し合う

どのようなことがネクタイづくりの産業には必要なのだろう

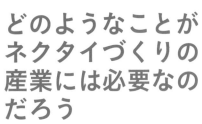

本時の目標
　学習問題を解決するために、地図や資料などを活用して、ネクタイづくりの産業に必要なことを理解する。

本時の主な評価
　八王子市では、自然環境や地理的要因がネクタイづくりに関わっていることを理解している【知①】

用意するもの
　80年前と現在の八王子市の地図、街道の役割等が分かる資料

---

1 本時のめあて

どのようなことがネクタイづくりの産業には必要なのだろう。

2 よそう
・職人や機械が必要だろう。
・蚕が食べる桑畑が必要だろう。

分かったこと
【①と②を比較して分かること】
・昔は桑畑がほとんどあった。
・昔から川が流れている。
【③から分かること】
・街道は絹を運ぶために重要だった。
・絹織物もネクタイも生糸がなければ作れない。

本時の展開 ▷▷▷

つかむ　出合う・問いをもつ

板書のポイント
　2時目に立てた学習計画の中から「どのようなことがネクタイづくりには必要なのか」の学習課題を提示したら、予想をさせ、板書をする。

T　今日の学習のめあては何でしょう？　**1**
C　はい。「どのようなことがネクタイづくりの産業には必要なのか」だ。
T　それでは予想をノートに書きましょう。理由も一緒に書きましょう。　**2**
C　蚕を育てる広い土地が必要だと思う。理由は材料となる絹が大量に必要だからだ。
C　多くの職人が必要だと思う。理由はたくさんつくるためには人の手が必要だからだ。
T　これから調べていきましょう。

調べる　情報を集める・読み取る・考える・話し合う

板書のポイント
学習課題の解決につながる資料を配布し、同じ資料の拡大版を黒板に貼付する。異なる時期の地図は配布し、比較して事実を読み取る。

T　これから2枚の地図を配布します。1枚は現在の八王子の様子が分かる地図です。もう1枚は80年前の地図です。比べて分かったことをノートに書きましょう。　
C　今はない桑畑が80年前にはたくさんあることが分かる。
C　今も昔も市内には川が流れていることが分かる。
C　今も昔も市内に大きな道路が通っていることが分かる。

3

調べること

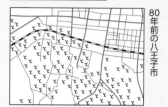
80年前の八王子市

現在の八王子市

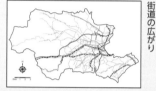
街道の広がり

話し合って考えたこと

・たくさん使える水があった。
・桑畑があった。
・大きな街道があった。

4

学習のまとめ

　八王子市では、昔から蚕のエサである桑畑が多くあり、ネクタイづくりに必要な水が川からとることができたので、ネクタイづくりがさかんに行われてきた。

5

ぎもん

桑畑がなくなったのに、どうして今も生産量が多いのか？

まとめる　整理する・生かす

板書のポイント

資料から分かったことをもとにしてネクタイづくりに必要なことをまとめる。そして次時につなげる疑問点をもたせる発問をして板書する。

T　今日の学習のめあてと結び付けてどのようなことを考えましたか？　**4**

C　蚕のエサとなる桑畑がたくさんあったことで、多くの蚕が糸を出し、その糸を使ってネクタイをつくっていました。

T　（桑畑の多さと現在の生産量の統計を出して）何か疑問に思うことはありますか？　**5**

C　桑畑がなくなったのにどうして現在も八王子市はネクタイの生産量が多いか疑問に思った。

T　では、どうしたら疑問が解決できますか？

学習のまとめの例

・八王子市では、蚕のエサである桑畑や水をとれる川がありました。そして、育てた蚕の絹を使ってネクタイがつくられるようになりました。

・つくったネクタイを運ぶ大きな道路があったことで、他の場所にたくさんのネクタイを運ぶことができました。

・八王子市では絹をつくれる環境がありました。そしてそれを加工する技術が昔からあったことで、ネクタイづくりが盛んに行われてきました。

調べる
情報を集める・読み取る・
考える・話し合う

5時：見学
6時：授業

なぜ、現在でも八王子市のネクタイづくりはさかんなのだろう

本時の目標
工場見学で何を学ぶか見通しをもち、工場見学を行い、課題を解決する。

本時の主な評価
ネクタイ工場の見学を通して、ネクタイがつくられる工程を自分の目で確かめ、なぜ現在でもネクタイづくりが盛んなのか理解している【知②】

用意するもの
工場見学で使用するワークシート

1

本時のめあて	なぜ、現在でも

予想

・大量につくれる機械を使って生産しているのだろう。
・ネクタイづくりを受け継いでいる人たちがいるからだろう。

2

調べる方法

・八王子市内のネクタイ工場を見学する。

3

調べること

・ネクタイのつくり方
・現在でもさかんな理由
・困っていること

本時の展開 ▷▷▷

つかむ　出合う・問いをもつ

板書のポイント
前時の学習で子供から出された疑問を提示する。そしてその疑問を解決するために工場見学を行い、何を聞いてくるかを学級全体で共有する。

T　前の時間に新しい疑問が出てきました。**1**
C　「なぜ、現在でも八王子市のネクタイづくりは盛んなのだろう」だ。
T　では予想しましょう。
C　機械を使って大量につくっているだろう。
C　ネクタイづくりを受け継いでいる人がいるからだろう。
T　どうしたら予想を解決できますか？　
C　実際に工場に行き、作り方を見学する。
C　疑問点を工場の人に聞いてくる。

調べる　情報を集める・読み取る・考える・話し合う

板書のポイント
前時に明確にした、調べたり聞いたりする点を見学シートに書かせ、課題を解決する。

T　ではこれから見学を行います。調べることは何ですか？
C　ネクタイの作り方を調べる。　**3**
C　現在でも八王子市ではネクタイづくりが盛んな理由について調べる。
C　ネクタイづくりで困っていることについて調べる。
T　これらのことについて解決していきましょう。

八王子市のネクタイづくりはさかんなのだろう。

4 工場見学の流れ

①ネクタイづくりの工程を知る。

生地を裁断する。

生地を縫い付ける。

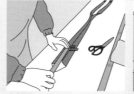
小剣通しを作る。

閂止めをつける。

②ネクタイ工場を見学する。

③疑問を質問する。

④見学カードに記入する。

まとめる　整理する・生かす

板書のポイント

工場の人と打合せを行い、あらかじめ子供から出ている疑問等を伝えておき、工場の人が答えられるようにしておく。

T　見学が終わりましたが、ネクタイがつくられるまでの中で工場の人に質問したいことはありますか？　**4**

C　機械操作で気を付けていることは何ですか？

T　これまでの学習で疑問に思ったことはありますか？

C　この工場はどうして八王子市でネクタイをつくり続けているのですか？

学習のまとめの例

・昔は手で作成していたことが現在では機械になっているなど、作り方が進化しているので、八王子市ではネクタイづくりが現在も盛んだと思いました。

・質の高いネクタイづくりの技術が受け継がれているから、今も八王子ではさかんにネクタイがつくられている。

・作り方は変わっても、この土地で作り続けたいという工場の人の思いは変わらないことが分かりました。八王子市に今もあるネクタイ工場をほこりに思います。

まとめる
整理する・生かす

どうして、八王子市ではネクタイづくりがさかんなのだろう

本時の目標
どうして八王子市ではネクタイづくりが盛んなのかを考え、表現する。

本時の主な評価
これまでの学習を振り返り、学習問題に対する自分の考えをまとめ、解決しようとしている【主①】

用意するもの
3時目と4時目の学習のまとめを書いた紙等、工場見学の様子が分かる写真など

1

これまでに分かったこと

①いつ頃からネクタイが作られたのだろう。
・八王子市では、織物づくりの技術を生かして大正時代からネクタイづくりがさかんに行われてきた。

②どのようなことがネクタイづくりの産業には必要なのだろう。
・ネクタイの原料である絹を出す蚕、そしてそのエサである桑の葉や桑の木を育てる水が必要である。
また、ネクタイを運ぶ大きな道路も必要である。

本時の展開 ▷▷▷

つかむ　出合う・問いをもつ

板書のポイント
本時は学習問題に対する答えを出すことが目標である。時間を有効に活用するために前時までに学習したことを掲示し、解決の手がかりにする。

T　いつからネクタイがつくられましたか？**1**
C　織物作りの技術を生かして大正時代から盛んにつくられた。
T　どんなことがネクタイづくりに必要ですか？
C　絹を出す蚕、蚕が食べる桑、桑を育てる水。
C　できたネクタイを運ぶ大きな道路。
T　工場見学で分かったことは何でしょう？
C　八王子市で作り続けたいという人の思い。織物が大切にされてきたこと。

調べる　情報を集める・読み取る・考える・話し合う

板書のポイント
学習してきたことを羅列する学習問題の答えにしないため、これまで見付けた事実をもとにして話合い活動を行い、それを板書する。

T　これまで学習してきたこと、そして工場見学で分かったことがありますが、八王子市のネクタイづくりを支えているものは何でしょうか？　グループで相談して考えましょう。 **2**
C　「絹」が支えている。理由は形を変えているけれど、昔から絹が八王子市の産業を支えている。
C　「人の思い」が支えている。何を作るにしても八王子の人がいいものを作りたいと思って作っている。

工場で分かったこと

・機械化が進み生産量が増えた。
・技術が進歩した。
・これからも生産し続けたいという
　思いがある。
・八王子織物「多摩織り」が
　伝統工芸品に指定され、大切に
　されている。

2

話し合って考えたこと

・「絹」がネクタイづくりを支えています。
　（理由は　　　　　　　　　　　　　　）
・「人の思い」が支えています。
　（理由は　　　　　　　　　　　　　　）

学習問題

どうして、八王子市ではネクタイづくりがさかんなのだろう。

3

学習問題への考え

　昔から絹産業がさかんだったことで、今のネクタイづくりにつながっている。また、八王子市でつくり続けたいという人の思いがあるから現在でもネクタイがさかんにつくられている。

まとめる　整理する・生かす

板書のポイント

これまでに学習した具体的事実と、ネクタイづくりを支えるものを整理し、それを手がかりにして学習問題に対する考えを発表させる。

T　これから学習問題への考えを書きます。これまでに知ったこと、そして今日考えたことを基にして発表しましょう。　3

C　ネクタイづくりには絹が重要だから養蚕が盛んな八王子は生産量を増やすことができたのだと思う。

C　これまでの歴史だけでなくそれを受け継ぐ人の思いがあったから、今でもネクタイづくりが盛んなんだ。

C　ネクタイをつくる機械の進化も大事だ。

学習のまとめの例

・八王子市では、昔から蚕からとった糸を使って織物が盛んに行われていました。機械化が進み、作る技術が進歩していること、そしてこれからも八王子で作っていこうとする人の思いがあるから、ネクタイづくりが盛んに行われていると考えました。

※学習問題の答えを自力で書くことが困難な子供のために、早めに書き終わった子供のノートをタブレットで撮影し、大型テレビで投影するなどの支援を行いたい。

まとめる
整理する・生かす

ネクタイづくりの高い技術を生かした取組には何があるのだろう

本時の目標

ネクタイづくりの高い技術を生かした取組を調べることを通して、八王子市のこれからの地場産業について考える。

本時の主な評価

ネクタイづくりの高い技術に着目して問いを見いだし、八王子市の地場産業のこれからを考え、適切に表現している【思②】

用意するもの

多摩織で作った旗の資料、高い技術を生かした取組が分かる資料、ウェアラブル端末の実物

1 多摩織で作った旗

「多摩織」が選ばれた理由
・伝統文化　・高い技術

本時のめあて

ネクタイづくりの高い技術を生かした取組には何があるのだろう。

2 よそう

・身近なものに使われているものを開発しているのだろう。

本時の展開 ▷▷▷

つかむ　出合う・問いをもつ

板書のポイント

多摩織のシルクで作成されたオリンピックとパラリンピックの旗を提示し、ネクタイづくりの技術が利用されていることから学習課題につなげる。

T　これはネクタイづくりにも使われている「多摩織」の技術でつくられた旗です。　**1**

C　ネクタイづくりの技術がオリンピックやパラリンピックの旗に利用されていてすごい。

C　いくつもある中から選ばれて嬉しい。

C　ほかにも何かあるのかな。

T　今日は新しい取組について調べます。高い技術を生かした取組はどのようなものがあるでしょう？　**2**

C　身近なものにも使われている。

調べる　情報を集める・読み取る・考える・話し合う

板書のポイント

学習課題の解決につながる資料を配布し、同じ資料の拡大版を黒板に貼る。馴染みのない横文字が多いので併せて補助説明を板書する。

T　これから新しい取組が分かる資料を配ります。ネクタイづくりにも生かされた技術がどのようなものに使われているか調べましょう。　**3**

C　ウェアラブル端末に使われている。

C　新しい素材として注目されている。

C　「モノ」ではなく、「技術」そのものを海外に発信している。

T　それでは調べたことを2つ入れて、めあてに対する答えを書きましょう。　**4**

3

調べること

ウェアラブル端末（スマート生地）

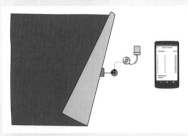

分かったこと

・高い技術を生かしたウェアラブ
　ル端末を開発している。
・スマートホンに対応できる生地
　を開発している。
・海外に向けて技術を売り込んで
　いる。

4

学習のまとめ

　八王子市では、ウェアラブル端末など
を開発し、それを世界に売り込むなど、
新しい取組を行っている。

5

話し合って考えたこと

・高い技術が消えてしまうという危機感
　をもっているから。

6

ふりかえり

　ネクタイづくりの技術が新しい商品の開発
につながっていておどろいた。昔からこの地
域にある高い技術が生活の中に入っていると
思った。

まとめる　整理する・生かす

板書のポイント

地域に密着した地場産業がその場にとどまらず
新たな道を歩んでいることを話合い、単元のま
とめの振り返りに活用できるように板書をする。

T　なぜネクタイづくりだけでなく、新しい取
　組を行っているのか話し合いましょう。　**5**

C　高い技術を伝えたいからだと思う。

C　ネクタイの生産量が落ちてきているから何
　とかしないといけない、という思いがあるか
　らだ。

C　八王子市の高い技術をもっと世界に発信し
　ていこうとする人の思いがあるから。

T　これまでに学習して考えてきたことをノー
　トに書きましょう。　**6**

学習のまとめの例

　八王子市では高い技術を生かした生
地を使った商品を開発し、それを海外
に売り込んでいます。

〈振り返りの例〉

　八王子市では、昔から盛んな織物が
生活の変化に対応して、より身近なも
のになっていて驚きました。姿は変わ
るけれど、「絹」を使った産業がこれ
からも続いてほしいです。そして今
後、どのように変わっていくのか楽し
みです。

国際交流に取り組む区

単元の目標

　大田区の地理的な位置や空港などの施設、外国人人口、国際交流に取り組んできた経緯や人々の協力関係などに着目して、地図や各種の資料で調べ、関係図にまとめ、国際交流に積極的に取り組む大田区の様子や変遷、人々の協力の様子を関連付けて考え、表現することを通して、大田区では人々が協力し、国際都市として特色あるまちづくりに努めていることを理解できるようにするとともに、国際交流に取り組む大田区の様子について追究し、学習問題を解決しようとする態度を養う。

学習指導要領との関連　内容(5)「県内の特色ある地域の様子」アの(ア)(イ)及びイの(ア)

第 1・2 時	第 3・4 時
つかむ「出合う・問いをもつ」	調べる
〔第 1 時〕 ○大田区にある羽田空港は、どのようなところだろう。　　　　　　　　　　　　　　【知①】 ・統計資料や地図を調べ、大田区の羽田空港の位置や利用者数、大田区の外国人宿泊者数が増加していることが分かる。 ・資料から、大田区では「国際都市おおた宣言」を採択していることを調べる。 **★地理的な位置や外国人人口に着目する。** 〔第 2 時〕 ○多くの外国人がいる大田区ではどのようなまちづくりを進めているのだろう。 　　　　　　　　　　　　　【思①・主①】 ・国際都市を目指した大田区の取組について学習問題を見いだす。 【学習問題】 　大田区では、外国人と共に暮らすため、どのような取組をしているのだろう。 ・学習問題の予想を考え、学習計画を立てる。 予大田区は外国人を支援したり交流したりする取組をしているのではないか。	〔第 3 時〕 ○区役所は、外国人をどのように支援をしているのだろう。　　　　　　　　　　　　【知①】 ・資料を調べ、ごみ収集のルールなど生活に必要な情報を多言語で提供していることが分かる。 ・資料を調べ、外国語の観光パンフレットをつくっていることが分かる。 ・大田区の様々な取組について気付いたことを話し合う。 **★外国語による支援に着目する。** 〔第 4 時〕 ○区役所は、外国人と地域の人との理解をどうやって深めているのだろう。　　　　【知①】 ・「国際都市おおたフェスティバル」の開催や、姉妹都市交流、中学生海外派遣制度の取組を調べ、気付いたことを話し合う。 ・国際交流を始めた経緯や積極的に進めている理由を区役所の人から聞き取る。 **★国際交流の取組の経緯に着目する。**

単元の内容

　外国人人口や東京国際空港の利用者数などの統計資料を用いて、大田区は外国人と接する機会が比較的多い地域という特色に気付きやすい。

　また、大田区は多文化共生を目指して、各地域で国際交流の取組を盛んに行っている。さらに、区役所による取組に加え、市民団体や地域住民などが主体的に国際交流に取り組んでいるという特色もある地域である。

　しかし、多くの子供は、国際交流を進めるのが日本人、受けるのが外国人というイメージをもっている。

　そこで、大田区に住む外国人が大田区のよさを発信している事例を取り上げることで、国際交流の意味について、より深く考えることができるとともに、大田区の特色を多角的に捉えることもできる。

単元の評価

知識・技能	思考・判断・表現	主体的に学習に取り組む態度
①国際交流を積極的に推進している大田区では、人々が協力し、国際都市として特色あるまちづくりに努めていることを理解している。 ②国際交流を積極的に推進している大田区について、調査活動で収集した情報や、地図帳、区役所などが作成した各種資料、インターネットなどで調べ、関係図などにまとめている。	①東京都大田区の位置や空港などの施設、外国人の人口、国際交流に取り組んできた経緯、国際交流に取り組む人々の協力関係などに着目して、問いを見いだし、地域の様子について考え、表現している。 ②比較・関連付け、総合などとして、国際交流に取り組む大田区の特色を考え、適切に表現している。	①大田区の国際交流の取組について、予想や学習計画を立てたり、学習を振り返ったりして、学習問題を追究し、解決しようとしている。

【知】：知識・技能　【思】：思考・判断・表現　【主】：主体的に学習に取り組む態度
○：めあて　・：学習活動　★：見方・考え方　🧒：期待する子供の予想例

第5・6時	第7・8時
「情報を集める・読み取る・考える・話し合う」	まとめる「整理する・生かす」
〔第5時〕 ○区の市民団体は、外国人をどのように支援しているのだろう。　　　　　【知①】 ・市民団体が取り組んでいる外国人支援の活動や多文化交流イベントについて資料や聞き取りにより調べ、気付いたことを話し合う。 ★人々の協力関係に着目する。 〔第6時〕 ○地域の人は外国人をどのように支援しているのだろう。　　　　　【知①】 ・地域住民が外国からの訪問団の歓迎会やホームステイのボランティア活動などを行っていることを資料や聞き取りにより調べ、気付いたことを話し合う。 ★人々の協力関係に着目する。	〔第7時〕 ○なぜ、在住外国人は、大田区の魅力を発信しているのだろう。　　　　【思①】 ・大田区に住む外国人が、大田区の魅力を積極的に発信している取組について調べる。 ・大田区に住んでいる外国人も、外国語教室を開いたり、大田区のよさを自国にPRしたりしていることが分かる。 ・在住外国人が大田区の魅力を発信している理由を考える。 ★相互理解の意味に着目する。 〔第8時〕 ○外国人と共に暮らすには、どのようことが大切なのだろう。　　　【知②・思②】 ・太田区の国際交流の取組を関係図にまとめる。 ・関係図から学習問題に対する自分の考えをまとめ、大田区で進めている国際交流の特色や意味について話し合う。 ★大田区の特色やよさに着目する。

問題解決的な学習展開の工夫

　東京都大田区には東京国際空港があり、観光などで外国人が訪れやすい環境である。さらに、大田区に暮らしている外国人も多い。観光客が訪れるだけではなく、外国人が生活する場所として大田区が選ばれていることから、「何か取組をしているのではないか」と予想し、支援や国際交流の取組について主体的に追究しようとする意欲につなげていくことが重要である。

　また、大田区役所、大田区民、市民団体の取組を具体的に調べ、人々の工夫や努力、それぞれの立場の人たちの協力の様子などを「関係図」にまとめていくことで、大田区の国際交流の特色についての理解を深めるとともに、これまで大田区における国際交流の様々な取組が地域の発展に貢献してきたことに気付くことができるようにしたい。

つかむ
出合う・問いをもつ

大田区にある羽田空港は、どのようなところだろう

本時の目標
統計資料や地図を調べ、羽田空港がある大田区の位置や利用者数、大田区を訪れる外国人旅行者が増加していることが分かり、大田区が「国際都市おおた宣言」を行ったことを知る。

本時の主な評価
羽田空港の利用者数や外国人人口の推移について、大田区を訪れる人や外国人住民が増えていることを理解している【知①】

用意するもの
東京都の地図、国際都市おおた宣言、羽田空港国際線利用者の移り変わり、大田区の外国人人口の移り変わりを示す資料

本時の展開 ▷▷▷

1

羽田空港

東京都と大田区

よそう

・たくさんの人が利用していそう。
・外国の人もたくさんいるのではないかな。

つかむ　出合う・問いをもつ

板書のポイント
地理的な位置に着目させるために、東京都の地図に大田区と羽田空港の位置を示した地図を提示する。

T　この場所に行ったことはありますか？ **1**
C　羽田空港だ。行ったことがある。
T　羽田空港は大田区にあります。今日は羽田空港のある大田区について調べます。
＊本時のめあてを板書する。
T　どんなことが予想できますか？
C　たくさんの人が使っていると思う。
C　外国の人もたくさんいるのではないかな。

調べる　情報を集める・読み取る・考える・話し合う

板書のポイント
子供に配布した統計資料を拡大したものを黒板に掲示する。グラフから読み取れることを丁寧に確認し、気づいたことを板書する。

T　「羽田空港国際線利用者の移り変わり」のグラフから気付いたことはなんですか？ **2**
C　1,300万人も国際線を使っている。
C　ここ10年でたくさん増えている。
T　「大田区の外国人人口の移り変わり」のグラフから気付いたことはなんですか？ **3**
C　2万人以上の外国の人が大田区に住んでいる。
C　最近は外国人の人口が増えている。

本時のめあて	大田区にある羽田空港は、どのようなところだろう。

2 羽田空港国際線利用者のうつりかわり
（平成 15 年～平成 27 年）

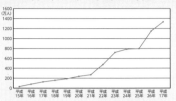

・1300万人も利用している。
・10年ぐらいでたくさん増えた。

3 大田区の外国人人口のうつりかわり
（平成 10 年～平成 29 年）

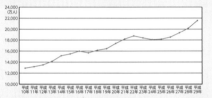

・2万人以上の人が住んでいる。
・最近は増えている。

4 国際都市おおた宣言

日本語

> 国際都市おおた宣言
> ～地域力で世界にはばたく～
>
> おもてなしの翼を広げ　世界中の人々を歓迎しよう
> 暮らしが息づく多彩な魅力あるまちとして
> 訪れる人を迎えます
>
> ふれあいの翼を広げ　多様な文化を分かち合おう
> 互いの個性を認め誰もが活躍できる
> 笑顔あふれるまちをつくります
>
> みらいの翼を広げ　豊かな明日をともにつくろう
> おおたが誇る匠の技が世界の期待に応え
> 新しい産業をつくります
>
> 大田区は、日本のゲートウェイとして、地域の力を結集し、新たな時代を切り拓いて、
> 世界にはばたく「国際都市おおた」を宣言する。
>
> 大田区

・「訪れる人を迎えます」と書いている。
・大田区に住む外国人が増えたから宣言したのかな。

学習のまとめ

・羽田空港はたくさんの外国人利用者がいる。
・大田区に住む外国人が増えている。
・大田区は国際都市宣言を行った。

まとめる　整理する・生かす

板書のポイント

グラフから読み取ったことと、「国際都市おおた宣言」を関連付けて考えたことを発表し、板書する。

T　大田区は「国際都市おおた宣言」という宣言をしています。　**4**

C　「訪れる人を迎えます」とあるから、たくさんの外国の人が来ているんだと思う。

C　大田区に住む外国の人が増えたからではないかな。

T　今日の学習のまとめをしましょう。

C　羽田空港は多くの外国人利用者がいる。

C　大田区に住む外国人が増えている。

C　大田区は国際都市宣言を行った。

学習のまとめの例

・羽田空港は東京都の東側の海に面したところにあります。

・羽田空港は、たくさんの外国人が利用し、その数は最近特に増えていることが分かりました。

・外国人が旅行で来るだけでなく、大田区にはたくさんの外国の人が住んでいることも分かりました。

・年々、大田区に訪れる人や住む人が増えているから、大田区は何か取組をしているのではないかと思いました。

多くの外国人がいる大田区ではどのようなまちづくりを進めているのだろう

本時の目標

国際都市おおた宣言を調べ、国際都市を目指した大田区の取組について学習問題を見いだし、予想を考え、学習計画を立てる。

本時の主な評価

大田区の様子に着目して、問いを見いだし、大田区の国際交流について考え、表現している【思①】／予想や学習計画を立て、学習問題を追究しようとしている【主①】

用意するもの

国際都市おおた宣言

本時の展開 ▷▷▷

本時のめあて　多くの外国人が

1

国際都市おおた宣言

日本語

> 国際都市おおた宣言
> 〜地域力で世界にはばたく〜
>
> おもてなしの翼を広げ　世界中の人々を歓迎しよう
> 暮らしが息づく多彩な魅力あるまちとして
> 訪れる人を迎えます
>
> ふれあいの翼を広げ　多様な文化を分かち合おう
> 互いの個性を認め誰もが活躍できる
> 笑顔あふれるまちをつくります
>
> みらいの翼を広げ　豊かな明日をともにつくろう
> おおたが誇る匠の技が世界の期待に応え
> 新しい産業をつくります
>
> 大田区は、日本のゲートウェイとして、地域の力を結集し、新たな時代を切り拓いて、世界にはばたく「国際都市おおた」を宣言する。
>
> 大田区

分かったこと

・世界中の人を歓迎している。
・魅力あるまちにして、訪れる人を迎えようとしている。
・笑顔あふれるまちにしようとしている。

つかむ　出合う・問いをもつ

板書のポイント

「国際都市おおた宣言」の資料を掲示し、大田区が進めているまちづくりについて分かったことを板書する。

T　前回、大田区には多くの外国人が住んでいることが分かりました。今日は大田区がどのようなまちづくりをしているのか調べます。

＊本時のめあてを板書する。

T　「国際都市おおた宣言」から分かることは何ですか？　**1**

C　世界中の人を歓迎している。

C　魅力あるまちにして、訪れる人を迎える。

C　地域の人と協力して、笑顔あふれるまちにしようとしている。

調べる　情報を集める・読み取る・考える・話し合う

板書のポイント

第1時で学習したことも踏まえ、子供の疑問から学習問題を見いだす。予想を立場ごとに整理してまとめ、板書する。

T　疑問に思ったことはありますか？　

C　大田区はどんなことをしているのだろう。

T　学習問題を考え予想しましょう。　**3**

＊学習問題を板書する。

C　区役所の人が何かをしている。

C　地域の人もボランティアなどをしていると思う。

C　区役所と地域の人が一緒にやっているのではないかな。

いる大田区ではどのようなまちづくりを進めているのだろう。

2

> ぎもん

・国際都市にするためにどんなことをしているのだろう。
・誰が行っているのだろう。
・こんなにたくさんの外国人が来るのはなぜかな。

3

> 学習問題

> 大田区では、外国人と共に暮らすため、
> どのような取組をしているのだろう。

> よそう

区役所 {
・区役所の人がパンフレットを作っている。
・区役所の人がイベントを行う。
・区役所の人が大田区のしょうかいをする。

4

> 学習計画

・大田区役所はどのような
取組をしているか。
・地域住民の人はどのような
取組をしているか。

住民 {
・地域の人が外国人と交流している。
・地域の人がイベントを行う。
・地域の人が外国の人の意見を取り入れている。
・お店で外国語のメニューを用意する。

一緒 ・地域の人が区役所の人と協力して、外国人向けに地図を作っている。

まとめる　整理する・生かす

板書のポイント
子供の予想を基に、学習計画を立て、学習の見
通しが分かるように板書する。

T　学習計画を立てましょう。　**◀4**
C　区役所の取組を調べたい。
C　区役所の人に話を聞いてどのような取組を
　　しているのか調べる。
C　区の広報やホームページを見て、どのよう
　　なことをしているのか調べる。
C　地域住民がどのようなことをしているのか
　　調べたい。
T　今日の学習を振り返って、感想をノートに
　　書きましょう。

> 学習のまとめの例

・自分の予想や学習問題に沿って大田
区のことをもっと詳しく調べていき
たいです。
・区役所の人がどのような事やイベン
トをしているのか知りたいです。
・区役所の人や住民がどんな取組をし
ているのかが気になりました。
・大田区に国際空港はあるけれど、外
国の人が住むことの理由にはならな
いと思います。通り過ぎるだけでは
なく、多くの外国人が大田区に住む
ということは何か理由があるはずで
す。次の時間から、その理由を調べ
ていきたいです。

区役所は、外国人をどのように支援しているのだろう

本時の目標

大田区の外国人支援の取組について調べ、外国人が安心して暮らせるように、大田区が様々な取組を行っていることが分かる。

本時の主な評価

ゴミの出し方や観光パンフレットなど多言語で書かれていることについて、大田区は外国の人のために、様々な支援を行っていることを理解している【知①】

用意するもの

ゴミの出し方パンフレット、大田区の観光パンフレット、通訳している様子（資料）

本時のめあて　区役所は、外国人

外国語のゴミパンフレット

英語
中国語
韓国語
など
6か国語

気づいたこと

・日本語版と同じように詳しく書いてある。
・いろいろな国の人に合わせて作っている。
・ほかにも外国語のパンフレットを作っているのではないかな。

本時の展開 ▷▷▷

つかむ　出合う・問いをもつ

板書のポイント

外国語で書かれたゴミの出し方のパンフレットを掲示し、外国人支援にどのようなことをしているのか、問いをもたせる。

T　今日は大田区役所の取組を調べましょう。これは何のパンフレットでしょう。　
C　英語で書いてある。ゴミの出し方かな。
C　6か国語で書いてあるんだ。
C　ほかにも外国語で書かれたものがあるのかな。

＊本時のめあてを板書する。

調べる　情報を集める・読み取る・考える・話し合う

板書のポイント

多言語で書かれた観光パンフレットや区役所でのタブレットを使った通訳の資料を掲示し、分かったことを板書する。

T　次のパンフレットを見て分かったことは何ですか？　2
C　これは観光パンフレットです。
C　たくさんの外国語で書かれている。
C　4か国語もあるんだ。
T　これは何をしている写真ですか？　3
C　区役所の窓口のようだな。
C　外国の人にタブレットを使って通訳しているのかもしれない。

をどのように支援しているのだろう。

2

観光用パンフレット（英語版）

3

タブレットを使った通訳（区役所）

> **分かったこと**
>
> ・大田区役所は外国の人に向けて、
> 　いろいろな情報を外国語で出している。
> ・区役所に来たときに、外国語で
> 　通訳できるようにしている。

4

> **学習のまとめ**
>
> 　大田区役所は、外国の人に向けて様々
> な支援を行っている。外国の人も安心し
> て暮らせるまちを目指している。

まとめる　整理する・生かす

板書のポイント

調べたことをもとに、学習のまとめを行う。大
田区役所が多言語での支援を行っている理由を
考えて発表し、板書する。

T　大田区役所はどうしてこのような取組をし
ているのでしょう。

C　大田区に住んでいる外国の人が安心して暮
らせるように行っているのではないかな。

T　今日の学習のまとめをノートに書きましょ
う。　　　　　　　　　　　　　　　　**4**

C　大田区役所は、外国の人に向けて様々な取
組をしていて、外国の人も安心して暮らせる
まちを目指していると思った。

> ### 学習のまとめの例
>
> ・大田区では外国の人のための取組を
> 　していることが分かりました。大田
> 　区は外国の人のために何かもっと特
> 　別なことに取り組んでいるのか、知
> 　りたいと思いました。
>
> ・外国の人が日本に来て、一番困るこ
> 　とは言葉だと思います。大田区で
> 　は、パンフレットを外国語にして、
> 　外国人により分かりやすく、そして
> 　より来やすくしていると思います。
>
> ・様々な言語で外国の人をサポートし
> 　ている大田区はすごいなと思いまし
> 　た。

調べる
情報を集める・読み取る・
考える・話し合う

区役所は、外国人と地域の人との理解をどうやって深めているのだろう

本時の目標
　大田区の国際交流イベントや外国と交流している様子を調べ、大田区の国際交流の経緯や取組を進めている理由が分かる。

本時の主な評価
　国際交流イベントや姉妹都市交流について、区役所は外国の人と地域の人が理解を深める取組を行っていることを理解している【知①】

用意するもの
　国際都市おおたフェスティバルのパンフレット、大田区の姉妹都市交流の様子（資料）、大田区役所の方の話

本時の展開 ▷▷▷

本時のめあて　区役所は、外国

1
〈国際都市おおたフェスティバル〉

・外国の食べ物
・日本の食べ物
・日本文化体験
・世界の遊び
・世界クイズラリー

来場者
　第1回　2万4000人
　第3回　3万6000人

日本の人にも外国の人にもお互いの文化などを伝えている。

つかむ　出合う・問いをもつ

板書のポイント
大田区が行っている国際交流イベントのパンフレットを掲示し、パンフレットから読み取ったことを板書する。

T　大田区では「国際都市おおたフェスティバル」という取組をしています。　■1
C　外国の食べ物を紹介しているよ。
C　日本文化の体験ができるんだ。
C　お互いの文化を伝え合っているんだね。
T　外国の人たちと地域の人が理解を深めるためにどのようなことをしているのか調べましょう。

＊本時のめあてを板書する。

調べる　情報を集める・読み取る・考える・話し合う

板書のポイント
交流の様子が分かる資料を掲示する。取組の経緯に着目できるように、区役所の職員から聞き取ったことの要点を板書する。

T　大田区の姉妹都市交流の様子を調べましょう。　■2
C　アメリカのセーラム市と交流している。
C　中学生が訪れているんだ。
T　区役所の人の話から分かったことをノートに書いて発表しましょう。　■3
C　30年近く外国のまちと交流している。
C　交流を通して、思いを深めている。
C　国際交流のイベントにはたくさんの人が参加している。

人と地域の人との理解をどうやって深めているのだろう。

2 〈姉妹都市交流〉
アメリカ合しゅう国
セーラム市

中学生訪問団
—平成5年から

3 大田区役所〇〇さんの話

・平成3年から姉妹都市
・セーラム市を訪れたり、セーラム市民を大田区に招いたりしている。
・交流を通して姉妹都市としての思いを深めている。
・大田区ではこの他にも多くのイベントを行い、たくさんの人が参加。

分かったこと

・国際交流イベントを行い、多くの人が参加している。
・30年近く外国のまちと交流をしている。

4 学習のまとめ

　大田区役所は、姉妹都市交流や国際交流イベントを行っている。交流を通してお互いの思いを深めている。

まとめる　整理する・生かす

板書のポイント

今日の学習で考えたことを話し合い、本時のめあてに対するまとめを発表し、板書する。

T　今日の学習で考えたことを話し合いましょう。

C　大田区は様々な取組を行っている。

C　交流を通して、外国の人との思いを深めている。

T　今日の学習のまとめをしましょう。　

C　大田区役所は、姉妹都市交流や国際交流イベントを行っている。

C　交流を通して、お互いの思いを深めている。

学習のまとめの例

・大田区がセーラム市と姉妹都市で様々なことをしてお互いのよいところを知り合っていることが分かりました。

・大田区は外国の人たちと交流などをして仲を深めているのだと思いました。

・大田区では外国人に楽しんでもらうためにフェスティバルを開いて交流を深めていると思います。

・大田区では、外国人へのサポートに加えて、外国の町との交流を積極的に行って、国際的なまちにしようとしているのだと考えました。

調べる
情報を集める・読み取る・
考える・話し合う

区の市民団体は、
外国人をどのよう
に支援しているの
だろう

本時の目標
　大田区の市民団体が外国人を支援している様子を調べ、区役所と協力して外国人が住みやすいまちづくりを進めていることが分かる。

本時の主な評価
　大田区の市民団体の取組について、市民団体と区役所が協力して外国人が住みやすいまちづくりをしていることを理解している【知①】

用意するもの
　mics おおたの様子（資料）、おおたシティナビゲーション

本時の展開　▷▷▷

| 本時のめあて | 区の市民団体は、 |

1

mics おおた

・パンフレットがある。
・交流室
・相談できる場所

大田区役所がボランティア団体と協力して行っている。

つかむ　出合う・問いをもつ

板書のポイント
市民団体の活動場所の資料から、どのような取組をしているのかが分かることに着目させ、気付いたことを板書する。

T　何をしているところか、写真を見て気付いたことを発表しましょう。　　**◀1**
C　たくさんパンフレットが置いてある。
C　交流室と書いてある。
C　相談ができる場所ではないかな。
T　ここは「mics おおた」というところです。
＊本時のめあてを板書する。

調べる　情報を集める・読み取る・考える・話し合う

板書のポイント
外国人向けの広報誌を拡大したものを掲示し、大田区ではなぜこのような取組をしているのか考え、発表したことを板書する。

T　大田区が発行している広報誌です。気付いたことを発表しましょう。　　**◀2**
C　相談や通訳を行うと書いてある。
C　日本語教室のお知らせもある。
C　日本語以外の言葉でも発行している。
T　なぜ、このような取組をしているのでしょう。　　**◀3**
C　外国の人に住んでもらいたいから。
C　外国の人に住みやすいまちにしたいから。

外国人をどのように支援しているのだろう。

2

おおたシティナビゲーション（多言語）

大田区に住む外国の人
・相談　・通訳
・日本語教室
・日本文化体験

> 大田区に住む、住もうとしている
> 外国の人のため

3

> なぜこのような取組をしているのだろう？

大田区役所の人や地域の人が
・外国の人に大田区に住んでもらいたい。
・住みやすいまちにしたい。

4

> 学習のまとめ

> 大田区では…
> 区役所の人や地域の人が協力して、大田区に住んでいる外国の人や住もうとしている外国の人のために、ボランティアでの相談や通訳などの取組をしている。区役所や地域の人は、大田区に住んでもらいたい、住みやすいまちにしたいと思っている。

まとめる　整理する・生かす

板書のポイント
本時のめあてに対して、人々の協力関係に着目したまとめを板書する。

T　今日のまとめをノートに書きましょう。**4**
C　地域の人が区役所と協力して、外国の人に支援していることが分かった。
C　ボランティアで相談や通訳を行っている。
C　日本語教室を開いて、日本に来たばかりの外国の人に日本語を教えている。
C　大田区の人は、外国の人にとって住みやすいまちにしたいと思っているのではないかな。

学習のまとめの例

・大田区では浅草などと似ていて区役所の人と地域の人が協力してまちづくりをしているとうことが分かりました。
・「mics おおた」は外国の人に住んでほしいなどの気持ちをこめてパンフレットを作ったり、日本語教室を開いたりしていることが分かりました。
・「mics おおた」は、日本語教室を開いて大田区に住んでいる、または住もうとしている人に日本語を教えていて、外国人が住みやすいまちにしていることが分かりました。

調べる
情報を集める・読み取る・考える・話し合う

地域の人は外国人をどのように支援しているのだろう

本時のめあて

地域の人は外国人をどのように支援しているのだろう。

1

〈日本語教室〉

（吹き出し）場所　料金　曜日　時間　対象

本時の目標

大田区の地域住民が、ボランティア活動などを通して外国人住民を支援している様子を調べ、地域住民が外国人住民と交流を進めていることが分かる。

本時の主な評価

大田区の地域住民のボランティア活動などの取組について、地域住民と外国人住民が交流を進めていることを理解している【知①】

用意するもの

大田区の日本語教室の一覧、外国人住民へ行われているボランティア活動、ボランティア活動をしている方の話

本時の展開　▷▷▷

つかむ　出合う・問いをもつ

板書のポイント

本時のめあてを板書し、地域の人たちが外国人のためにどのような支援をしているか予想する。

T　今日は地域住民の取組を調べます。どんなことをしていると思いますか？

＊本時のめあてを板書する。

C　ボランティアで何かをしてるのではないかな。

C　日本語を教えている。

C　日本文化を教えているんじゃないかな。

C　日本での生活について相談を受けている。

C　大田区に来る外国の人に通訳のボランティアをしているんじゃないかな。

調べる　情報を集める・読み取る・考える・話し合う

板書のポイント

地域住民の取組が書かれた資料を読み、地域住民が行っていることを、キーワードに整理して板書する。

T　資料から分かることは何ですか？　**1**

C　日本語教室があるんだ。

C　教室によって、場所や日時が違うね。

C　お金は必要なんだ。でもそんなに高くないね。

T　ボランティア活動をしている人の話からどんなことが分かりましたか？　**2**

C　昔から活動をしているんだね。

C　外国の人と交流したいという気持ちがある。

C　困っている人を助けたいという思いだ。

2

〈ボランティア活動〉
・語学（通訳）
・イベントのお手伝い
・ホームステイの受け入れ

大田区のボランティア団体の方の話

・1992年から活動
・外国の人と交流できる場を広げたい。
・困っている人たちと一緒に考え、解決したい。

〈ボランティア団体〉

自治会・町会
福祉　健康・医療
くらし・環境　こども・若者
学ぶ　文化・芸術
スポーツ・レクリエーション
まちづくり・観光
多文化共生・国際交流
ものづくり　活動サポート
防犯・防災　その他

調布地域
大森地域
蒲田地域
糀谷・羽田地域

外国の人と交流
相談　イベント

学習のまとめ

　地域の人も外国の人といろいろな交流をしている。外国人との仲を深めたいからやっている。また、外国人との交流できる場を広げたいと思っている。

まとめる　整理する・生かす

板書のポイント

本時のめあてに対して、人々の協力関係に着目したまとめを板書する。

T　今日のまとめをノートに書きましょう。

C　地域の人が、日本語教室やホームステイの受け入れなどを行っている。

C　大田区のボランティア団体の人は、日本の文化や伝統を伝えるために、教室やイベントで外国の人と心を通わせている。

C　地域住民の人も、外国の人と交流したいという思いで、ボランティア活動をしている。

C　地域の人が外国の人を助けたいという思いで交流している。

学習のまとめの例

・地域の人はボランティア団体に所属したりして外国人と交流しています。たとえば、日本語教室など。お金はたくさんもらえないけど、外国人との仲を深めたいからやっているのだと思います。また、外国人と交流できる場を広げたいと思っています。

・地域の人は大田区役所に国際交流のことをすべて任せるのではなく、自らボランティア活動を行い、さらに外国人が住みやすい環境にしようしています。

まとめる
整理する・生かす

なぜ、在住外国人は、大田区の魅力を発信しているのだろう

本時の目標

外国人住民が、大田区の魅力を発信している取組を調べ、外国人住民も外国の人と交流していることが分かる。

本時の主な評価

外国人住民が大田区観光大使として魅力を発信している取組に着目して問いを見いだし、大田区は外国人住民も国際交流を行っているという特色を考え、表現している【思①】

用意するもの

大田区観光大使委嘱式（映像）、大田区観光大使インタビュー資料

本時の展開 ▷▷▷

本時のめあて　なぜ、在住外国人

1

大田区観光大使
（来〜る大田区大使）

外国人住民
　⇒大田区のPR（宣伝）

・住みやすい大田区に感謝している。
・お互いの良さを教えたい。
・住みやすいまちだと証明したい。

つかむ　出合う・問いをもつ

板書のポイント

外国人住民が大田区観光大使に委嘱された方の映像を見て、なぜPR活動をするのかを予想し、板書する。

T　まずは映像を見てください。　

＊ビデオ「大田区観光大使委嘱式」を視聴する。

C　外国人住民が大田区の宣伝をしている。

T　なぜ宣伝をするのでしょう。

＊本時のめあてを板書する。

C　住みやすいまち大田区に感謝しているから。

C　大田区と交流してお互いの良さを教え合っているから。

C　大田区が住みやすいまちと証明したいから。

調べる　情報を集める・読み取る・考える・話し合う

板書のポイント

大田区観光大使に任命された外国人のインタビューを掲示し、外国人住民がPRする理由を考え、板書する。

T　映像の続きを見ましょう。

＊「大田区大使になった理由」を提示する。

T　なぜこの活動をしているのでしょう。　**2**

＊「来〜る大田区大使のインタビュー」を提示する。

C　区の魅力を知らない外国人に知ってほしい。

C　他の外国人の人にも楽しんでほしい。

C　羽田空港が世界各国とつなげている。

C　大田区の魅力にとりつかれたから。

C　自分と同じように大田区を楽しんでほしい。

は、大田区のみ力を発信しているのだろう。

2 大田区大使になった理由

> 大田区は住みやすくとてもきれいな街です。観光スポットがたくさんあるので、観光スポットをもっと勉強したい。

来〜る大田区大使（ガーナ出身）
マンフィーシシリア アマンクアさん

> もっと大田区のコミュニティーを知りたい。なので大田区大使に応募しました。

来〜る大田区大使（カナダ出身）
クラーク チャドさん

> 大田区の魅力などをいろいろ友達とか知らない人に発信したいです。

来〜る大田区大使（中国出身）
徐 佳黛さん

なぜ発信しているのだろう？

- 他の外国の人にも楽しんでもらいたい。
- 魅力を知ってもらいたい。
- 羽田空港によって大田区は世界各国とつながっているから。
- 自分も大田区の魅力にとりつかれた一人だから発信したいと思った。
- 自分と同じように大田区で楽しんでほしいと思っている。

> 外国人住民も外国の人と交流している。

4

学習のまとめ

> 外国の人は大田区の住民の一人として、他の外国人に大田区の魅力を知って楽しんでもらうためにPR（宣伝）をしている。

まとめる　整理する・生かす

板書のポイント
今までの学習を振り返り、外国の人と交流しているのは、区役所や地域住民だけではなく外国人住民も含まれることを整理し、板書する。

T　今まで調べてきた国際交流は誰がしていましたか？
C　区役所の人や地域住民。
C　大田区には外国人の住民がいるから、その人たちも外国の人と交流しているんだ。
T　本時のめあてに対して、自分の考えをノートに書きましょう。
C　外国の人は大田区の住民の一人として、他の外国人に大田区の魅力を知って楽しんでもらうためにPR（宣伝）をしている。

学習のまとめの例

- 外国の人は大田区の魅力を知って気に入りました。そして、大田区のことを伝え、楽しんでもらいたいと思っています。
- 大田区の人だけではなくて、外国の人もいろいろな取組をしているんだなと思いました。
- 外国の人は大田区の楽しさやよさを知ってもらうため、観光大使になってSNSなどで楽しさを伝えています。
- 大田区の人が魅力を伝えているだけではなく、外国の人がこんなにがんばってPRしていると知り、とても驚きました。

まとめる

整理する・生かす

外国人と共に暮らすには、どのようなことが大切なのだろう

本時の目標

学習問題に対する自分の考えをまとめ、大田区の国際交流の特色や意味を考える。

本時の主な評価

大田区では住民や外国の人が協力してまちづくりをしていることを関係図にまとめる【知②】／学習してきたことを比較・関連付け、総合などして、国際交流に取り組む大田区の特色を考え、適切に表現している【思②】

用意するもの

関係図に使用する資料

1 アメリカ・セーラム市

姉妹都市
交流

・中学生訪問団
・本・図書館交流
・絵・書道作品交流
・ホームステイ

本時のめあて

外国人と共に暮らすには、どのようなことが大切なのだろう。

学習問題

大田区では、外国人と共に暮らすため、どのような取組をしているのだろう。

本時の展開 ▷▷▷

つかむ　出合う・問いをもつ

板書のポイント

今まで学習してきたことを振り返り、本時のめあてを板書する。

T　大田区の国際交流はどんな様子でしたか？
C　大田区役所が外国語のパンフレットを作っていました。
C　姉妹都市交流をしている。
C　区役所と市民団体が協力している。
C　地域住民もボランティア活動を通して交流している。
C　外国人住民も大田区の PR 活動をしていました。

＊本時のめあてを板書する。

調べる　情報を集める・読み取る・考える・話し合う

板書のポイント

学習してきたことを確認しながら、関係図にまとめる。大田区を中心に、外国との関わり、区内の取組、外国人の取組が分かるようにする。

T　学習したことを関係図にまとめましょう。

C　大田区とセーラム市は姉妹都市交流で結ばれている。
C　大田区内では、区役所の取組があった。
C　市民団体や地域住民も交流をしている。
C　これらの人は大田区内の外国人の支援をしていた。
C　大田区に住む外国人住民も外国の人と交流していた。

大田区

羽田空港　1343万人
大田区に住んでいる外国人の数　21,599人
国際都市おおた宣言　2016年12月8日

来〜る大田区大使

〈区〉
・ジャパンデイ　　・国際都市
　　　　　　　　　　おおたフェスティバル
　　　　　　　　・パンフレット
　　　　　　　　・観光ツアー
　　　　　　　　・展示会

〈micsおおた〉
・おおたシティ　　・日本語教室
　ナビゲーション　・生活相談

〈住民〉
・ボランティア
・イベントの手伝い
・ホームステイ

住んでいる外国人

SNSで世界に発信

2 学習のまとめ

大田区は、区や住民、外国人の人が協力をしてよりよいまちづくりをしている。

5

特色ある地いきと人々のくらし　2　国際交流に取り組む区

まとめる　整理する・生かす

板書のポイント

関係図を基に、学習問題に対する自分の考えを
まとめ、大田区の特色について話し合ったこと
を整理して、学級全体のまとめとして板書する。

T　大田区の特色やよさは何でしょうか？　学
　習問題に対する自分の考えをノートにまとめ
　ましょう。　**2**
C　　大田区は外国人と仲を深めたり、外国人
　に住んでもらいたいと思っている。
C　住民や外国人の住民なども、大田区に来る
　外国人に大田区はいいまちだと思われたく
　て、いろいろなことをやっている。
C　区や住民、外国人の人が協力をしてよりよ
　いまちづくりをしている。

学習のまとめの例

・大田区は、区や住民、外国人の人が
　協力をしてよりよいまちづくりをし
　ているということが分かり、大田区
　はすごいと思いました。
・大田区は外国人を受け入れるため
　に、区役所の人や地域の人、さらに
　は大田区に住んでいる外国人の人た
　ちがいろいろな取組をしています。
・大田区は外国人と仲を深めたり、外
　国人に住んでもらいたいと思ってい
　ます。それは大田区が世界とつな
　がっていると思っているからです。

3 環境を守り生かす地域 選択A

単元の目標

地域の資源を保護・活用している小笠原の様子について、位置や自然環境、人々の活動や人々の協力関係などに着目して、地図帳や各種の資料で調べてまとめ、小笠原の特色を捉え、位置や空間的な広がり、人々の相互関係などを関連付けて考え、表現することを通して、人々が協力し、豊かな自然環境を保護・活用しながら観光などの産業の発展に努めていることを理解できるようにするとともに、地域の資源を保護・活用している様子について追究し、学習問題を解決しようとする態度を養う。

学習指導要領との関連 内容(5)「県内の特色ある地域の様子」アの(ア)(イ)及びイの(ア)

第1・2時	第3・4時
つかむ「出合う・問いをもつ」	調べる
〔第1時〕 ○小笠原はどのようなところなのだろう。【知①】 ・地図や資料から、小笠原の位置、交通（船）、人口、気候などについて調べる。 ・映像資料などを基に、小笠原の特徴について話し合う。 ★地理的な位置や気候に着目する。 〔第2時〕 ○小笠原ではどのような暮らしをしているのだろう。　【思①・主①】 ・人々の生活について疑問に思うことをまとめ、学習問題を見いだす。 ★人々の生活に着目する。 【学習問題】 小笠原の人々は、豊かな自然の中で、どのように暮らしているのだろう。 ・学習計画を立てる。 予 漁業や観光など、自然を生かした暮らしをしているのではないか。	〔第3時〕 ○小笠原にはどのような自然があるのだろう。 　【知①】 ・書籍やパンフレットなどの資料から、小笠原の豊かな自然環境について調べる。 ・平均気温が高く、暖かい気候のため、豊かな自然が広がっていることが分かる。 ・小笠原は、一度も陸続きになったことがないため、固有の動植物がいることが分かる。 ・東京から遠く離れているため、観光客が少なく、豊かな自然が保たれてきたことが分かる。 ★自然環境に着目する。 〔第4時〕 ○小笠原の人々は、どのように豊かな自然環境を生かしているのだろう。　【知①】 ・資料から観光や特産品生産の様子を調べる。 ・暖かい気候を生かしたフルーツ栽培が盛んであることが分かる。 ・クジラやイルカツアーなど自然を生かした観光業が盛んであることが分かる。 ★産業に携わる人々の思いに着目する。

単元の内容

日本には、各地に世界遺産や日本遺産、それに準ずる魅力的な地域がある。そこで、まずは小笠原ならではの豊かな自然環境の素晴らしさを子供にしっかりとつかませておきたい。

東京から遠く離れた小笠原では、この豊かな自然環境を生かし・守り、互いに協力しながら農業や漁業、観光などの産業の発展に努めていることを人々の姿を通して追究させたい。自然

の保護・活用には、人々のたくさんの工夫や努力、地域を愛する人々の思いがある。

一方で、課題もある。

学習の最後に、小笠原の医療の現実を取り上げ、自然の保護・活用による産業の活性化か、それとも航空路開設か、というジレンマにも触れる。その上で、改めて地域のよりよい姿を子供により深く考えさせたい。

単元の評価

知識・技能	思考・判断・表現	主体的に学習に取り組む態度
①豊かな自然環境を保護・活用している小笠原では、人々が協力し、豊かな自然環境を保護・活用しながら観光などの産業の発展に努めていることを理解している。 ②地図帳や各種の資料で小笠原の特色を調べ、白地図やキャッチコピーなどにまとめている。	①豊かな自然環境を保護・活用している小笠原の位置や自然環境、人々の活動や人々の協力関係などに着目して、問いを見いだし、小笠原の様子について考え、表現している。 ②比較・関連付け、総合などして、地域の自然環境を保護・活用している小笠原の特色を考え、適切に表現している。	①豊かな自然環境を保護・活用している小笠原の様子について関心をもち、予想や学習計画を立てたり、学習を振り返ったりして、学習問題を追究し、解決しようとしている。

【知】：知識・技能　【思】：思考・判断・表現　【主】：主体的に学習に取り組む態度
○：めあて　・：学習活動　★：見方・考え方　🔍：期待する子供の予想例

第5・6時	第7・8時
「情報を集める・読み取る・考える・話し合う」	まとめる「整理する・生かす」
〔第5時〕 ○小笠原の人々は、どのように自然環境を守ってきたのだろう。　　　　　　　　　【知①】 ・ゲストティーチャーから自然保護の活動について話を聞き取る。 ・アホウドリを守る取組をしていることが分かる。 ・自然と共生するためのルールをつくっていることが分かる。 ★人々の協力関係に着目する。 〔第6時〕 ○小笠原は、どのようにして世界自然遺産に登録されたのだろう。　　　　　　　　【知①】 ・年表で登録までの経緯を調べる。 ・生態系に影響を与える外来種を駆除してきたことが分かる。 ・世界自然遺産に登録され観光客が増えると、自然保護が難しくなるなど、様々な立場の人たちから、登録に向けた当時の思いを聞き取る。 ★人々の協力関係に着目する。	〔第7時〕 ○小笠原の人々は、豊かな自然の中で、どのように暮らしているのだろう。　【知②・思②】 ・これまでの学習を振り返り、学習問題についての考えをまとめる。 ・小笠原の自然を生かした暮らしを表すキャッチコピーを考え、特色やよさをPRするためのポスターをつくる。 〔第8時〕 ○なぜ、小笠原の航空路開設について、意見が分かれているのだろう。　　　　　　【思②】 ・空港を建設すること、また航空路によって来島者が増加することで、豊かな自然が壊されるため建設に反対する意見があることを調べる。 ・交通が不便な島民にとって、よりよい暮らしを実現するために、航空路開設は悲願であることを調べる。 ・村長の「小笠原は自然が財産」と発言した新聞記事の意味を考える。 ★人々の暮らしや産業の発展に着目する。

問題解決的な学習展開の工夫

　子供が小笠原とインパクトのある出合いをするための導入を工夫にしたい。そのため、島の魅力が凝縮された動画を「つかむ」段階で扱うことにする。大自然への憧れと驚きから切実感のある学習問題を見いだし、学習の見通しを大切にすることで、子供の主体性を引き出すことが重要である。

　また、ゲストティーチャーは「調べる」段階で招き、子供との対話を通して、それまで調べてきたことを確認できるようにするとよい。

　さらに、航空路開設の問題を取り上げ、自分たちも都民の一人として議論する活動を通して、より小笠原の特色やよさについて切実感をもって考えられるようにする。

　まとめで作成するPRポスターは、インターネットで配信するなど、扱いを工夫したい。

つかむ
出合う・問いをもつ

小笠原はどのようなところなのだろう

本時の目標

　小笠原の概要について調べる活動を通して、小笠原への関心を高め、特徴をつかむ。

本時の主な評価

　地理的な位置や気候などについて調べ、小笠原の様子を理解している【知①】

用意するもの

　映像、映像から抜粋した資料、地図、資料（気候のグラフ、船の時刻表、航空写真）

小笠原のポスター

気づいたこと

・自然が豊かだ。
・イルカやクジラもいて南国みたい。
・東京都のどこにあるのだろう。

本時の展開 ▷▷▷

つかむ　出合う・問いをもつ

板書のポイント
映像資料や写真資料を大きく提示し、小笠原の魅力が捉えられるようにする。また、自分たちの住む地域との違いから、本時の問いを引き出す。

T　東京都小笠原の映像を見ます。気付いたことを発表しましょう。
C　きれい。自然が豊かだな。イルカやクジラもいて南国みたい。東京都のどこにあるんだろう。大きな船もある。人も住んでいるみたいだ。
T　では、今日は小笠原について調べましょう。
＊本時のめあてを板書する。

調べる　情報を集める・読み取る・考える・話し合う

板書のポイント
資料を関連付けて読み取ることができるよう並べて貼る。また、どの資料から読み取ったのかが分かるようにその周りに出た意見を板書する。

T　地図で場所を確認しましょう。　■1
C　東京湾から1000km 離れている。
C　沖縄県と同じくらい南にある。
T　人口について確認しましょう。
C　父島母島に約3,000人が住んでいる。
T　他の資料も調べてみましょう。　■2
C　一年中あたたかい。
C　海に囲まれていて、港の近くに家がある。
C　船は週に一度で24時間もかかる。

| 本時のめあて | 小笠原はどのようなところなのだろう。 |

分かったこと

1 地図

- 東京湾から南南東に1000km。
- 30あまりの島からなる。
- 沖なわと同じくらい南。

2 気候グラフ

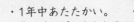
平均気温

- 1年中あたたかい。
- 冬でも20℃近くある。

上空写真

- 山も多い。
- 畑がある。
- 海の近くに家がある。

3

船「おがさわら丸」の時刻表（9月の一部）

日にち	東京発	父島発	父島発	東京着
20 (水)	11:00			
21 (木)		11:00		
22 (金)			父島泊	
23 (土)			父島泊	
24 (日)			15:30	
25 (月)				15:30
26 (火)	11:00			
27 (水)		11:00		
28 (木)			父島泊	
29 (金)			父島泊	

- 24時間かかる
- 1週間に1便しかない。

学習のまとめ

人口は約3000人
2011年に世界遺産に登ろく

- 小笠原は、わたしたちの住む新宿区から南に1000kmはなれた所にある島。
- 小笠原に行けるのは1週間に一度の船のみ。
- 自然が豊かである。

まとめる　整理する・生かす

板書のポイント

地域の概要は、本単元全体に大きく関わる。どの子供も概要をおさえ次時につなげられるよう、分かったことをつなげて丁寧に板書する。

T　友達の発表もつなげて、今日のめあてのまとめをしましょう。　**3**

C　小笠原は、都心部から1000km南にある島々。そのため、島ならではの自然が豊かで、気温も一年中あたたかい。

T　今日の振り返りを書きましょう。

C　私たちの住む東京都にこんなに自然があって驚いた。

C　交通の不便な場所だから、豊かな自然があるのかもしれない。

学習のまとめの例

- 私たちの住んでいる場所から約1000km南に離れたところにあって、自然がとても豊かでした。気温も一年中あたたかく、島に行ける交通は、1週間に一度、24時間かけて行く船のみでした。
- 東京都には地域によってこんなに違いがあることに驚きました。自然がとてもきれいでした。
- 私たちの東京都、小笠原のことをさらにくわしく調べていきたいです。

つかむ
出合う・問いをもつ

小笠原ではどのような暮らしをしているのだろう

本時の目標
学習問題をつくり、予想する活動を通して、学習計画を立てることができるようにする。

本時の主な評価
人々の生活に着目して問いを見いだし、適切に表現している【思②】／小笠原の人々の暮らしについて予想や学習計画を立て、学習問題を追究しようとしている【主①】

用意するもの
学習計画を掲示するための資料、小笠原のポスターや写真

小笠原のポスター

1 観光ガイド

パッションフルーツなどの栽培

本時の展開 ▷▷▷

つかむ　出合う・問いをもつ

板書のポイント
自然豊かな小笠原へのイメージを大切にするため、島の写真資料は前時に続き掲示しておく。さらに、島の人の姿が見える写真資料を提示する。

T　資料を見て気付くことを発表しましょう。　◀**1**

C　お客さんみたいな人たちと自然の中で過ごしている。

C　島の人たちが南国のフルーツみたいなものを育てている。

T　前回調べたことも基にして、今日はみんなで疑問を出し合って学習問題をつくり、学習計画を立てましょう。

＊本時のめあてを板書する。

調べる　情報を集める・読み取る・考える・話し合う

板書のポイント
疑問に思うことは、「自然」「観光」「産業」などの項目ごとに分けて板書をしていく。その後の予想や計画につなげられるようにする。

T　疑問に思うことを発表しましょう。　◀**2**

C　なんでこんなに自然がきれいなのだろう。

C　小笠原にはもっと自然があるのではないか。

C　島の人たちは、ほかにどんな仕事をしているのだろう。

T　疑問をまとめて学習問題をつくりましょう。　◀**3**

＊学習問題を板書する。

本時のめあて	小笠原ではどのような暮らしをしているのだろう。

2

ぎもん

自然
・なんでこんなに自然が
　きれいなのだろう？
・もっと自然が
　あるのではないか？

産業
・島の人たちは
　どんな仕事を
　しているのだろう？

3

学習問題

小笠原の人々は、豊かな自然の中で、どのように暮らしているのだろう。

4

よそう

・海や畑があったから漁業や農業がさかんだと思う。
・自然が豊かだから観光もさかんだ。
・自然を守るためのきまりがある。

学習計画

小笠原にはどのような自然があるのだろう。

小笠原の人々は、どのように自然環境を生かしているのだろう。

小笠原の人々は、どのように自然環境を守ってきたのだろう。

小笠原は、どのようにして世界遺産に登ろくされたのだろう。

まとめる　整理する・生かす

板書のポイント
今後の学習の見通しがもてるよう、予想を基に毎時の問いを設定し学習計画を立てる。授業後もそのまま教室内に掲示しておけるよう紙に書く。

T　予想をノートに書きましょう。　
C　一年中あたたかいし、自然がたくさんあるから観光が盛んだと思う。楽しんでもらう工夫もしていると思う。
C　島ならではの農業や漁業が盛んだと思う。
C　イルカやクジラが近くで見られるくらいなのだから、生態系を守るためのきまりなどがあると思う。
T　みんなで学習計画を立てましょう。

学習のまとめの例

・観光や漁業や農業など、小笠原ならではの自然を生かした暮らしをしているのではないかと思います。
・こんなに豊かな自然環境があるということは、それを守っている人たちがいると思います。
・まずは、その自然環境についてさらに詳しく調べたいです。

調べる
情報を集める・読み取る・
考える・話し合う

小笠原にはどのような自然があるのだろう

本時の目標
小笠原特有の地形や気候、動植物などの生き物について調べる活動を通して、小笠原の豊かな自然について理解できるようにする。

本時の主な評価
自然環境について調べ、小笠原の豊かな自然環境について理解している【知①】

用意するもの
資料、小笠原関連の書籍、パンフレット（観光局提供）

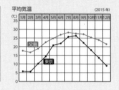

地図　　　気候グラフ

上空写真

船「おがさわら丸」の時刻表

日にち	東京発	父島発	父島発	東京着
20(水)	11:00			
21(木)		11:00		
22(金)		父島泊		
23(土)		父島泊		
24(日)			15:30	
25(月)				15:30
26(火)	11:00			
27(水)		11:00		
28(木)		父島泊		
29(金)		父島泊		

（9月の一部）

本時の展開 ▷▷▷

つかむ　出合う・問いをもつ

板書のポイント
第一時でおさえた概要と自然環境は深く関係しているため、関連付けて考えることができるよう、資料を提示しておく。

T　学習計画を確認しましょう。
C　今日は小笠原の自然環境についてさらに詳しく調べる計画だ。
T　では、早速調べていきましょう。
＊本時のめあてを板書する。
T　どんな資料を使いますか？
C　本やインターネットなどで調べたい。
C　今日は、自然環境について調べる計画だったので、事前に少し家で調べてきた。それも使いたい。

調べる　情報を集める・読み取る・考える・話し合う

板書のポイント
関連書籍を集めておき、関心のあることから調べられるようにする。黒板には、各自が調べ発表したことをたくさん書き、共有できるようにする。

T　資料を選んで小笠原の自然についてグループごとに調べましょう。　🔳1
C　あたたかい気候なので、イルカやクジラ、サンゴしょうなどの生き物がいて一年中見ることができる。
C　島レモンや島トマト、ドラゴンフルーツなどが栽培されている。
C　小笠原は一度も陸続きになったことがないため固有種がたくさんいる。今でも新種が発見され続けている。

| 本時のめあて | 小笠原にはどのような自然があるのだろう。 |

世界自然遺産

小笠原諸島
OGASAWARA ISLANDS

1 パンフレット

| 分かったこと |

・イルカやクジラなどが
　一年中見られる。
・島レモンや島トマト、
　ドラゴンフルーツなどが
　とれる。

小笠原にしかいない国有種が
たくさん生そくしている。
今も新種が発見されている。
➡なぜこんなに豊かなの？

2 | 考えたこと |

・東京都の中心部から遠く離れてい
　てかん光客の数もかぎられている
　から自然が保たれている。
・一年中気温が高いため、自然が豊
　か。

3 | ふりかえり |

・これだけの自然をどう生かしてい
　のか調べていきたいです。
・この自然が守られているのは、や
　はり人々が協力しているのではな
　いかと思うので調べていきたいで
　す。

まとめる　整理する・生かす

板書のポイント

「調べる」の最初の時間である。学習計画を意識
して前時までを振り返り、次時を見通して考え
をまとめられるように意見をまとめる。

T　なぜ自然がこんなに豊かなのか、これまで
　　学習したことと関連付けて、考えをまとめま
　　しょう。　**2**
C　船でしか観光客が来られないので、自然が
　　守られているのだと思う。
C　誰かが豊かな自然を守っていると思う。
T　振り返りをノートに書きましょう。　**3**
C　このような自然が守られてきたということ
　　はたくさんの人が協力してるのではないかと
　　思った。

| 学習のまとめの例 |

・小笠原には、地域固有の豊かな自然
　環境がありました。
・これだけの豊かな自然が今でもある
　ということは、小笠原の人たちが自
　然を生かしたり守ったりしていると
　思うので、次回から詳しく調べてい
　きたいです。

調べる
情報を集める・読み取る・
考える・話し合う

小笠原の人々は、どのように豊かな自然環境を生かしているのだろう

本時の目標
小笠原の産業について調べる活動を通して、小笠原の人々が自然環境を生かして産業や観光に取り組んでいることを理解する。

本時の主な評価
産業に携わる人々の思いについて調べ、豊かな自然環境を活用しながら産業の発展に努めていることを理解する【知①】

用意するもの
小笠原の特産品の資料、気候グラフ

1　本時のめあて

小笠原の人々は、どのように豊かな自然環境を生かしているのだろう。

2　よそう

・自然が豊かだから、観光がさかんだ。
・特産品がある。

小笠原の特産品

本時の展開 ▷▷▷

つかむ　出合う・問いをもつ

板書のポイント
第2時で作成した学習計画の掲示物から本時の問いの短冊を抜き出し、黒板に貼る。常に学習計画を意識し主体的に学べるようにする。

T　今日のめあてについて確認しましょう。1
＊本時のめあてを板書する。
T　どんなことを予想できますか？　2
C　自然が豊かだから、観光が盛んだと思う。
C　島ならではの農作物を栽培していると思う。
C　周りが海だから、漁も盛んなんじゃないかな。

調べる　情報を集める・読み取る・考える・話し合う

板書のポイント
子供たちに配布した資料と同じ物を貼る。また、可能であれば、特産品を並べておくなど、本物を見て調べる活動を進められるようにする。

T　小笠原の人々の仕事について、グループごとに調べましょう（農業、漁業、観光）。3
C　パッションフルーツや島レモンなどの農作物を育てている。
C　メカジキやサンゴがたくさん採れるので、漁業が盛んだ。
C　ホエールウォッチングやイルカツアーなどもある。QRコードを使って世界中に魅力を発信していた。

3

パッション
フルーツを
育てている農家

〈農業〉

メカジキ
たてなわ漁

〈漁業〉

ツアーガイド

〈観光〉

4

考えたこと

・あたたかい気候を生
　かした農業や漁業が
　さかん。
・島の自然を生かして
　観光を行っている。
・小笠原のよさを知っ
　てもらいたい。また
　来てほしいと願って
　いる。

分かったこと

・パッションフルーツ
　や島レモンなどの作
　物を作っている。
・とれた物は、直売所
　で売ったり、大きな
　会社と協力して飲み
　物にして売ったりし
　ている。

・海に囲まれていて、
　メカジキやサンゴが
　たくさんとれる。
・豊洲市場や気仙沼に
　出荷している。
・カレーなどの加工
　品にもして売ってい
　る。

・ホエールウォッチン
　グやイルカツアーがあ
　る。
・観光客のための民宿や
　カフェを営んでいる。
・パンフレットやレシー
　トにQRコードをつけ
　て世界中に情報を発信
　している。

学習のまとめ

小笠原の人々は、
いろいろな工夫を
し、豊かな自然環
境を生かして産
業に取り組んでい
る。

まとめる　整理する・生かす

板書のポイント

どのグループが調べたことも板書を見れば分か
り、共有できるように資料を貼り、分かったこ
とを書く。

T　各グループが調べて分かったことを基に考
　えたことをノートにまとめましょう。　**4**

C　農家はあたたかい気候や海が広がる地形を生
　かした農業や漁業を盛り上げようとしている。

C　小笠原の人々は、自然や生き物を生かし
　て、観光を行っている。

C　いろいろなところに QR コードがついてい
　るということは、それだけ小笠原のよさを世
　界中の人に知ってもらいたいと願っているの
　だと思う。

学習のまとめの例

・小笠原の人々は、島ならではの自然
　環境を生かして、産業や観光に取り
　組んでいました。
・豊かな自然環境を生かすためには、
　その自然環境を守るための工夫もた
　くさんあると思います。次回はゲス
　トティーチャーが来てくれるので、
　自分たちが調べてきたことや考えて
　いることについて実際に質問して確
　かめてみたいです。

調べる
情報を集める・読み取る・
考える・話し合う

小笠原の人々は、どのように自然環境を守ってきたのだろう

本時の目標
自然保護の活動について調べる活動を通して、人々が様々な工夫や協力をして自然環境を守ってきたことを理解する。

本時の主な評価
人々の協力関係について調べ、小笠原では、人々が協力して豊かな自然環境を保護していることを理解している【知①】

用意するもの
ゲストティーチャー、小笠原カントリーコード

本時の展開 ▷▷▷

| ① | 本時のめあて | 小笠原の人 |

小笠原カントリーコード

小笠原カントリーコード
①貴重な小笠原を後世に引き継ぐ
②ごみは絶対に捨てずに、すべて持ち帰る
③歩道をはずれて歩かない
④動植物は採らない、持ち込まない、持ち帰らない
⑤動植物に気配りしながらウォッチングを楽しむ
⑥サンゴ礁等の特殊地形を壊さない
⑦来島記念などの落書きをしない
⑧全島キャンプ禁止となっているので、キャンプしない
⑨移動はできるだけ自分のエネルギーを使う
⑩水は大切にし、トイレなど公共施設をきれいに使う

②

| よそう |

（大久保さんに確認したいこと）

・自然を守るには何か決まりがあると思う。

つかむ　出合う・問いをもつ

板書のポイント
前時同様に、学習計画の掲示物から本時の問いを取り出し、貼る。学び方を学べるようにする。

T　今日のめあてを確認しましょう。　■①
＊本時のめあてを板書する。
T　どんなことを予想できますか？　■②
C　これだけ自然が豊かなのだから、自然を守るための決まりをつくっていると思う。
C　小笠原の自然をみんなで守れるように協力していると思う。
C　たくさんの決まりがあるのではないかと思う。

調べる　情報を集める・読み取る・考える・話し合う

板書のポイント
小笠原の自然保護に関わってきたゲストティーチャーから話を聞きながら、ポイントとなる資料を並べて掲示し、可視化する。

T　では、今日はゲストティーチャーの方に質問して直接お話を聞きましょう。　
C　わたしたちはこれまで小笠原について調べてきて、このように予想しましたが、どうですか？
C　どのような思いで自然保護に取り組んでいますか？
C　これからどうすれば自然を守っていけますか？
C　これまで苦労したことは何ですか？

々は、どのように自然環境を守ってきたのだろう。

自然を守り楽しむ
ルール

アホウドリのひなたん生　　ホエールウォッチング

引用：小笠原ホエール
ウォッチング協会HP

100m

300m

☐ 減速水域（300m）
■ 侵入禁止水域（100m）
→マッコウの場合は50m

学習のまとめ

・国や都、村や
人々が協力して
守っている。
・ルールを決め
て、観光客にも
守ってもらう工
夫をしている。

分かったこと

3

・自然と共生するためにルールを作っている
（国、都、村など）。
・環境省や東京都、鳥類研究所が協力して、
貴重なアホウドリのはん殖に成功し、
守り続けている。
・クジラがこわがらないように日本で
はじめてのルールをつくった。

GT

5

ふりかえり

　小笠原の人々は、
自然を大切に守って
いました。世界自然
遺産に登ろくされる
にはもっと努力が必
要だったと思うので
調べたいです。

まとめる　整理する・生かす

板書のポイント
ゲストティーチャーの話から直接感じた思い
や、小笠原に関係する人々の思いを大切にす
る。学習のまとめは、「人」の姿を意識させたい。

T　今日のめあてについて考えをまとめましょ
う。
C　国や都や村の人は、ルールをつくって小笠
原の自然を守ったり、観光客にも協力しても
らえる工夫をしたりしていた。　4
T　今日の振り返りをノートにまとめましょう。5
C　たくさんのルールや取組があったけれど、
みんな小笠原の自然環境を守るためにがん
ばっていた。世界に認めてもらうにはもっと
努力が必要だったと思うので調べたい。

学習のまとめの例

・豊かな自然環境を守るために、国や
都、村や町の人々が協力し合って取
り組みを行ったり、工夫や努力をし
たりしていました。また、観光客も
それを守り、みんなで小笠原の自然
を大切にしていました。
・世界に認められるまでのことをさら
に詳しく調べていきたいです。

小笠原は、どのようにして世界自然遺産に登録されたのだろう

本時の目標

　世界自然遺産登録までの経緯を調べる活動を通して、人々が協力して世界自然遺産に登録されたことを理解する。

本時の主な評価

　人々の協力関係について調べ、人々が豊かな自然環境を保護し、世界自然遺産に登録されたことを理解している【知①】

用意するもの

年表、ノヤギの駆除の資料

1
年表

2 本時のめあて

世界自然遺産に登録されるまで	
1994 年	東京都はノヤギの駆除をはじめる。
2003 年　5 月	小笠原諸島と世界自然遺産候補地として選んだ（環境省・林野庁）
2007 年　1 月	ユネスコにリスト提出
2009 年	連絡準備会（国・都・村の協力）をつくったノヤギの駆除断絶に成功
2010 年　1 月	ユネスコへ推薦書類を提出
2010 年　7 月	国際自然保護連合による現地調査により、確認と要請
2010 年11 月	国際自然保護連合へ、要請についての回答
2011 年　6 月	世界自然遺産登録決定！

↓

気づいたこと

・登録まで長い年月がかかった。
・小笠原村のことなのに、国や都も関係している。

本時の展開 ▷▷▷

つかむ　出合う・問いをもつ

板書のポイント

世界自然遺産登録までの概要がつかめるよう、年表を掲示しておく。その際、未来にも目を向けられるよう、矢印をのばしておく。

T　世界自然遺産に登録されるまでの年表を見てみましょう。　**1**
C　長い時間がかかっている。
C　国や都や村の協力が必要だったことが分かった。
T　今日は、このめあてについて調べていきましょう。　**2**
＊本時のめあてを板書する。

調べる　情報を集める・読み取る・考える・話し合う

板書のポイント

様々な立場の人の思いが分かるように、吹き出しにして提示する。

T　外来種を駆除する取組について調べましょう。　
C　外来種がいると固有種がいなくなってしまうため、国や都や村や専門家が協力してヤギの駆除をした。
T　世界自然遺産登録に向け、様々な立場の人の思いについて調べましょう。　**4**
C　世界に認められるのは嬉しいけれど、観光客が増えて自然が壊れてしまうのではないかと心配していた人もいた。

小笠原は、どのようにして世界自然遺産に登録されたのだろう。

3 〈取組〉　ノヤギの駆除

過去に食用としてつれてこられたヤギが野生化し、森林破壊や固有植物を食べてしまうなどの問題が起きていました。東京都は、この問題を解決するため、1994年（平成6年）からノヤギの駆除を行ってきました。2009年（平成21年）には全てのノヤギの駆除が確認されました。

分かったこと

・生態系にえい響を与える外来種を駆除してきた。

2011年 登録！！

〈世界遺産登録にも協力し、長年ツアーガイドをされている竹澤さんの話〉
　世界自然遺産に決まったときは、大喜びでした。世界自然遺産の中でも、小笠原は、一週間に一度、しかも24時間かかります。こんなに魅力的な所は世界的に見てもオンリーワン！船でしか来られないから、一週間に多くても1000人、気合いを入れてくる人ばかりだし、お客さんにもルールを分かってもらえます。自然が守られるのです。でも、自然を触らないことが自然を守ることではなく、自然と触れ合って楽しむ。それこそが守ることだと思います。

4 〈人々の思い〉

お土産屋さん
お客様（観光客）が島にたくさんきてくれるからうれしい

主婦
自分が住む島が世界に認められてうれしい！

ガイドさん
人が増えて島の自然は大丈夫かな？ゴミのポイ捨てが増えたりしないかな？

学生
自由に遊べる場所が減るのかな？

分かったこと

・立場によっていろいろな思いをしていた。

5 学習のまとめ

国や東京都、小笠原村、現地の人々などが協力したから登録できた。

まとめる　整理する・生かす

板書のポイント
登録されたときの人々の思いも掲示し、登録による人々の思いを考えられるようにする。

T　世界自然遺産に登録が決まったときの関係者の人の思いを調べましょう。

C　とても喜んでいた。これからもお客さんと一緒に自然を守っていこうという思いが分かった。

T　今日のめあてについて、自分の考えをまとめましょう。　◀**5**

C　世界自然遺産に登録できたのは、小笠原の自然を守り、世界に認めてもらうためにたくさんの人が協力したからだ。

学習のまとめの例

・長い年月をかけて、国や都や村、専門家などが協力して自然環境を守ってきました。そして、世界に認められるまでになって2011年に世界自然遺産に登録されました。

・登録に向けて、様々な立場の人の思いがありました。そして今があります。

・外来種を駆除するなどの取組もしていたことに驚きました。たくさんの人々の協力があって今の小笠原の自然環境があるのだと思いました。

まとめる
整理する・生かす

小笠原の人々は、豊かな自然の中で、どのように暮らしているのだろう

本時の目標

学習問題について自分の考えをまとめ、キャッチコピーをつくる。

本時の主な評価

これまで調べたことを基に、キャッチコピーにまとめている【知②】／地域の自然環境を保護・活用している小笠原の特色を考え、適切に表現している【思②】

用意するもの

PR ポスター用の紙

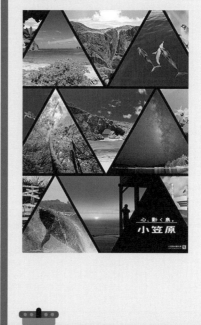

1 本時のめあて（学習問題）

小笠原のポスター

本時の展開 ▷▷▷

つかむ　出合う・問いをもつ

板書のポイント

これまで調べてきた小笠原をイメージし、単元全体を振り返ることができるように、最初に使った資料を貼る。

T　今日は、学習問題についてまとめましょう。

＊本時のめあて（学習問題）を板書する。　**1**

T　これまでの学習を振り返り、学習問題についての考えをノートにまとめましょう。

C　小笠原の人々は、協力して自然を生かしたり守ったりして暮らしていた。

C　観光客も含めてみんなが協力できるように工夫していた。

C　観光客を増やす取組をしていた。

調べる　情報を集める・読み取る・考える・話し合う

板書のポイント

小笠原村観光局が作成している PR ポスター作成への思いを確認し、手順として掲示する。子供たちも本物と同じように作成できるようにする。

T　では、その考えを基に、小笠原のよさをキャッチコピーにし、PR ポスターを作りましょう。　**2**

T　観光局の方がつくったときの思いを確認します。同じようにつくりましょう。

C　私は、人が自然を大切にし、一緒に触れ合い、楽しんでいるところを書きたい。

C　ぼくは、小笠原の人々のように自然をみんなにも大切にしてもらいたいので、そのことを書きたい。

小笠原の人々は、豊かな自然の中で、どのように暮らしているのだろう。

2

子供たちのつくったPRポスター

小笠原のPRポスター

東京 ↔ 東京
片道 **24時間**

3 学習のまとめ

　小笠原の人々は、豊かな自然環境を生かしたり、守ったりしながら、地域の自然環境を大切にして暮らしていました。観光客もふくめて人々全員に協力してもらえるように工夫もしていました。そして、インターネットなども使ってたくさんの観光客に来てもらえるように努力していました。

PRポスターのつくり方

トリビアボード製作の思い（小笠原村観光局）

〈大きい文字〉
遠くから見て惹きつけられるもの。近くによって見てみたいと思ってもらう。
〈中くらいの文字〉
もっと近づいて見てみたいと思う内容。
〈小文字〉
小笠原をより知ってもらう文章。
〈ロゴの横の写真〉
イメージできる程度の小さい写真を1枚。

〈全体〉
　小笠原にはあらゆる色彩が存在すると言われている。そこで、あえて白黒で構成し、実際に小笠原に来て見てもらいたいという願いを込めている。

まとめる　整理する・生かす

板書のポイント
全員のPRポスターを貼り、友達の作品を見合えるようにする。キャッチコピーは短くまとめるため、なぜそうしたのか、理由を大切に扱う。

T　PRポスターが出来上がったら、どうしてそのキャッチコピーにしたのか、理由をノートに書きましょう。**3**

C　小笠原の人々は、自然を生かし、自然を守り、自然を大切にして暮らしていたから。

C　小笠原の人たちは自然を守るために努力をし、観光客やいろいろな人にも守ってもらおうと工夫をしていたから。

学習のまとめの例

・小笠原の人々は、豊かな自然環境を生かしたり、守ったりしながら、地域の自然環境を大切にして暮らしていると考えました。それは、観光客もふくめて人々全員に協力してもらえる工夫もしていたからです。

・たくさんの観光客に来てもらえるように努力していました。

・友達のPRポスターを見て、あらためて小笠原にはたくさんの魅力があると思いました。自分たちのポスターを世界の人が見て、一人でも多くの人によさが伝わるといいなと思いました。

なぜ、小笠原の航空路開設について、意見が分かれているのだろう

本時の目標

航空路新設問題について話し合う活動を通して、人々が自然環境を保護・活用し、よりよい暮らしや産業の発展を願っていることを考え、適切に表現する。

本時の主な評価

人々の暮らしや産業の発展に着目し、自然環境を保護・活用している小笠原の特色を考え、適切に表現している【思②】

用意するもの

島の医療の現状の資料

本時の展開 ▷▷▷

本時のめあて

なぜ、小笠原の航空路開設について、意見が分かれているのだろう。

1 島の医療の現状

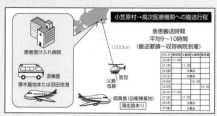

きん急時には、自衛隊と協力して10時間かけて都心部の病院へ運んでいる。

↓

医療の現実

航空路を新設するために50年もぎろんされ続けている？なんで？

つかむ　出合う・問いをもつ

板書のポイント

島の交通に改めて注目するため、黒板の中央には、船「おがさわら丸」の時刻表の資料を貼る。

T　小笠原への交通手段は何でしたか。　**1**
C　1週間に一度24時間かけて船で行く。
T　資料を見て気付くことを発表しましょう。
C　緊急時の医療は、都心部の病院と自衛隊が協力して行っている。
T　実は、村の人や観光客を対象に、航空路についてのアンケートが行われています。
C　50年も議論されている！なんで？
T　今日はこのことについて考えましょう。
＊本時のめあてを板書する。

調べる　情報を集める・読み取る・考える・話し合う

板書のポイント

黒板の左側に、航空路の新設に賛成派の意見、右側に反対派の意見を掲示し、自分はどちらの考えか立場を明確にして考えられるようにする。

T　航空路の新設に賛成、反対、それぞれの意見について調べましょう。
C　島の自然も大切だし、人々の暮らしも大切。
T　みなさんは賛成ですか、反対ですか。学習したことを基に、理由を明確にして話し合いましょう。　**2**
C　私はないほうがよいと思う。ここまで守ってきた自然環境が壊れてしまうから。
C　私はあるほうがよいと思う。島の人たちも安心し暮らせると思うから。

環境を守り生かす地域【選択A】

2

〈航空路はあるほうがいい〉　　　　　　　　　　　　　〈航空路はないほうがいい〉

家族の体調や、はなれてくらす家族のことを考えると、すぐに都市部へ行けるようになるといいです。

島に住む方の話

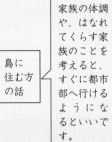
南島　メグロ　クジラ
イルカ　おがさわら丸　自然
カタツムリ　ハートロック　アホウドリ

1週間に一度、24時間もかけて行く場所はめずらしく、世界自然遺産としても特別なところだからです。観光のお客さんは1週間に多くても1000人。だからこの自然も守られているのだと思います。

ガイドツアーさんの話

家族の健康は大切だし、もしものときにすぐにかけつけられないのは悲しい。

みんなは？
ぎろんしよう

・世界の宝である豊かな自然がこわされてしまう。
・そうしたら観光もできなくなってしまうのではないか。
・人が増えすぎると自然がこわれたり、人とのつながりが少なくなってしまうかもしれない。

話し合って考えたこと

・立場によって思いや願いがちがう。
・みんな自分たちの地域をよりよくしたいという思いは同じ。

まとめる　整理する・生かす

板書のポイント

どちらを選んだかではなく、議論を基に学習の目標に迫れるよう、本時のめあてについてまとめたことを中心に板書をする。

T　村長が「小笠原は自然が財産」と述べているのはなぜでしょう。

C　世界的に見ても貴重なもので、みんなで守ってきたからだと思う。小笠原にしかない自然がたくさんがあるからだと思う。

T　なぜ長年にわたって意見が分かれているのか、考えをまとめましょう。

C　立場によって思いが違い、迷っている。

C　自分たちの地域をよりよくしたいという思いはみんな同じ。

学習のまとめの例

・小笠原の豊かな自然環境を守りたいという思いや、医療などの面で生活をよりよくしていきたいという思いなどがあり、長い間、航空路新設については意見が分かれていました。どちらも、地域をよりよくしたいという人々の思いがありました。

3 歴史や文化を生かすまち 選択B

8 時 間

単元の目標

　地域の伝統的な文化を保護・活用している台東区の様子について、位置や人々の活動や産業の歴史的背景、人々の協力関係などに着目して、地図帳や各種の資料で調べ考えることにより、東京都の特色ある地域では、人々が協力し、特色あるまちづくりや観光などの産業の発展に努めていることを理解できるようにするとともに、地域の資源を保護・活用している台東区の様子について追究し、学習問題を解決しようとする態度を養う。

学習指導要領との関連　内容(5)「県内の特色ある地域の様子」アの㋐㋑及びイの㋐

第 1・2 時	第 3・4 時
つかむ「出合う・問いをもつ」	調べる
〔第 1 時〕 ○台東区はどのようなところなのだろう。【知①】 ・台東区の位置や、台東区にある文化施設や歴史的な建物などの位置を地図で調べる。 ・台東区には、東京都ではじめて世界文化遺産に登録された「国立西洋美術館」を含む多様な文化・芸術施設や、古くから残るまち並みがあることが分かる。 **〔第 2 時〕** ○なぜ、台東区を訪れる観光客は増加しているのだろう。　　　　　　　　【思①・主①】 ・観光客が集まる理由を予想し、学習問題を見いだす。 **【学習問題】** 台東区は、どのようにして観光客が集まるみ力をつくっているのだろう。 ・学習計画を立てる。 ㋜世界文化遺産への登録などが地域の魅力をつくってきたのではないか。 ★**観光資源の位置や観光産業の様子に着目する。**	**〔第 3 時〕** ○どのようにして、国立西洋美術館は世界文化遺産に登録されたのだろう。　　　【知①】 ・資料から世界文化遺産について調べる。 ・地図で日本国内及び都内で登録されている世界文化遺産の場所を調べる。 ・世界文化遺産の登録までの活動に関わった人々の努力や登録までの経緯について調べる。 ・行政や区民が協力して、10年間以上も、登録に向けた活動を行ってきたことが分かる。 ★**人々の活動や登録の経緯に着目する。** **〔第 4 時〕** ○台東区役所では、どのような取組をしているのだろう。　　　　　　　　　　【知①】 ・区役所の役割について、台東区観光課の職員へ聞き取り調査を行う。 ・ボランティアガイドの人の話を基にして調べる。 ★**人々の思いや願いに着目する。**

単元の内容

　台東区は、有名な美術館や博物館が集中していたり、歴史的建物やまち並みが残ったりしていた地域であり、観光客数は年々増加している。これを理由として、行政や地域が協力して観光資源をより活用し、台東区の魅力を積極的に発信していることが考えられる。特に、10年以上もの間、「国立西洋美術館」の世界文化遺産登録に向けて活動してきた取組は、その象徴とも言える。また、浅草地区で「外国人観光客安心向上プロジェクト」に取り組むなど、人々の思いや協力する姿を追究しやすい教材である。

　なお、台東区のように、伝統的な文化を保護・活用している地域を取り上げる際には、内容(4)の文化財や行事を保護・継承している人々の努力を取り上げる「県内の伝統や文化」の学習との違いに配慮する。

単元の評価

知識・技能	思考・判断・表現	主体的に学習に取り組む態度
①台東区について位置や伝統的な文化の保護・活用の様子、人々が協力し、特色あるまちづくりや観光などの産業の発展に努めていることを理解している。 ②地域の伝統的な文化を保護・活用している台東区の様子について、見学などの調査活動で収集した情報や、区役所などが作成した各種資料、地図、インターネットなどで調べ、白地図などにまとめている。	①地域の伝統的な文化を保護・活用している台東区の環境資源の位置や人々の活動、観光産業の経緯、人々の協力関係などに着目して、問いを見いだし、台東区の様子について考え、表現している。 ②比較・関連付け、総合などして、歴史や文化・観光などの産業の発展に生かしている台東区の特色を考え、適切に表現している。	①地域の伝統的な文化を保護・活用している台東区の様子について、予想や学習計画を立てたり、学習を振り返ったりして、学習問題を追究し、解決しようとしている。

【知】：知識・技能　【思】：思考・判断・表現　【主】：主体的に学習に取り組む態度
○：めあて　・：学習活動　★：見方・考え方　子：期待する子供の予想例

第5・6時	第7・8時
「情報を集める・読み取る・考える・話し合う」	まとめる「整理する・生かす」
〔第5時〕 ○台東区では、どのように古いまち並みを保護しているのだろう①　　　　【知①】 ・浅草地区での取組を調べる。 〈行政〉景観形成特別地区に指定された浅草地区を、国際観光地の拠点として整備する。 〈商店街〉「外国人観光客安心向上プロジェクト」に取り組む等、外国人観光客へのおもてなしサービスの向上に努める。 ★外国人を対象にした観光への取組に着目する。 〔第6時〕 ○台東区では、どのように古いまち並みを保護しているのだろう②　　　　【知①】 ・谷中地区での取組を調べる。 〈行政〉「谷中地区まちづくり方針」等で、まちづくりのルールをつくっている。 〈民間団体〉NPO法人による古い建物の保存活用など、様々な取組を行っている。 ・行政、地域住民、民間団体等が協力して、歴史資源の保全と居住環境の調和を図っていることが分かる。 ★人々の協力関係に着目する。	〔第7時〕 ○台東区のみ力とは何だろう。　　【知②・思②】 ・これまでの学習活動を振り返り、学習問題の解決に向けた見直しを行う。 ・これまで調べて分かったことを、図や文章に整理する。 ・台東区の様子と、自分の住んでいる地域とを比べて、台東区の魅力について考える。 ・白地図に台東区の魅力について書き込む。 ・書き込んだ内容についてグループで交流し、自分の考えをまとめる。 ★人々の協力関係に着目する。 〔第8時〕 ○台東区は、どのようにして観光客が集まるみ力をつくっているのだろう。　　　【思②】 ・魅力あるまちづくりに関わる人々の願いについて考え、発表し合う。 ・台東区役所の観光課へ、学習感想を伝える。 ★産業の発展に着目する。

問題解決的な学習展開の工夫

　第7時で、調べたことから台東区の特色をまとめる際、自分の住んでいる地域と比較しながら文章で書き表すことで、自分の考えをより明確にさせることが効果的である。

　また、それぞれの子供が考えた台東区の特色を簡潔に白地図上に表現する活動を取り入れることで、他者の考えと自分の考えとが比べやすくなり、話し合いの活性化が期待できる。

　行政、地域住民を中心とし、NPO法人など、その地域のまちづくりに関わる人々の働きについて、子供が直接インタビューを行ったり、見学活動を取り入れたりすることが、切実感をもって追究していくことにつながる。

　なお、本単元は「東京都の様子」や第4学年の最後に学習することが考えられる。その際は、全体のまとめの活動を加えることも考えられる。

つかむ
出合う・問いをもつ

台東区はどのようなところなのだろう

本時の目標
　台東区の位置や台東区にある有名な地域について、地図や写真を用いて調べ、台東区は東京都の東側にあり、台東区内には上野や浅草など多くの人々が訪れるような有名な場所があることを理解する。

本時の主な評価
　台東区の地理的位置や、多様な文化・芸術施設があることを理解している【知①】

用意するもの
　東京都の白地図、台東区の地図、上野駅周辺の資料（多くの観光客が訪れている様子が読み取れるもの）

1 東京都の地図

気づいたこと
・自分たち住んでいるところと比べて、せまい（広い）。
・自分たちの住んでいるところから見て、○の位置にある（四方位または八方位で示す）。

ぎもん
・台東区はどんなところだろう。
・自分たちが知っていることは何だろう。

本時の展開 ▷▷▷

つかむ　出合う・問いをもつ

板書のポイント
台東区の位置を明示した東京都の白地図を示し、自分たちの住んでいる地域と比較させて、台東区の地理的位置や面積を把握させる。

T　この青で示している区市町村はどこか、地図帳で調べてみましょう。　**1**

C　台東区だ。

T　台東区は、どこにあって、どんな大きさだと言えばいいでしょうか？

C　私たちの住んでいる△△区（市町村）から見て、○（四方位・八方位）の方角だ。

C　私たちの住んでいる○○区よりも小さい（大きい）と思う。

＊本時のめあてを板書する。　**2**

調べる　情報を集める・読み取る・考える・話し合う

板書のポイント
台東区内の地図と上野駅周辺の資料から、有名な上野駅周辺や浅草地域など子供でも知っていることを読み取らせる。

T　台東区の資料を配ります。どんなことが分かりますか？　**3**

C　台東区には上野や浅草がある。

T　こちらがその上野駅の資料です。どんなことが分かりますか？

C　多くの人が行き来している。

T　今日のめあてについて言えることは何かを考えましょう。　**4**

C　上野や浅草など、有名な場所があるね。

C　上野の動物園に行ったことがあるよ。

2 本時のめあて

台東区はどのようなところなのだろう。

よそう

・都全体から見て東にあるから、にぎやかな場所？
・駅前や有名な場所では、多くの人が集まっている？

3

台東区の地図　　　上野駅前の様子

分かったこと

・台東区には上野や浅草がある。
・たくさんの人がいる（観光に来ている人？）
・たくさんの駅がある（上野、御徒町、浅草など）

4 話し合って考えたこと

・台東区には有名な地域がある。
・上野には動物園や美術館があり、浅草には浅草寺、有名な遊園地などがある（行ったことがある）。
・たくさんの人が、台東区を訪れているのではないか。

5 学習のまとめ

台東区は東京都の東側にあり、上野や浅草など、有名な場所がある。多くの人が訪れているようだ。

6 ふりかえり

・台東区に、どれくらいの人が訪れているのかを知りたい。
・どのような有名な場所があるかを知りたい。

まとめる　整理する・生かす

板書のポイント

考えたことの発表や学習のまとめを発表させる際には、根拠となる資料や発言の箇所に下線を引く。

T　今日のめあてについて調べたことや考えたことをまとめましょう。　▶**5**

C　台東区は東京都の東側にあり、上野や浅草など、有名な場所があり、多くの人が訪れているのだと思う。

T　今日の学習を振り返って、どんなことが分かれば、今日のめあてをもっと詳しくできるか、考えてみましょう。　▶**6**

C　台東区にどれくらいの人が訪れているのか。

C　台東区にはどのようなところがあるのか。

学習のまとめの例

・台東区は東京都の東側にあり、わたしたちの住んでいる○○区（市町村）から見ると○の方角にあります。台東区には、上野や浅草など、有名な場所があり、多くの人が訪れているようです。次の時間は、台東区にはどれくらいの人が訪れているのか、ということについて調べたいです。

・私たちが住んでいる台東区には、大きな動物園があったり、たくさんの美術館があったりするので、日本や世界から多くの人たちが訪れる場所だと分かりました。

つかむ
出合う・問いをもつ

なぜ、台東区を訪れる観光客は増加しているのだろう

本時の目標
　台東区の様子に関心をもち、台東区の観光資源の位置や観光産業の様子、人々の協力関係に着目して学習問題を見いだす。

本時の主な評価
　台東区の観光の様子や人々の協力関係に着目して問いを見いだし、地域の観光資源の保護・活用について考え、表現している【思①】／台東区の様子について予想や学習計画を立て、学習問題を追究しようとしている【主①】

用意するもの
　観光客数の推移（グラフ）、台東区の地図、美術館や動物園、浅草地区や谷中地区の資料

（前時の学習のまとめ）
台東区は東京都の東側にあり、上野や浅草など、有名な場所がある。多くの人が訪れているようだ。

1 ぎもん

・台東区に、どれくらいの人が訪れているのか。
・どのような有名な場所があるのか。

2 台東区に訪れる観光客の数（推移）

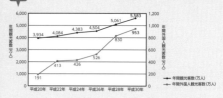

分かったこと

・台東区を訪れる観光客は、年々増えている。

本時の展開　▷▷▷

つかむ　出合う・問いをもつ

板書のポイント
前時で分かったことや、子供の疑問を提示し、台東区を訪れる観光客数について、グラフの読み取りができるようにする。

T　前回の授業で分かったことと、みなさんが疑問に思ったことを示します。　**1**
C　台東区を訪れる観光客は、どれくらいいるのか。
T　こちらのグラフから、どのようなことが分かりますか？　**2**
C　「台東区を訪れる観光客数」とあるので、台東区を訪れる観光客の数がどのように変化しているのかが分かる。
C　毎年観光客数が増えている。

調べる　情報を集める・読み取る・考える・話し合う

板書のポイント
なぜ観光客数が増えていのか、本時のめあてを示すことで、子供の予想から地図や写真資料で調べられるようにする。

T　地図や写真から、なぜ観光客が集まるのか、調べて考えてみましょう。　**3**
C　有名な場所があるから、たくさんの人が集まると思います。
C　例えば、上野公園には上野動物園や国立科学博物館などがある。
C　ほかにも、国立西洋美術館などがある。
C　浅草には、お寺や遊園地などに、たくさんの人が集まっている。
C　観光客もたくさん集まっている。

| 本時のめあて | なぜ、台東区を訪れる観光客は増加しているのだろう。 |

よそう
・有名な場所があるから。

3 台東区の地図

浅草の様子

気づいたこと
・上野公園内には動物園や美術館、博物館などがある。
・浅草には寺や遊園地がある。
・谷中地区など、古くから残る地域がある。

4 話し合って考えたこと
・有名な場所がある、というだけで、多くの観光客があるだろうか？
・観光客が集まるように、誰かが工夫や努力をしているのではないだろうか？

5 学習問題

台東区は、どのようにして観光客が集まるみ力をつくっているのだろう。

6 学習問題のよそう
・区役所の人が有名な美術館について宣伝している。
・それぞれの地域の人が、自分たちの地域を宣伝している。

学習計画
・美術館に対する取組の様子を調べる。
・浅草地域や、谷中地域での取組の様子を調べる。

まとめる　整理する・生かす

板書のポイント
学習問題を見いだすための発問から、学習問題を設定し、学習計画を立案するという流れが見えるよう、整理してまとめるようにする。

T　たくさんの有名な場所があるだけで、観光客が集まるのでしょうか？　**4**
C　宣伝をして、台東区の魅力を伝えているのだと思う。
T　ではその魅力について調べていきましょう。
＊学習問題を板書する　**5**
T　学習問題を、どのように予想しますか？主語を明確にして、発表しましょう。　**6**
C　区役所の人が、宣伝しているのだと思う。

学習のまとめの例

・学習問題は「台東区は、どのようにして観光客が集まるみ力をつくっているのだろう」になりました。区役所や地域の人々が、宣伝していると思うので、区役所や地域の取組を調べていこうと思います。
・台東区を訪れる観光客が年々増えているのに驚きました。上野にある国立西洋美術館について、詳しく調べたら、学習問題について分かることがあると思うので、調べてみたいです。

調べる
情報を集める・読み取る・
考える・話し合う

どのようにして、国立西洋美術館は世界文化遺産に登録されたのだろう

本時の目標
　台東区役所の取組について調べ、国立西洋美術館が区役所を中心とした取組により、世界文化遺産に登録されたことを理解する。

本時の主な評価
　台東区役所を中心とした取組により、国立西洋美術館が世界文化遺産に登録されたことを理解している【知①】

用意するもの
　国立西洋美術館の資料と世界文化遺産に登録されるまでの年表、台東区の地図

本時の展開 ▷▷▷

学習問題

台東区は、どのようにして観光客が集まるみ力をつくっているのだろう。

1 学習計画
・美術館に対する取組の様子を調べる。
・浅草地域や、谷中地域での取組の様子を調べる。

2 台東区役所観光課で働く
Aさんの話

分かったこと
・台東区では、国立西洋美術館を世界文化遺産に登録する取組を続けてきた。
・台東区にある国立西洋美術館は、2016年に世界文化遺産に登録された。

ぎもん
・世界文化遺産とは何か?
・国立西洋美術館は、どのようにして世界文化遺産に登録されたのか?

つかむ　出合う・問いをもつ

板書のポイント
区役所の観光課の人の話を紹介する。その中で、世界文化遺産に登録された国立西洋美術館を取り上げる。

T　前の時間に見いだした、学習問題を解決するために必要な学習とは、どのようなものがありましたか?　**1**
C　区役所や地域の人々の取組を調べる。
T　まず区役所の人々について調べましょう。区役所の人々の取組をまとめるために、どんなことを調べればよいですか?　**2**
C　世界文化遺産とは何か、調べる。
C　国立西洋美術館について調べる。
＊本時のめあてを板書する。

調べる　情報を集める・読み取る・考える・話し合う

板書のポイント
我が国にある世界遺産と、国立西洋美術館が世界文化遺産に登録されるまでの経緯とを、整理してまとめる。

T　日本にある世界遺産を地図帳で探し、印を付けましょう。　**3**
C　東京都の小笠原諸島が世界自然遺産として登録されています。
C　全部で23登録されています。
T　次に、国立西洋美術館について調べましょう。どのようなことが分かりますか?　**4**
C　登録されるまでに、10年間かかっています。
C　台東区役所だけでなく、地域の人々も協力しています。

本時のめあて

どのようにして、国立西洋美術館は
世界文化遺産に登録されたのだろう。

よそう

国立西洋美術館

・区内でせん伝をした。
・世界の会議で訴えた。

3

気づいたこと

・日本には、19の文化遺産、4つの自然遺産がある。
・東京都には、世界文化遺産と世界自然遺産とが1つずつある。

台東区の地図

年表

4

分かったこと

・国立西洋美術館が世界文化遺産に登録されるまで10年以上かかった。
・区役所の人々や、地域の人々が協力した。

5

学習のまとめ

・世界遺産は日本では23登録されている。
・国立西洋美術館は、たくさんの人々の努力で世界文化遺産に登録された。

6

区役所の人とガイドの人にどんな取組をしているかインタビューしてみよう！

ふりかえり

・今日分かったことと、学習問題との関わりについて考えたこと。
・インタビューで聞いてみたいこと

まとめる　整理する・生かす

板書のポイント

本時で調べて分かったことを整理してまとめ、「学習のまとめ」とする。また、次回、インタビュー活動することを予告する。

T　今日分かったことをまとめましょう。　**5**

C　日本では23の世界遺産が登録されています。

C　そのうち、台東区にある国立西洋美術館は、たくさんの人々の努力により、世界文化遺産に登録されたことが分かります。

T　次回は、区役所の人やボランティアガイドの人にインタビューをする予定です。　**6**

振り返りには、今日分かったことや考えたこと、インタビューで聞きたいことなどを書きましょう。

学習のまとめの例

・世界遺産は、日本では23登録されていて、台東区にある国立西洋美術館は、たくさんの人々の努力により、世界文化遺産に登録されました。

・今日分かったことから学習問題について考えるとき、今までは区役所の人、地域の人と別々に考えていたけれど、協力して取り組んでいるということもあるのではないかと思いました。

・次の時間のインタビューでは、区役所でどのような取組をしているのかを、詳しく聞いてみたいです。

調べる
情報を集める・読み取る・
考える・話し合う

台東区役所では、どのような取組をしているのだろう

本時の目標
　より多くの観光客を台東区に呼び込む取組について調べ、区役所やボランティアガイドの働きについてまとめる。

本時の主な評価
　区役所の取組について必要な情報を集め、区役所やボランティアガイドの内容や取組を理解している【知①】

用意するもの
　ゲストティーチャー（実際にゲストティーチャーを呼べない場合は、事前に撮影したインタビューの動画や取材内容をまとめた資料）

学習問題

台東区は、どのようにして観光客が集まるみ力をつくっているのだろう。

学習計画

・美術館に対する取組の様子を調べる。
・浅草地域や、谷中地域での取組の様子を調べる。

1

前の時間に分かったこと

台東区にある国立西洋美術館は、たくさんの人々の努力により、2016年に世界文化遺産に登録された。

2

ぎもん

国立西洋美術館が世界遺産に登録された後、台東区役所では、どのような取組をしているのだろう。

本時の展開　▷▷▷

つかむ	出合う・問いをもつ

板書のポイント
前時で分かったことを想起させた上で、「現在ではどのような取組をしているのか」について、疑問をもたせる。

T　前の時間では、どのようなことが分かりましたか？　**◀1**
C　台東区にある国立西洋美術館は、たくさんの人々の努力により、2016年に世界文化遺産に登録されたことが分かる。
T　では、さらに区役所の人々の取組をまとめるために、どんなことを調べればよいですか？　**◀2**
C　今、台東区役所ではどのような取組をしているのかを調べたい。

調べる	情報を集める・読み取る・考える・話し合う

板書のポイント
台東区役所観光課職員と、台東区の観光ボランティアのインタビューをまとめる。

T　今日は、台東区役所観光課のＡさんと、観光ボランティアのＢさんに来てもらいました。それでは、みなさんの疑問をもとに、インタビューしましょう。　**◀3 ◀4**
＊インタビューの具体的な例
・自分たちの予想は正しいか。
・自分たちが予想したこと以外に、どのような仕事をしているか。
・どのような願いをもっているのか。
・ボランティアガイドとは、どのような仕事か。

本時のめあて

台東区役所では、どのような取組をしているのだろう。

よそう

・HPで宣伝している。
・様々な場所でパンフレットやチラシを配る。

3

台東区役所の観光課で働く
Aさんへのインタビュー
○HPでの宣伝や、パンフレットやチラシの配布も行っている。
○「おもてなし環境整備事業」
　・外国語の表示を増やす
　・外国から来たお客を迎えるための、お店の人たちに対する研修を行う
　・区内のバリアフリー化　等
◎台東区を訪れた人々に、「また台東区に来たい！」と思ってもらえる工夫をしている。

4

観光ボランティアガイド
Bさんへのインタビュー
○様々な勉強をして、台東区長に認定された人がガイドになることができる。
○20のコースがある。コースの追加や組合せもできる。
○毎年2万人以上が利用している。

5 学習のまとめ

・「台東区を訪れた人々が気持ちよく観光を楽しみ、また来たい！と思ってもらえるような工夫」をしている。
・台東区に認定されたボランティアガイドの人々の取組は、多くの人に「また来たい！」と思わせることにつながっている。

6 ふりかえり

今日分かったことと、学習問題との関わりについて考えたこと。

まとめる　整理する・生かす

板書のポイント

インタビューの内容を思いや願いが分かるように板書する。振り返りでは、分かったことと学習問題との関わりを考えられるようにする。

T　今日分かったことをまとめましょう。 **5**

C　「台東区を訪れた人々が気持ちよく観光を楽しみ、また来たい！と思ってもらえるような工夫」をしていることが分かった。

C　台東区に認定されたボランティアガイドの人々が、観光ガイド行っていることも分かった。

T　今日分かったことは、学習問題の解決に、どのようにつながるのでしょうか。今日の振り返りに、考えたことを書きましょう。 **6**

学習のまとめの例

・台東区役所では、「台東区を訪れた人々が気持ちよく観光を楽しみ、また来たい！と思ってもらえるような工夫」をしていることが分かりました。また、台東区に認定されたボランティアガイドの人々が、観光ガイド行っていることも分かりました。

・学習問題については、区役所の人の取組と地域の観光ボランティアの取組は、「台東区を訪れる人々にまた来たい！と思わせること」というキーワードでつなげれば解決できると思いました。

台東区では、どのように古いまち並みを保護しているのだろう①

本時の目標
台東区内に残る古くから残るまち並みの保護について調べ、まとめる。

本時の主な評価
台東区役所と浅草地域の住民が協力して、浅草地域のまち並みを保護していることを理解している【知①】

用意するもの
浅草六区地区の資料、浅草地域の地図、配布用資料

学習問題

台東区は、どのようにして観光客が集まるみ力をつくっているのだろう。

1 学習計画

・美術館に対する取組の様子を調べる。
・浅草地域や、谷中地域での取組の様子を調べる。

2

現在①　　現在②

明治末期　　大正初期

ぎもん

なぜ、浅草の地域は、昔の街の様子と似ている部分があるのだろう。

本時の展開 ▷▷▷

つかむ　出合う・問いをもつ

板書のポイント
浅草六区地区の様子について、明治・大正期の資料と現代の写真を比較し、疑問をもたせる。

T　学習計画を振り返って、学習の進み具合を確かめましょう。　**1**
C　前の時間のインタビューで、美術館に対する取組の様子が分かった。
C　次に調べるのは浅草地区での取組だ。
T　次の資料は、どれも浅草地区です。上が今、下が昔の写真です。　**2**
C　違う部分と似ている部分がある。
C　浅草地区では、古いまち並みを残していると思う。

調べる　情報を集める・読み取る・考える・話し合う

板書のポイント
台東区の取組と、浅草地区の取組について資料を読み込み、分かったことをまとめる。その際、外国人を対象にした観光に着目できるようにする。

T　どのようにして、古いまち並みを残しているのだと思いますか？　**3**
C　台東区できまりを作っていると思います。
T　では、浅草六区地区と、伝法院通りでの取組を調べてみましょう。　**4**
C　浅草の商店街では、外国人観光客安心向上プロジェクトを行っている。　**5**
C　伝法院通りではお店同士が協定をつくって、江戸時代のまち並みを残そうとしている。

本時のめあて

台東区では、どのように古いまち並みを保護しているのだろう。

3　　よそう

・この地域に住む人々がまちの様子を変えない努力をしている。
・台東区できまりをつくっている。

4

浅草六区地区の位置浅草寺の西側地域伝法寺通りの位置浅草寺の南側

資料から分かったこと

【台東区役所の取組】（浅草六区地区）
（明治時代・大正時代）
演芸場が多く建てられるなど、人々が楽しむまちだった。
（現在）
台東区がきまりをつくり、地域の人々も協力してまちの古くから残る風景を受けつごうとしている。

5

【地域の人々の取組】
◎外国人観光客安心向上プロジェクト
　外国人観光客に浅草が「安心・安全な観光地」であることを伝えるために行った（平成21年）。
◎景観まちづくり協定（浅草伝法院通り）
　江戸時代のまちの様子をイメージして建物を作ろうと、お互いに約束する。

6　　学習のまとめ

・台東区では、きまり（条例）をつくって、まちの様子を保存したり、地域の人々が協定を結び、古いまち並みを保護している。地域の人々は外国人観光客に対して地域のよさをアピールする取組をしている。

ふりかえり

今日分かったことと、学習問題との関わりについて考えたこと。

まとめる　整理する・生かす

板書のポイント

行政と地域の取組を整理してまとめる。本時の振り返りでは、分かったことと学習問題との関わりについて考えられるように発問する。

T　今日分かったことをまとめましょう。　6

C　台東区では、きまり（条例）をつくって、まちの様子を保存している。

C　地域の人々が協定を結び、江戸時代のまち並みをイメージしたまちづくりに取り組んだりして、古い町並みを保護していることも分かった。

T　今日分かったことは、学習問題の解決に、どのようにつながるのでしょうか。今日の振り返りとして、考えたことを書きましょう。

学習のまとめの例

・台東区では、きまり（条例）を作って、まちの様子を保存したり、地域の人々が協定を結び、江戸時代のまち並みをイメージしたまちづくりに取り組んだりして、古い町並みを保護していることが分かりました。

・学習問題「台東区は、どのようにして観光客が集まるみ力をつくっているのだろう」について考えると、台東区がきまり（条例）を作ったり、地域の人々が約束したりしていることから、観光客が集まるみ力を保つためにはきまりづくりや、地域に住む人々の協力も必要だと思いました。

調べる
情報を集める・読み取る・
考える・話し合う

台東区では、どのように古いまち並みを保護しているのだろう②

本時の目標
　台東区内に残る古くから残るまち並みの保護について調べ、まとめる。

本時の主な評価
　谷中地域の住民や NPO 法人等が、歴史資源の保護・活用と、居住環境の調和を図っていることを理解している【知①】

用意するもの
　谷中地区にある建物（間間間）の資料、谷中地域の地図、配布用資料

学習問題

台東区は、どのようにして観光客が集まるみ力をつくっているのだろう。

1

学習計画

・美術館に対する取組の様子を調べる。
・浅草地域や、谷中地域での取組の様子を調べる。

2

「間間間」（さんげんま）1919年につくられた文ぼうぐ店　現在はきっさ店と住きょ

ぎもん

なぜ、谷中地区にはこのような家が残されているのだろう。

本時の展開 ▷▷▷

つかむ　出合う・問いをもつ

板書のポイント
谷中地区の様子について、現在も使用されている昔ながらの建物の資料を提示し、様々な疑問が出るようにする。

T　今日の学習内容を確かめましょう。　
C　今日は谷中地区での取組を調べることになっている。
T　この資料の家は、「間間間」とかいて「さんげんま」と読みます。昔は文房具屋でしたが、今はお店と住居になっています。　**2**
C　なぜ、このような古くからの家が残されているのか、不思議だ。
C　谷中地区でも、古くからのまち並みを残す工夫がされているのだと思う。

調べる　情報を集める・読み取る・考える・話し合う

板書のポイント
台東区の取組と、浅草地区の取組について資料を読み込み、人々が協力していることなど分かったことをまとめる。

T　では、まず谷中地区の商店街と、建物の位置を確かめてから、どのような取組があるのかを調べてみましょう。　**3**
C　谷中地区では、商店街組合の人たちが、昔からの商店街を残そうとしている。　
C　最近になって、若い人たちが引き継いでいる。
C　谷中地区には古いまち並みに関する活動をしている人々がいて、古くからの建物やまち並みを残そうとしている。　**5**

歴史や文化を生かすまち【選択 B】

本時のめあて

台東区では、どのように古いまち並み
を保護しているのだろう。

よそう

・古い家を大切に使い、今でも実際に住んでいる。

3

谷中銀座商店街の位置

間間間の位置

4

資料から分かったこと

【谷中銀座商店街の取組】
平成11年　商店街外観整備
平成13年　ホームページ開せつ
平成28年　商店街の公式キャラクターの誕生

5

【古いまち並みに関する活動をしている人々の取組】
(1) 古い建物の維持管理・活用
(2) 調査研究
(3) 勉強会の運営
(4) 会の活動や地域の情報発信
(5) 木の住まいについての相談・助言

6

学習のまとめ

台東区谷中地区では、地域の人々や、古いまち
並みに関する活動をしている人々が協力して、
昔の建物を現在でも活用していたり、昔ながら
のまち並みを残そうと努力したりしている。

ふりかえり

今日分かったことと、学習問題との関わりにつ
いて考えたこと。

まとめる　整理する・生かす

板書のポイント

振り返りでは、分かったことから学習問題に対
する考えを書けるかどうか発問する。

T　今日分かったことをまとめましょう。　**6**

C　台東区谷中地区では、地域の人々や、古い
　まち並みに関する活動をしている人々が協力
　して、昔の建物を現在でも活用していたり、
　昔ながらのまち並みを残そうと努力したりし
　ていることが分かります。

T　今日の学習で、学習問題の解決に向けた学
　習が終わりました。ここまでの学習で、学習
　問題に対する考えが書けるかどうか、今日の
　振り返りを書きましょう。

学習のまとめの例

・台東区谷中地区では、地域の人々
　や、古いまち並みに関する活動をし
　ている人々が協力して、昔の建物を
　現在でも活用していたり、昔ながら
　のまち並みを残そうと努力したりし
　ていることが分かりました。

・今日までの学習で、学習問題に対す
　る考えは書けると思います。なぜか
　というと、今日までに調べた国立西
　洋美術館の取組や、台東区でのきま
　り（条例）、地域での取組などを
　「誰が取り組んでいるのか」を考え
　ながらまとめることができるからで
　す。

台東区のみ力とは
何だろう

本時の目標

　これまでに調べて分かったことを、図や文章に整理し、自分の住んでいる地区と比較して、台東区の特色について白地図にまとめ考える。

本時の主な評価

　これまでに調べて分かったことを、白地図にまとめている【知②】／これまで学んだことを比較・関連付け・総合するなどして、台東区の特色について考え、適切に表現している【思②】

用意するもの

　自分たちの住んでいる区市町村の地図、台東区の地図、これまでの学習のまとめ

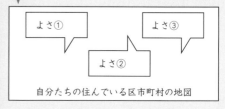

学習問題

台東区は、どのようにして観光客が集まるみ力をつくっているのだろう。

 ① 学習計画

・美術館に対する取組の様子を調べる。
・浅草地域や、谷中地域での取組の様子を調べる。

②

よさ①　　　よさ③

よさ②

自分たちの住んでいる区市町村の地図

ぎもん

自分たちの住んでいる○○区（市町村）と比べると、どのような違いがあるだろう。

本時の展開 ▷▷▷

つかむ　出合う・問いをもつ

板書のポイント
自分たちの住んでいる区市町村の良さを白地図に示し、台東区と比較することで、疑問をもたせる。

T　学習計画を振り返ってみましょう。前回まで調べたことを基にして、学習問題に対する自分の考えが書けそうですか？　**1**
C　書けると思う。
T　ではまず、台東区の魅力とはどのようなものか、私たちの住んでいる○○区（市町村）と比べてみましょう。　**2**
※第3学年での既習事項等を生かし、子供に「自分たちの住んでいる○区（市町村）のよさ」を3点ほど発表させる。

調べる　情報を集める・読み取る・考える・話し合う

板書のポイント
台東区の取組と、浅草地区の取組について資料を読み込み、人々が協力していることなど分かったことをまとめる。

T　これまでの学習で学んだことを、白地図に整理していきましょう。　**3**
C　国立西洋美術館は、10年以上かけて、世界文化遺産に登録された。　
C　浅草地区や谷中地区では、きまり（条例）や協定をつくっていた。
T　私たちの住んでいる区（市町村）と似ているところはありますか？　**5**
C　役所の人、地域に住む人など、様々な人が協力して取り組んでいるところだ。

本時のめあて

台東区のみ力とは何だろう。

3

4

これまでに調べて分かったこと
○国立西洋美術館について
・世界文化遺産に登録（10年以上）
・多くの人々の協力
○浅草地区や谷中地区
・きまり（条例）や協定
・多くの人々の協力や努力
・古い建物や、昔のまち並みを保護・活用

よそう

・いろいろな人が協力して、古いものを残そうとしている。

5

分かったこと（例）

似ている点
・役所の人、地域に住む人など、様々な人が取り組んでいる。
違う点
・台東区は、世界文化遺産や昔からの建物やまち並みを保護し、活用している。

6

学習のまとめ

台東区のみ力の一つとして、世界文化遺産、古くから残る建物や地いきなどがあり、それらを保護したり、活用したりしていることがある。

ふりかえり

今日分かったことと、学習問題との関わりについて考えたこと。

まとめる　整理する・生かす

板書のポイント

自分たちの住んでいる区（市町村）と違うところから、台東区の魅力とは何か、考えてまとめる。

T　では、違いはありますか？　6
C　台東区は、世界文化遺産や昔からの建物やまち並みを保護し、活用しているところが違うと思う。
C　私たちが住んでいる地域は、山や川などに多くの人たちがレジャーに来ているけれど、台東区は歴史や文化を生かしている。
T　このことは、台東区の魅力の一つとして言ってよいと思います。次回はいよいよ、学習問題について考えをまとめます。

学習のまとめの例

・台東区のみ力の一つとして、世界文化遺産、古くから残る建物や地域などがあり、それらを保護したり、活用したりしていることがあります。次回はこの台東区のみ力を、どのようにして作っているのか、これまで学んだことを基にまとめ、学習問題に対する自分の考えをまとめたいです。

まとめる
整理する・生かす

台東区は、どのようにして観光客が集まるみ力をつくっているのだろう

本時の目標
　これまでに調べて分かったことを基にして、学習問題に対する考えをまとめる。

本時の主な評価
　これまで学んだことを基に、観光などの産業の発展に生かしている台東区の特色や、台東区に関わる人々の願いなどを考え、適切に表現している【思②】

用意するもの
　台東区の地図、これまでの学習のまとめ

学習問題

台東区は、どのようにして観光客が集まるみ力をつくっているのだろう。

1

国立西洋美術館
（世界遺産）

谷中地区

浅草地区

ぎもん

学習問題に対して、どのような考えをまとめることができるだろうか。

本時の展開 ▷▷▷

つかむ　出合う・問いをもつ

板書のポイント
学習問題に対する考えをまとめるための根拠として、前時にまとめた台東区の地図を提示する。

T　これまでの学習で学んだことを基にして、学習問題に対する考えをまとめましょう。**1**

C　学習問題に対する考えをまとめるためには、台東区の魅力と、台東区に関わる人々の思いや願いを組み合わせるとよいと思います。**2**

C　これまでの学習で学んだ台東区役所の取組や、ボランティアガイドの人の話、地域の人々の取組などをまとめるとよいと思う。

調べる　情報を集める・読み取る・考える・話し合う

板書のポイント
「台東区の魅力」と、台東区の観光の発展に関わる人々の思いや願いを組み合わせて、学習問題に対する考えをまとめる。

T　台東区に関わる人々の思いや願いとは、どのようなものがありましたか？　

C　ボランティアガイドの人は、「自分が感じたおもしろさやおどろきを伝えたい」という思いをもっていた。

C　台東区を訪れた人々が、気持ちよく観光を楽しんでほしい、ということがあった。

C　台東区を訪れた人々に、「また台東区に来たい！」と思ってほしいという願いもあった。

本時の問い

学習問題に対して、どのような考えにまとめることができるだろうか。

 よそう

台東区の魅力と、台東区に関わる人々の思いや願いを組み合わせるとよいのではないか。

これまでの学習で分かったこと

○国立西洋美術館について
・世界文化遺産に登録（10年以上かかった）
・多くの人々の協力
○浅草地区や谷中地区
・きまり（条例）や協定
・多くの人々の協力や努力
・古い建物や、昔のまち並みを保護・活用
○台東区の魅力
世界文化遺産、古くから残る建物や地いきなどがあり、それらを保護したり、活用したりしている。

 台東区に関わる人々の思いや願い
・台東区を訪れた人々が、気持ちよく観光を楽しんでほしい。
・台東区を訪れた人々に、「また台東区に来たい！」と思ってほしい。

4 学習問題に対するまとめ

台東区では、台東区を訪れた人々が気持ちよく観光を楽しみ、「また台東区に来たい！」と思ってもらえるように、世界文化遺産、古くから残る建物やまち並みなどを保護したり、活用したりして、観光客が集まるみ力をつくっている。

5 ふりかえり

台東区役所で働くＡさんたちに伝えたいこと

まとめる　整理する・生かす

板書のポイント

台東区役所で働くＡさんたちに学習感想を伝える形で、振り返りを記述させる。

Ｔ　これまでの学習で学んだことをまとめると、どのような考えになりますか。　4

Ｃ　台東区を訪れた人々が気持ちよく観光を楽しみ、また来たいと思ってもらえるように、世界文化遺産、古くから残る建物やまち並みなどを保護したり、活用したりして、観光客が集まるみ力をつくっています。

Ｔ　最後に、台東区の観光のために努力している区役所観光課で働くＡさんたちに学習を終えて考えたことを伝えましょう。　5

学習のまとめの例

Ａさんへ
　台東区では、台東区を訪れた人々が気持ちよく観光を楽しみ、「また台東区に来たい！」と思ってもらえるように、世界文化遺産、古くから残る建物やまち並みなどを保護したり、活用したりして、観光客が集まるみ力をつくっていることが分かりました。
　私はＡさんのお話を聞くまで、多くの観光客を呼ぶことがいろいろな工夫の目的だと思っていました。でも、「また台東区に来たい！」と思ってもらえるように工夫や努力をしていることを学んで、とても驚きました。

編著者・執筆者紹介

[編著者]

澤井　陽介（さわい・ようすけ）　　　　　国士舘大学教授

昭和35年・東京生まれ。社会人のスタートは民間企業。その後、昭和59年から東京都で小学校教諭、平成12年から都立多摩教育研究所、八王子市教育委員会で指導主事、町田市教育委員会で統括指導主事、教育政策担当副参事、文部科学省教科調査官、文部科学省視学官を経て、平成30年4月より現職。

《主な編著》単著『教師の学び方』東洋館出版社、平成31年3月／『授業の見方』東洋館出版社、平成29年7月／『学級経営は「問い」が9割』東洋館出版社、平成28年3月／『澤井陽介の社会科の授業デザイン』東洋館出版社、平成27年3月／編著『子供の思考をアクティブにする社会科の授業展開』東洋館出版社、平成28年3月、ほか多数。

児玉　大祐（こだま・だいすけ）　　　　　東京都教育庁総務部教育政策担当課長

東京生まれ。1991年度から教諭等として東京都公立小学校に、1997年度からはラス・パルマス日本人学校に勤務。その後、統括指導主事等として、国立市教育委員会、東京都多摩教育事務所などを経て、東京都青少年・治安対策本部青少年担当課長、教育庁指導部主任指導主事、教職員研修センター企画課長等を歴任。この間、文部科学省「専門的作業等協力者（小学校社会）」や「カリキュラム・マネジメントの在り方に関する検討会議委員」等を務め、学習指導要領の改訂に関わる。

[執筆者] ＊執筆順。所属は令和2年3月1日現在

		[執筆箇所]
澤井　陽介	（前出）	第4学年における指導のポイント
生沼　夏郎	東京都豊島区立目白小学校主任教諭	単元1-1
河西　勇弥	東京都足立区立千寿桜小学校主任教諭	単元2-1
吉岡　泰志	東京都世田谷区立経堂小学校主任教諭	単元2-2【選択A】
辻　慎二	東京都教育庁指導部指導企画課指導主事	単元2-2【選択B】
新宅　直人	東京都杉並区立天沼小学校主任教諭	単元3-1
髙橋　洋之	東京都江東区立明治小学校主幹教諭	単元4-1
大滝　淳子	東京都中野区立中野第一小学校主幹教諭	単元4-2
川嶋　美武	東京都教育庁都立学校教育部指導主事	単元5-1
向井　隆一郎	東京都府中市立府中第四小学校主幹教諭	単元5-2
糟谷　友子	東京都新宿区立鶴巻小学校主幹教諭	単元5-3【選択A】
山﨑　禎久	東京都教職員研修センター研修部教育経営課指導主事	単元5-3【選択B】

『板書で見る全単元・全時間の授業のすべて　社会　小学校 4 年』付録 DVD について

・各フォルダーには、以下のファイルが収録されています。
　① 板書の書き方の基礎が分かる動画（出演：成家雅史先生）
　② 授業で使える短冊類（PDF ファイル）
　③ 板書掲示用資料
・DVD に収録されているファイルは、本文中では DVD のアイコンで示しています。
・これらのファイルは、必ず授業で使わなければならないものではありません。あくまで見本として、授業づくりの一助としてご使用ください。また、付録イラストデータは本書と対応はしていませんので、あらかじめご了承ください。

【使用上の注意点】
・この DVD はパソコン専用です。破損のおそれがあるため、DVD プレイヤーでは使用しないでください。
・ディスクを持つときは、再生盤面に触れないようにし、傷や汚れ等を付けないようにしてください。
・使用後は、直射日光が当たる場所等、高温・多湿になる場所を避けて保管してください。
・PDF ファイルを開くためには、Adobe Acrobat もしくは Adobe Reader がパソコンにインストールされている必要があります。
・PDF ファイルを拡大して使用すると、文字やイラスト等が不鮮明になったり、線にゆがみやギザギザが出たりする場合があります。あらかじめご了承ください。

【動作環境　Windows】
・〔CPU〕Intel® Celeron® プロセッサ360J1. 40GHz 以上推奨
・〔空メモリ〕256MB 以上（512MB 以上推奨）
・〔ディスプレイ〕解像度640×480、256色以上の表示が可能なこと
・〔OS〕Microsoft Windows10以降
・〔ドライブ〕DVD ドライブ

【動作環境　Macintosh】
・〔CPU〕Power PC G4 1.33GHz 以上推奨
・〔空メモリ〕256MB 以上（512MB 以上推奨）
・〔ディスプレイ〕解像度640×480、256色以上の表示が可能なこと
・〔OS〕Mac OS 10.12（Sierra）以降
・〔ドライブ〕DVD コンボ

【著作権について】
・DVD に収録されているファイルは、著作権法によって守られています。
・著作権法での例外規定を除き、無断で複製することは法律で禁じられています。
・DVD に収録されているファイルは、営利目的であるか否かにかかわらず、第三者への譲渡、貸与、販売、頒布、インターネット上での公開等を禁じます。
・ただし、購入者が学校での授業において、必要枚数を子供に配付する場合は、この限りではありません。ご使用の際、クレジットの表示や個別の使用許諾申請、使用料のお支払い等の必要はありません。

【免責事項】
・この DVD の使用によって生じた損害、障害、被害、その他いかなる事態についても弊社は一切の責任を負いかねます。

【お問い合わせについて】
・この DVD に関するお問い合わせは、次のメールアドレスでのみ受け付けます。　tyk@toyokan.co.jp
・この DVD の破損や紛失に関わるサポートは行っておりません。
・パソコンやアプリケーションソフトの操作方法については、各製造元にお問い合わせください。

板書で見る全単元・全時間の授業のすべて

小学校 社会 4 年
～令和 2 年度全面実施学習指導要領対応～

2020（令和 2）年 3 月 10 日　初版第 1 刷発行
2024（令和 6）年 4 月 1 日　初版第 4 刷発行

編集代表：澤井陽介／児玉大祐
発 行 者：錦織　圭之介
発 行 所：株式会社東洋館出版社
　　　　　〒101-0054　東京都千代田区神田錦町 2 丁目 9 番 1 号
　　　　　　　　　　　コンフォール安田ビル 2 階
　　　　　代　　表　電話 03-6778-4343　FAX 03-5281-8091
　　　　　営 業 部　電話 03-6778-7278　FAX 03-5281-8092
　　　　　振　　替　00180-7-96823
　　　　　Ｕ　Ｒ　Ｌ　https://www.toyokan.co.jp

印刷・製本：藤原印刷株式会社

装丁デザイン：小口翔＋岩永香穂（tobufune）
本文デザイン：藤原印刷株式会社
DVD 制作：秋山　広光（ビジュアルツールコンサルティング）
　　　　　　株式会社オセロ／原　恵美子

ISBN978-4-491-04000-4　　　　　　　　　Printed in Japan